ドゥルーズの自然哲学

断絶と変遷

小林卓也

La Philosophie de la Nature chez Gilles Deleuze

Rupture et transition

法政大学出版局

ドゥルーズの自然哲学／目　次

第Ⅱ部　脱人間主義から非人間主義へ

凡例

引用について

以下に挙げたドゥルーズおよび、ドゥルーズとガタリの著作からの引用・参照に関しては、引用直後に以下の略号で表記した著作名とページ数の順で指示する。例：（AO：86）

訳文については邦訳を参照したが、筆者が変更した場合がある。

著作略号一覧

AO　*Anti-Œdipe*（avec Félix Guattari）, Paris, Minuit, 1972.

B　*Le bergsonisme*, Paris PUF, 1998（1966）.

CC　*Critique et clinique*, Paris, Minuit, 1993.

D　*Dialogues*, Paris, Flammarion, 1996.

DR　*Différence et répétition*, Paris, PUF, 1968.

ES　*Empirisme et subjectivité*, Paris, PUF, 1993（1953）.

ID　*L'île déserte et autres textes, Textes et entretiens 1953–1974*, édition préparée par David Lapoujade, Paris, Minuit, 2002.

IM　*Cinéma 1. L'image-mouvement*, Minuit, 1983.

LS　*Logique du sens*, Paris, Minuit, 1969.

MP　*Mille plateaux*（avec Félix Guattari）, Paris, Minuit, 1980.

NP　*Nietzsche et la philosophie*, 6e édition, Paris, PUF, 2010（1962）.

PCK　*La philosophie critique de Kant: Doctrine des facultés*, Paris, PUF, 1963.

PP　*Pourparlers, 1972–1990*, Paris, Minuit, 1990.

PS　*Proust et les signes*, 4e édition, Paris, PUF, 2010.

QP　*Qu'est-ce que la philosophie ?*（avec Félix Guattari）, Paris, Minuit, 2005（1991）.

RF　*Deux régimes de fous. Texts et entretiens, 1975–1995*, édition préparée par David Lapoujade, Paris, Minuit, 2003.

SPP　*Spinoza. Philosophie pratique*, Paris Minuit, 1981.

括弧などの表記について

〔　〕は引用者による補足である。

強調箇所は引用中傍点によって示し、原文強調か引用者による強調かについてはそのつど指示した。

ドゥルーズの自然哲学——断絶と変遷

序

ドゥルーズ哲学の思想的変遷と自然哲学

「自然」をめぐる問題が、フランスの哲学者ジル・ドゥルーズ（Gilles Deleuze 1925–1995）の哲学の背景にはつねにある。それは、ドゥルーズをして、さまざまな固有の概念を形成するよう促すとともに、時として、その哲学の在り方を根本的に変様させる。結果的にドゥルーズは、「自然」をめぐる問題に呼応するように、自らに固有の自然哲学を構築するに至る。そこで描かれる自然は、もはや、人間に対して外在する客体としての自然ではない。それは、いかなる人間主体による認識も、いかなる人間的形象の介入も前提することのない、いわば、無際限の諸要素がそれ自体において自律しつつも連関し合う運動性や生産性として存在する自然である。そのきわめて特異な自然のあり方は、われわれの従来の自然観を大幅に変更するのみならず、ひいては、われわれの思考様式そのものの変様さえも要請することになるだろう。本書の目的は、こうしたドゥルーズに固有の自然哲学が、どのような思想的変遷を経て形成されるに至ったのか、これを明らかにすることにある。

ドゥルーズの著作には、そのいたるところに自然哲学もしくは自然主義への言及ないし傾倒が認められる。『差異と反復』（一九六八）における熱力学、発生学、分子生物学などへの言及、精神分析家であるフェリックス・ガタリ

(Félix Guattari 1930–1992) との共著『千のプラトー』(一九八〇) におけるスピノザ哲学の「生態学」的解釈、さらには、『襞』(一九八八) におけるライプニッツの自然哲学などが顕著な例だろう。しかしながら、ドゥルーズ哲学をただちに自然哲学であるとするには困難が伴う。というのも、第一に、ドゥルーズは自らの哲学を自然哲学として言明したことがない。晩年ドゥルーズは、ガタリとの残された共同作業として、ある種の自然の哲学 (une sorte de philosophie de la Nature) に再び着手することを挙げていたが (PP : 212)[*1]、刊行された著作内においてそれが体系的に取り組まれた形跡はない。

第二に、本書は、先に挙げた『千のプラトー』をはじめとする、自然科学的知見や自然哲学的概念が積極的に用いられた著作のなかにドゥルーズ独自の自然哲学を読み取るのだが、これらが展開されるのはあくまでも一九八〇年以降の著作にすぎず、それ以前のドゥルーズ哲学とのあいだに整合性がないように思われる。一九五〇年代から六〇年代にかけてドゥルーズは、主として古典的な哲学者の個別研究に従事していた。そこでは、スピノザやニーチェなどの、ある種の自然主義的傾向を持つ哲学者も扱われていたし、本書で後に論じるように、カントにおける人間的自然やエピクロス派における自然主義などの議論が見出されることも事実だ。しかし、そこでの主たる対象はあくまでも個別の哲学者であり、自然をめぐる議論はそれに付随したものにすぎず、けっして自然それ自体が主題化されているわけではない。さらにいえば、『アンチ・オイディプス』(一九七二) の鍵概念である「機械」などは、明らかに有機的な自然に対立する概念のように見える。要するに、たとえ仮にドゥルーズ哲学の最終的な姿が自然哲学であることを認めたとしても、そこに至るまでの思想的な過程はまったく不明瞭であるということだ。

こうした問題に対して本書が主張するのは、ドゥルーズ哲学の思想的変遷のなかにある断絶点の存在である。この断絶点を境にドゥルーズ哲学は、その問題意識が根本的に変容するとともに、独自の自然哲学の構築へと移行することになる。さらに、この断絶以前にドゥルーズが提起したさまざまに特異な諸概念もまた、この思想的変容にともない、あらたな概念的布置におき直されることで、自然哲学の構成要素へと変貌する。とりわけ本書が着目する、器官なき身体、超越論的経験論、内在的自然といった、容易には把握しがたい概念群は、ドゥルーズの自然哲学の形成に寄与するものとして体系的に理解することができるとわれわれは考えている。

ドゥルーズの自然哲学を構成する諸概念は、哲学史を独自の視点から読解し、そこからあらゆる要素を借用し、合成し、構成されたものである。このとき、ドゥルーズの読解に通底するのは、伝統的な西洋哲学における人間中心主義的な思考法への批判であるといえる。そのため、ドゥルーズの自然哲学は、そのような人間主義に抗し、自然における物質性や身体性のなかから生まれるべき「非人間的（inhumain）」な思考（cf. Montebello 2008 : 235）や、そこからありうべき人間の形象を思考する一種の「非人間主義的な哲学（inhumanisme）」（cf. 鈴木 2008 : 83）を開示することになる。これこそ、その思想的変遷の末に見出されるドゥルーズの自然哲学の姿に他ならない。

したがって、本書が取り組むべき課題は以下の三点に絞られる。第一に、ドゥルーズ哲学の思想的変遷において、それ以前と以後を分離するとともに、独自の自然哲学の構築へと向かう起点となる断絶点を特定すること、第二に、その断絶によって、ドゥルーズ哲学にどのような思想的変化が生じたのかを示すこと、第三に、その断絶を越えて、いかなる概念がどのようにドゥルーズの非人間主義的な自然哲学の構築に寄与したのかを明らかにすることである。本書は、ドゥルーズ哲学における思想的・概念的な断絶と変遷を辿ることによって、ドゥルーズ哲学を独自の自然哲学として提示する試みである。

本書の構成

本書はこうした企図から、ドゥルーズ哲学における思想的な断絶を論じる第Ⅰ部と、その断絶を機に生じたドゥル

＊1　同箇所に着目し、ドゥルーズの自然哲学の可能性を論じたものとして、米虫（2010a）、Rosanvallon & Preteseille（2009）がある。

ーズ哲学における概念的変化を検討する第Ⅱ部、そしてドゥルーズ固有の自然哲学の内実を明らかにする第Ⅲ部から構成される。

第一章では、『意味の論理学』（一九六九）と『アンチ・オイディプス』（一九七二）に共通して見出される「器官なき身体」という概念に着目し、それぞれの著作における当概念の理論的位置づけの違いを指摘する。ここには、ドゥルーズの単著とガタリとの共著という表面上の違いを越えて、ドゥルーズ哲学それ自体における思想的断絶が認められるだろう。続く第二章では、この器官なき身体の概念的変化が、両著作における人間と自然の関係をめぐるドゥルーズ自身の問題背景の違いに起因することが示される。『意味の論理学』は、『アンチ・オイディプス』が提示した「人間と自然の同一性」という観点を肯定的に捉えることができない。これは、分裂病の問題をあくまでも臨床的実体の問題として捉える『意味の論理学』の議論構成に起因していることが確認されるだろう。人間と自然の関係をめぐるこの断絶は、前期ドゥルーズと後期ドゥルーズの哲学を概念的に区分するメルクマールとなると同時に、独自の自然哲学の構築を企図する後期ドゥルーズへと向かう起点ともなる。

第Ⅱ部では、第Ⅰ部で特定された断絶を認めた上で、ドゥルーズ哲学全体がその前期から後期へとどのように変化したのかを論じる。結論から言えば、ドゥルーズ哲学の概念的布置の変化は、伝統的な西洋哲学における人間主義を批判する、いわば脱人間主義的なものから、『アンチ・オイディプス』における人間と自然の同一性という観点を経ることで、いかなる人間的形象をも前提としない非人間主義的なものへと変化する過程として理解される。

まず第三章では、『差異と反復』でドゥルーズが自らの哲学を形容する「超越論的経験論」という語に着目し、それが、カント哲学のみならず、ベルクソン哲学においても前提とされている人間主義的傾向性や心理主義の脱人間化、脱心理化を企図したものであることを示す。とりわけ、初期の講義「基礎づけるとは何か」（一九五六―五七）と、その延長上にある「カント美学における発生の問題」（一九六三）および『カントの批判哲学』（一九六三）の分析から、ドゥルーズが一貫してポスト・カント派によるカント批判を基盤としながらも、むしろ、カント哲学そのものを新たな超越論哲学へと改鋳することを模索しており、これが超越論的経験論という哲学的企図へと直結することが示される。続く第四章において、こうしたカント哲学の批判的鋳直しとしての超越論的経験論が、ドゥルーズによる独自のベルクソン読解によって完遂されるということを、一九五六年の二編のベルクソン論、および、カント読解を経て発表された『ベルクソニズム』（一九六六）との異同と共に明らかにする。

第Ⅲ部では、以上の議論を踏まえて、ドゥルーズ哲学が自然哲学へと転回する要因を探るとともに、その自然哲学の内実を把握する。第五章では、『意味の論理学』のなかで論じられるエピクロス派の自然主義が、後期ドゥルーズの自然哲学に直結する論点を提示していること、さらに第六章では、『差異と反復』におけるカントの「純粋悟性概念の演繹」に対するドゥルーズの批判が、後期ドゥルーズ哲学における自然哲学の明示的な対象となる固有の自然のあり方を思考する起因となったことが主張される。こうして理解されるのは、第Ⅰ部で特定された思想的断絶を乗り越え、ドゥルーズをして固有の自然哲学の構築へと至らせた要因が、前期ドゥルーズにおいて超越論的経験論という名で論じられていた議論や独自の諸概念にあったということである。すなわち、ドゥルーズの哲学は、その発端においてすでに独自の自然哲学へと結びつく論点を提起しており、前期のドゥルーズはそれを肯定的に取り出すことができない問題構成にあったということが理解されるだろう。

本書を通して、われわれは、ドゥルーズ哲学の背景にはつねに「自然」をめぐる問題意識があり、その問題意識の変化に伴いドゥルーズが提起する諸概念もまた変動するとともに、ある種の断絶を含みながら相互に連関し合い、展開していくその先に、独自の自然哲学が形成される、その過程を見定めることになる。そしてドゥルーズの自然哲学が、人類学や精神分析、言語学など、一九六〇年代当時のフランスの思想的潮流から、ある種独立した形で形成されたものであることをわれわれは理解するだろう。またそれは、これまでドゥルーズ哲学が価値づけられてきた、構造主義やポスト構造主義と呼ばれるある種の恣意的な思想史的区分からドゥルーズ哲学を解放し、その固有性を明らかにすることになると本書は考えている。*2

＊2　本書は、ドゥルーズ哲学の思想的展開を追い、そこに独自の哲学的主題を見出すことを企図しているが、その先行研究として挙げられるべきは、Sauvagnargues（2009b）や Montebello（2008）である。また、構造主義とポスト構造主義といった恣意的な思想史的区分に依拠するのではなく、むしろ、カント哲学やカント以降のドイツ観念論との関連性を論じたSmith（2000）や Simont（1997）と本書はその問題意識において共通している。本書の議論は、これら近年のドゥルーズ研究にその多くを負っている。

第Ⅰ部

ドゥルーズ哲学における断絶としての自然概念

第一章
問題の所在——「器官なき身体」という断絶

序論

ドゥルーズ哲学の変遷を語るうえで、一九六九年と一九七二年のあいだに生じた変化を考慮すべきであるということは、これまでに多くの論者が指摘してきた。史実的な事実から確認すると、まず、一九六八年にドゥルーズの主著である国家博士論文『差異と反復』（一九六八）が、翌年には『意味の論理学』（一九六九）が発表される。両著作は、ドゥルーズが一九五〇年代前半以来継続してきた哲学史の批判的読解の成果であり、鈴木泉はとりわけ後者を、ドゥルーズ哲学の体系が初めて構築されたものと評している（鈴木 2002 : 126）。[*3] さらに、一九六九年は、それを肯定する

＊3　ドゥルーズの思想的変化を論じたものとして代表的なものを挙げるならば、カントの超越論哲学の批判的検討を通して探求される潜在的な領域からの現実化が論じられた「個体化」の議論の消滅という論点から、『差異と反復』および『意味の論理学』と、『アンチ・オイディプス』以降の著作の間にある「転回」を指摘した檜垣（2008）がある。これについては次章にて考察を加える。事実、『差異と反復』と『意味の論理学』は、鈴木泉が指摘するように、「差異概念の彫琢と彫琢された差

にせよ否定するにせよ、当時ラボルド精神病院での活動に従事しつつ、精神分析に関する論文を執筆していたフェリックス・ガタリとの共同作業が開始された時期にあたる。[*4] そして、彼らの最初の成果として発表された著作が『アンチ・オイディプス』(一九七二)であった。[*5]

かつてドゥルーズは『差異と反復』アメリカ版序文において、「哲学史として書くということと、哲学として書くということのあいだには大きな違いがある」(RF : 280)と述べていた。われわれは、『アンチ・オイディプス』こそ、『差異と反復』と『意味の論理学』が依然として準拠していた哲学史という枠組みを取り払い、ドゥルーズとガタリが自らの哲学を実践した最初の著作であると考える。言い換えると、『アンチ・オイディプス』は、ドゥルーズが個別的な哲学研究を通して自らの哲学を洗練し、その哲学史上の位置づけを模索していた時期からの離別を示すとともに、歴史、自然を射程に入れた壮大な哲学的構想が展開される『千のプラトー』(一九八〇)に見られる自然哲学へと向かう出発点となった著作として解されるべきであろう。この意味で、『アンチ・オイディプス』が代表する一九七二年以前と以後には、ドゥルーズ哲学の思想的変遷において大きな乖離がある。[*6]

ならば争点とされるべきは、『アンチ・オイディプス』とそれ以前の著作とを隔てる断絶点とはいったいどのようなものであるのかということであるだろう。この断絶には、ガタリとの共同作業の意義や、その叙述スタイルの変化といった外在的な事実以上に、ドゥルーズ哲学それ自体の根本的な変動が認められるとわれわれは考える。本章の目的は、その断絶点を特定することである。

第一節　メルクマールとしての「器官なき身体」

ドゥルーズは、先に挙げた『差異と反復』アメリカ版序文のほかに、幾度か自らの思想的変遷について言及している。これらを参照すると、ドゥルーズ自身が『意味の論理学』と『アンチ・オイディプス』とのあいだに生じた断絶を認めていることを見て取ることができる。たとえば、『意味の論理学』イタリア語版の覚え書きを参照しよう。そこにおいてドゥルーズは次のように述べている。『意味の論理学』では、三四の独立したセリーから構成される論述形式が採用された。これは、従来の哲学書のような章立てによって構成され、体系的に記述された『差異と反復』とは形式上異なる。しかし、『意味の論理学』はそれでもなお依然として、『差異と反復』と同様、「哲学の伝統的なイ

異概念に適ったシステムの形成」（鈴木 2002 : 133）が企図されており、これはすなわち、現実的な個体が発生するための条件としての差異概念と、その個体化のシステムを、固有の反復概念を用いることによって構築することが主題であった。

＊4　周知のように、ガタリとの共同作業がドゥルーズ哲学を「観念論」へと貶めることになったと否定的に論じたのは Žižek（2004）である。しかし、このような一方的な影響関係を主張すること自体が疑問に付されるべきであり、むしろ、彼らの共同作業以前における互いの影響関係を考慮しなければならないことは、Dosse（2007）による評伝を読めば明らかである。ラボルド精神病院の同僚であったジャン＝ピエール・ミュイヤールを介してガタリとドゥルーズが知り合ったのは、一九六九年の六月であり、「当時、ガタリは、パリ・フロイト派向けに《構造と機械》と題された研究発表を準備している」（Dosse 2007 : 13）最中であった。廣瀬（2008）は、このガタリによる「構造と機械」を分析し、「機械概念」が『アンチ・オイディプス』以降の彼らの業績にもたらした寄与を明確に特定しているが、そこで指摘されているように、当該論文はドゥルーズの『差異と反復』における構造概念、あるいはその構造主義理解を参照しつつ議論が組み立てられている。つまり、機械概念が、ガタリからドゥルーズへともたらされたのが事実であるとしても、「構造と機械」は、ドゥルーズの理論的影響を前提として読まれなければならないということだ。少なくとも、こうした経緯をふまえたうえで、ガタリによるドゥルーズへの、またドゥルーズからガタリへの影響関係のそれぞれを明らかにしなければならない。

＊5　厳密には、*L'Arc* 誌のクロソウスキー特集号（一九七〇）に掲載された「離接的総合」が、ドゥルーズとガタリの最初の共同作業であるが、後で指摘するように、これは改変され『アンチ・オイディプス』の一部として組み込まれている。

＊6　ドゥルーズ自身は、『差異と反復』を「ヒューム、スピノザ、ニーチェ、プルーストを研究したあと、私が「哲学すること」を試みた」（RF : 280）最初の著作であると述べているが、依然としてそれは、西洋哲学史における差異概念の誤用の批判を行うという「ネガの作業」（鈴木 2002 : 33）にその大半が費やされている。

メージを牽引しているプラトニズムと高さ、ソクラテス以前の哲学と深さ（中略）、ストア主義者と彼らによる新しい表面の芸術」（RF: 59）に準拠していたとドゥルーズは言う。[*7] そして、未だこうした哲学史という枠組みを採用している『意味の論理学』に対して、「別の方向を探ろうとし、まさにそれを実践した」（RF: 60）著作こそ、ガタリとの初の共著である『アンチ・オイディプス』であったとドゥルーズは述べる。

> 『アンチ・オイディプス』には、もはや高みも、深さも、表面もない。そこではすべてが、すなわち、強度、多様性、出来事が、一種の球体の上で、あるいは巻物状の絵の上で、つまり**器官なき身体**（Corps-sans-organes）の上で、生起し、実現される。（RF: 60）〔強調は引用者による〕

注意すべきことに、ここに見られる強度、多様性、出来事、器官なき身体といった概念自体は、『差異と反復』と『意味の論理学』においてもすでに用いられていたものであって、『アンチ・オイディプス』に至って新たに導入されたものではない。すなわち、ここでドゥルーズが述べているのは、『アンチ・オイディプス』では、それまで用いられてきたこれらの諸概念が展開される概念的基盤ないし枠組みそのものが変化したということである。それ以前のドゥルーズが準拠していたものが哲学の伝統的なイメージであったとするならば、これに代えて、『アンチ・オイディプス』において獲得された新たな概念的枠組みこそ、「器官なき身体」であるということが、ここでは主張されているのである。

　器官なき身体は、ドゥルーズの晩年の著作『批評と臨床』（一九九三）に至るまで、ドゥルーズ哲学全体を通して幾度となく言及される概念である。事実、David-Ménard（2005）によれば、器官なき身体は、精神分析に対するドゥルーズとガタリの関係や距離を測定しうる概念であるし、それはまた、Sauvagnargues（2009a）が指摘するように、『フランシス・ベーコン――感覚の論理』（一九八一）や『哲学とは何か』（一九九一）といったとりわけ後期の著作において展開される芸術と生の問題、あるいは芸術と生の錯綜を問題とする「芸術の哲学」へとドゥルーズを導いた概念でもある。器官なき身体という概念が、ドゥルーズ哲学を理解するうえでの鍵概念となることは自明であると言えるだろう。

しかしながら、器官なき身体が、ドゥルーズ哲学全体を代理表象するものであるとするのは性急である。それは、ドゥルーズ哲学においてつねに一貫した意味で用いられているわけではなく、むしろ、その概念上の位置づけと内容の変化それ自体が第一に問われるべきものである。そして、次節以降明らかにするように、この器官なき身体の概念は、『意味の論理学』と『アンチ・オイディプス』のあいだで決定的に変化している。[*8] Zourabichvili（2003）は、『アンチ・オイディプス』をドゥルーズ哲学の転換点として認めた上で、これを、臨床的対象としての分裂病者の身体という枠組みに器官なき身体を位置づけていた『意味の論理学』からの離反であるとして次のように述べている。

〔『アンチ・オイディプス』における〕器官なき身体（CsO）は、分裂病に特有の実体ではなく、分裂病者がそれを極限的な経験にしている、欲望を持つ身体そのもののことであり、すなわちそれは、何よりもまず、欲望を持った人間のことである。というのも、結局のところ、欲望を持った人間は、そのプロセスの中断にのみ苦しんでいるからだ。（『アンチ・オイディプス』のあらゆる部分は、臨床的な崩壊とは区別される、この分裂病的なプロセスという次元を引き出すことに捧げられている。）

（Zourabichvili 2003：16）〔強調は原文による〕

＊7　鈴木泉によれば、『意味の論理学』の構成はさらに、論理学・倫理学・自然学からなる「伝統的なストア派の学問分類」に従っている。その区分についての詳細は、当該論文の注一四を参照（鈴木 2002：114）。

＊8　Gil（1998）が端的に述べているように、「『意味の論理学』において、依然として曖昧で、安定せず、ほぼ目立たない地位にあった器官なき身体という考えは、『アンチ・オイディプス』と『千のプラトー』において知られるような重要性を獲得することになる」（69）。

より積極的に言えば、器官なき身体は、『意味の論理学』が発表された六九年と七二年のあいだに生じたドゥルーズ哲学の概念的変動を端的に示すメルクマールであるとわれわれは考える。では、その概念的な位置づけはどのように変化し、それがどのような意味でドゥルーズ哲学における断絶点であると言いうるのか。これを見定めることが本章の課題となる。

しかし、周知のように、『意味の論理学』と『アンチ・オイディプス』は、それぞれがいくつもの複雑な論点を多量に含んだ著作である。たとえ、器官なき身体の概念的変動に論点を絞ったとしても、その読解作業は長大なものとなるため、ここではあらかじめ、われわれの議論の道筋を示しておきたい。まず、ドゥルーズが初めて主題的に器官なき身体について論じた『意味の論理学』を検討し、それが提起された文脈を確認する（本節）。次いでわれわれは、器官なき身体の議論が『意味の論理学』と『アンチ・オイディプス』のいずれにも見出されることに着目する。とりわけ注目されるべきは、両著作における器官なき身体の参照先であるメラニー・クライン（Melanie Klein 1882–1960）への評価が変化していることである。クラインの議論は『意味の論理学』においては肯定的に参照されているのに対し、『アンチ・オイディプス』に至ると明らかに批判されるべき対象となっている。われわれは、器官なき身体の概念的変化を明確にすべく、『意味の論理学』におけるクラインの議論を分析し、そこにおける器官なき身体の位置を確認したうえで（第二節）、『アンチ・オイディプス』に至り、それがどのような論点から批判されているのかを示そう（第三節）。そして、その批判の先に、ドゥルーズとガタリがどのように器官なき身体を概念化しているのかを明らかにする（第四節）。これによって、器官なき身体を、『意味の論理学』と『アンチ・オイディプス』を切り分ける断絶点として理解するのが本章の目的である。

神経症の言語と分裂病者の言語

そもそも、器官なき身体は『意味の論理学』においてどのような文脈のなかで持ち出された概念なのか。まずは、器官なき身体の概念をめぐる問題系を確認しておきたい。

器官なき身体という語は、哲学詩人アントナン・アルトー（Antonin Artaud 1896-1948）の著作に由来する。とりわけそれは、分裂病者における病理と身体をめぐる問題に関わる概念である。[*9] ところで、アルトーの名前自体は、『差異と反復』においてもすでに幾度か言及されているのだが、それは決して器官なき身体という主題に関わるものではない。『差異と反復』でのアルトーへの言及は、ハイデガーの『思惟とは何の謂いか』の議論を下地とした、思考の開始に関わる問題に限定されている。すなわち、『差異と反復』においては、明晰判明性や人間の思考能力を、すべての人間に公平に分配されている良識（bon sens）として措定したデカルト、あるいは、悟性、理性、構想力といった諸能力が協働して機能する共通感覚（sens commun）を前提とするカントのように、思考以前の暗黙的な諸条件を思考の生得性ないし条件として措定し、思考することや思考対象を表象の原理に従わせ、限界づけている伝統的な哲学に対立するものとしてアルトーは位置づけられていた。[*10]

＊9　ダヴィド＝メナールは、器官なき身体が『ヴァン・ゴッホ：社会が自殺させた者』、『神の裁きと訣別するため』、『残酷演劇』の三著作においてそれぞれ異なったテーマと連関して提示されていることを指摘し、アルトーにおけるその概念の変遷を論じている（David-Ménard 2005: 67）。

＊10　ドゥルーズは、分裂病に起因するアルトーの失語症や健忘症といった症状、すなわち、「思考の中心的な意気阻喪、思考の亀裂、思考自身の自然的な「無能力」」（DR: 192）が、表象の原理に従属せず、生得的ではない別の思考を生産し、「或るイマージュなき思考の戦慄すべき啓示と、表象されるがままにはならない新しい権利の奪取とを遂行する」（DR: 193）と述べている。山森（2008）は、思考の開始をめぐる権利上の問題を問うアルトーに対し、編集者であり往復書簡の相手であるリヴィエールが、上述した思考の生得性を前提とし、それを単なる「程度問題」としてしか理解していないことに両者の「すれ

これに対して、アルトーが初めて器官なき身体という主題のもとで言及されるのは、『意味の論理学』において、とりわけ、第一三セリー「分裂病者と少女」においてである。そこにおいてドゥルーズはまず、意味と無意味をめぐる言語的なパラドクスを文学作品に持ち込んだルイス・キャロルにアルトーを対比させ、両者の差異を強調する。そして、アルトーによるキャロルの「ジャバーウォッキー」の翻訳に言及しながら、次のように述べている。

アルトーは、キャロルを倒錯者と見なしている。しかも、表面の言語の創設に固執して、深層の言語の真の問題、すなわち、苦悩の分裂病的な問題、死と生の分裂病的な問題を感じなかった小‐倒錯者と見なしている。(LS: 103–104)

一見して明らかなように、キャロルとアルトーの対比は、倒錯と分裂病、表面の言語と深層の言語の対比に対応させられている。ここでキャロルが固執したとされる表面の言語は、『意味の論理学』の前半部分において主題的に探究されるものである。『意味の論理学』においてドゥルーズは、言語的な命題と、その命題によって表現ないし指示されるものが区別されてあることを言語の条件とし、この区別を可能にするものこそ、キャロルの小説とストア派の哲学のなかに見出される「意味」であると主張する。命題と事物、食べることと話すことを分節化するとともに、両者を連接することで、命題によって表現されるものを事物の属性として帰属させる「意味」の特異な存在様態、その逆説的な論理をドゥルーズはキャロルとストア派のなかから抽出する。すなわち意味とは、言語活動を可能にする条件であり、指示対象、心的表象、概念内容に還元されない。むしろ、あらゆる言語機能や物理的事物から区別される「中立的」なものとしての意味こそが、言葉と物を分節化すると同時にそれらを連接する境界線として機能することによって言語活動が可能となるとドゥルーズは考えている。ドゥルーズは、ストア派やポール・ヴァレリー[*11] (Paul Valéry 1871–1945) の格言 (「もっとも深いもの、それは皮膚である」) を念頭に置きつつ、この境界線としての意味の特異なる存在様態を「表面」と呼ぶ。これがキャロルにおける表面の言語と呼ばれているものの内実である。表面の言語に対立するのがアルトーにおける分裂病者の言語であり、それは、『意味の論理学』が主題とするキャロルの言語観に対立する。アルトーがキャロルに反して主張するのは、分裂病者には言語活動を可能にするそのような境界線としての意味という表面がもはやないということである。分裂病者においては「事物と命題のあいだに境界がない」(LS : 106)。キャロルはこれをまったく理解していないとドゥルーズはアルトーに即して強調しているのである。

では、分裂病者において意味という表面がない、すなわち、事物と命題を区別する境界がないというのは、いったいどのような事態なのだろうか。言語的表面の解体によってもたらされる分裂病者に固有の妄想について、ドゥルーズは次のように述べている。

> 分裂病的な身体の最初の相は、ある種の身体‐こし器(corps-passoire)である。フロイトは、表面と皮膚を、無数の小さい穴が開けられているものとして理解することが分裂病者の気質であると強調していた。その結果、身体全体はもはや深層でしかなく、一切の事物を、根底的な退縮を表象する大きく開いた深層のなかへと運び去り、捕捉してしまう。一切は物体になり、物体的になる。一切が物体の混在になり、身体のなかへの物体の嵌め込み、浸透になる。(LS : 106)

ここでは、分裂病者の身体に関する妄想と、それによって引き起こされる固有の身体表象が段階的に述べられている。

違い」が起因していることを的確に指摘している(cf. 137-138)。

＊11 『意味の論理学』「第二セリー 表面効果のパラドクス」を参照。ストア派の発見は、「もはや事物の状態や物体の底での混在ではなく、この混在に由来する表面での非物体的な出来事」(LS : 15)であるとドゥルーズは述べている。

これら分裂病者における妄想と身体表象との関係を理解するために、ここでドゥルーズが参照している、精神分析家ジークムント・フロイト（Sigmund Freud 1856–1939）の論文「無意識について」を参照しよう。

当該論文でのフロイトの企図は、精神分析の臨床診断において、言語による代理形成が、分裂病（精神病）と神経症を区別する基準となる差異を形成すると主張することにある。これをフロイトは次のような事例を挙げて説明する。ある患者は、自分の顔の皮膚ににきびがあることで悩んでいた。当初、患者は、それを押し出すことに満足を得ていたが、押し出した後に残る穴を誰もが見ているという妄想を持つようになる。そして、皮膚を手でいじくりまわし、汚してしまうことについて自らを激しく非難した。フロイトはこうした患者の行為に対し、「にきびの中身を押し出すのが手淫のかわり」であり、それによって生じた「穴は女陰である」（フロイト 1992: 110）との解釈を与える。そして、ここに神経症患者と精神病患者の差異があるとフロイトは主張する。すなわち、「にきびを押し出すことと、男根の射精とのあいだには、わずかながら事物の類似がある」のに対し、「無数の浅い皮膚の穴と膣とのあいだの類似は、それよりも少ない」（フロイト 1992: 111）のであって、ヒステリー患者は、精神病の患者とは異なり、毛穴のような無数にある小さな穴を膣の象徴とすることはほとんどない。毛穴を膣の象徴とする代理形成が行われていることの患者の場合には、神経症に見られるような事物間の類似性によってではなく、「穴は穴である」という言語的表現における相似が代理を規定している。フロイトが主張するのは、こうした言語による代理形成が、分裂病をヒステリーおよび強迫神経症から区別する特徴であると考えられるということである。[*12] これをわれわれの文脈で言い換えると、事物間の類似性や象徴関係が保たれている神経症においては、少なくとも命題と事物を区別する表面の言語が前提とされている。これに対し、分裂病者においては、言語によって代理形成がなされると言われてはいるものの、そこでは言語的命題において現れる「穴」と、現実的な事物としての穴との区別がなされていない、すなわち、命題と当の命題によって表現されているものとの区別が解体してしまっている。この意味において、分裂病者には言語的表面がない、あるいは言語的条件以前の状態にあると解することができるだろう。松本（2012）は、ラカンによる神経症と精神病の診断において、「象徴的な作業を経ずに無媒介的に出現したものが精神病の妄想」であり、それが鑑別の基準となると指摘しているが、キャロルにおける言語的意味が、身体や事物の水準から命題を区別する表面であったことを考えれば、アルトーにおけるその表面の崩壊は、語や言語表現といったものが、隠喩のような象徴的秩序を経ることなく直接、無媒介的に現れることになる。そしてこれが結果的に、身体に現れる固有の妄想を分裂病者にもたらすと理解することができるだろう。[*13]

＊12　「精神分裂病の代理形成と症状とに奇怪な性格をあたえているものが何かを考えるならば、われわれは、それが事物関係よりも言語関係のほうが、優位にあることであると思う」（フロイト 1992: 111）。

＊13　また松本・加藤（2012）は、カール・ヤスパース（Karl Jaspers 1883–1969）の『精神病理学総論』、『ストリンドベリとファン・ゴッホ』から「要素現象」の概念を抽出し、それがラカン派の精神分析によって神経症および統合失調症（精神病）の診断基準へと適用されるに至る歴史的展開を記述している。彼らが挙げている要素現象の特徴は、⑴先立つ心的体験から推論されない（原発生）、⑵意味のわからない体験として現れる（無意味性）、⑶患者にとって直接的無媒介に体験される（無媒介性）、⑷圧倒的な力を帯びた異質な体験として現れる（圧倒性）、⑸後の症状進展に対する基礎となる（基礎性）である（松本・加藤 2012: 754）。彼らによれば、ジャック・ラカン（Jacques Lacan 1901–1981）は、精神病における妄想形成において、患者の生活上に潜伏する葛藤が「象徴的な作業を経ずに直接・無媒介的（immédiatement）に出現したものが妄想となる」とし、また、統合失調症における言語的幻覚、言語新作、自生思考、妄想といった症状もまた、「通常の意味の連続性から断絶したシニフィアンが自律的に出現する現象」として捉えるという点において、ヤスパースの要素現象の特徴を継承している（cf. 755–757）。先の引用部においてドゥルーズが、表面の言語が消失したということによって示しているのは、分裂病者の身体において、語が象徴的媒介を経ず直接的に身体に侵入するという妄想であるが、その結果として、身体と事物の混在や嵌め込みという妄想へと展開されるということである。これは、松本・加藤（2012）が言う「何も意味しないシニフィアンが、次第に病者自身を指し示すようになり、あらゆることが自分に差し向けられている（自分に関係している）という関係妄想や注察妄想が生じる」（757）とするラカンの妄想形成の過程に対応しているように思われる。

器官なき身体による分裂病者の生の肯定

こうした分裂病者に固有の妄想が、固有の身体的表象をもたらすことになる。言語的分節化が崩壊した分裂病者の妄想においては、語は意味を失い、命題によって表現される出来事を物理的な事物から区別することができなくなる。それに伴い、身体の内部と外部の区別を定める境界線もなくなり、すべては物理的な混淆状態に陥る。「つねに別の物体が私たちの身体のなかに浸透し、身体の部分と共存する」(LS：106)。それだけではない。分裂病者にとって、「一切の出来事は、たとえ幻覚の形態をとってでも実現される。一切の語は、物理的になって、身体に直接的に影響を及ぼす」(LS：106)。有機的な結びつきを解かれ、音節、文字、子音に分解・断片化した語は、有害なものとして分裂病者の身体に侵入するとドゥルーズはいう。そのため、分裂病者の外部で語り語られる言語、そこにおける分節化は、直接分裂病者の身体を分断し傷つけるものとなる。それは「食物的で排泄物的な騒々しい断片へと分解され」(LS：108)、いわば「言語の効果はこの受動的な手順において、純粋な言語－情動(un pur langage-affect)に取って代わられる」(LS：107–108) とドゥルーズはいう。

しかしながら、ドゥルーズがこのようにフロイトを介してアルトーを読解するのは、単に分裂病者の妄想や徴候を記述するためではない。むしろここでのドゥルーズの意図は、分裂病者に固有の身体表象を肯定的に捉え返すことにある。妄想によってもたらされる分裂病者の身体表象、すなわち、一切が物体的になり、もはやすべてが深層でしかなくなったと解される身体は、言語や身体の有機的な結びつきの解体によって絶えず苛まれる。しかし、分裂病者はこの受動的な妄想に対抗して、自らに固有の能動的な身体を創設することによって自らの生を肯定的に生きることが可能となるとドゥルーズは考えている。

では、どのようにしてそのような身体を創設し、分裂病者の受動的妄想や受苦を肯定的なものへと転換するのか。それは、言語的な意味や分節化を患者に修復することによってではない(それは単に、社会的な組織化ないし言語的な秩序を外部から押し付けているにすぎない)。そうではなく、言語的秩序が、言語的表面のない分裂病者の物理的・身体的な混在における息や叫びによってであることによってであるとドゥルーズは答える。すなわち、分裂病者は、物理的な息と叫びによって、母語や標準語といった音韻論的に分節化された言語を破壊し、「身体の痛ましい受動を勝ち誇る能動に変換すること」（LS: 108）で、自らの身体的苦痛や徴候を克服しようと試みる。分裂病者は、言語的分節化に、子音や有気音の過剰（吃り）を対抗させ、「語を分解不可能で崩壊不可能にすることで、語をひとつの能動にすること」すなわち「分節なき言語」（LS: 109）を創設する。[*14] 分裂病者において、言語と身体が区別されず連続していたことを考えれば、分節化された受動的な言語を分節なき能動的な言語に転換することは、分裂病者に新たな身体を創設することになる。そして、分裂病者におけるこの新たな身体こそが「器官なき身体」と呼ばれる。

> 語－息と語－叫びにおいては、すべての文字価値・音節価値・音韻価値が、書かれることのない、専ら音調的な価値によって置き換えられる。この音調的な価値に栄光の身体が対応し、これは分裂病的な身体の新しい次元、部分なき有機体であり、一切のことを送風・吸気・気化・流動伝動によって行う（アントナン・アルトーの高次の身体あるいは器官なき身体）。（LS: 108）〔強調は引用者による〕

分裂病者の身体は、言語的秩序の崩壊に伴う物理的・身体的な混交に晒され、その受動を病苦として生きる身体である。しかし、それは同時に、分裂病者を苛む、社会や言語による統制的な組織化に抗しうる、能動的な身体を創設する契機でもあるとドゥルーズは捉え返す。[*15] つまり、語と事物を区別する意味、身体と事物を区別する表面が崩壊した

＊14　これは、『意味の論理学』だけでなく、晩年の著作である『批評と臨床』においてもドゥルーズが言及する分裂病者ルイス・ウォルフソンの試みでもある。すなわち彼は、母国語である英語を音韻要素に従ってすぐさま外国語に翻訳し、「母国語における語の苦しい破裂を、外国の言語に対する能動に転換する手段」（LS: 108）を提示しているとドゥルーズは言う。

＊15　ダヴィド＝メナールによると、アルトーにおいて器官なき身体が初めて主題化されたのは、ゴッホについての絵画論にお

ことにより分裂病者を苛む妄想に対して、彼らが生きるその固有の身体を肯定的に捉え返すことが、器官なき身体という概念に付された役割であると言えるだろう。森島（1999）は、アルトーの分裂病的な身体徴候として、「器質的な因子によらず、主に体感異常だけを主症状とする」セネストパチー（Cénesthopathie）を挙げ、次のように述べている。

このように分裂病では、セネストパチーという形をとるものも含めて、身体が統制を失う。自己の基盤の崩壊は身体にも及び、身体も総合的な基盤をなくしてしまうのである。寸断された身体を幻覚によって統合しようとする試みも、多くの場合、破綻をきたす。（森島 1999：195）

分裂病者の身体的特徴である「寸断化された身体像」は、アルトーによって描かれた数々のデッサンのなかに認められるが、それは有機的に結びついた身体の統制感覚が失われ、「手足など各部がばらばらにされた身体である」（森島 1999：191）。しかし、森島が適切に指摘しているように、同時に「アルトーはここ〔ばらばらにされた分裂病者の身体〕を出発点として、「器官なき身体」（le corps sans organes）を創出し、「器官なき身体」を生きようとする」（森島 1999：195）。アルトーに見出されるのは、分裂病者が生きる物理的混交としての身体を全面的に肯定し、その固有の生を肯定的なものへと転換する試みであると言える。

そして『意味の論理学』第一三セリーの後半部分においてドゥルーズが強調しているのは、器官なき身体をめぐるこのような問題系がキャロルの作品には決定的に欠けているということである。たとえキャロルの作品のなかに圧縮された語や、無意味のような分裂病者のそれに似た言語が見出されるとしても、両者にはいかなる共通性も類似性もないとドゥルーズは言う。なぜなら、キャロルの試みは、通常の統語法や文法とは異なる用法を用いているとはいえ「それでもやはり、厳密な構文法が一定の可能性を除去している」（LS：112）からだ。言い換えると、キャロルのナンセンスは、言語的な二元性（事物と命題などの分節化）をあらかじめ担保しており、あくまでもそうした言語的な表面上で生じる意味と無意味の論理を探求しているにすぎないということである。キャロルにおいては、アルトーの分裂病的言語が示すような「意味を引き連れ意味を呑み込み意味を吸い込む無‐意味」（LS: 112）、すなわち、言語的な表面が壊れるという可能性がそもそもまったく欠けている。したがって、「アルトーはキャロルでもなければアリスでもない。キャロルはアルトーではないしアリスですらない」（LS: 113）とドゥルーズは主張する。そしてこの観点から、ドゥルーズはアルトーを最大限に評価する。

アルトーは文学で絶対的に深かった唯一の者であり、彼が言うように、苦痛の力のおかげで、生ける身体を発見し、その身体の途方もない言語を発見した唯一の者である。アルトーは、今日においてもなお未知の下層‐意味を探検した。しかし、キャロルは、表面の主人、あるいは測量士に留まる。表面についてはよく分かって

いてであった。すなわちそれが、「通常、社会によって彼が狂気であることの証明であると見なされる彼固有の身体に対するヴァン・ゴッホの暴力的な抵抗」（69）という文脈において提起されたことを述べた上で、次の二つの側面が指摘される。

「器官なき身体」はしたがって直ちに二つの側面を持つ。すなわち、それは、芸術家が自身のあらゆる感覚の不調において自らの新たな可能性を見出すときに要求する身体、すなわち、有機的かつ性的な全体性が備える習慣的な秩序に反逆する身体、社会によって成形され許容された感性に基づいた世界の秩序を転覆させる身体である。と同時に、「器官なき身体」とは、芸術家において、彼が生きなければならないものを生きるということを妨げる社会が闖入する場でもある。〔ゴッホにおける〕器官をもぎ取ることの暴力は、この不当な侵入と闘争を表している。（David-Ménard 2005: 70）

器官なき身体は、社会的な有機的全体化や分節化を受動的にこうむる場であると同時に、これに対して能動的に抵抗しうる可能性を分裂病者に開くものであるということである。

いると信じ込まれているため、それが探検されることはない。しかしながら、表面には、意味の論理のすべてがある。
(LS: 114)

言語的表面よりも深いところで、その表面を解体し、物理的な混交へと落とし込む深層が存在する。言語的秩序を担保しながら言語的な無意味と戯れるキャロルは、アルトーにとっては単なる神経症的倒錯者でしかない。

こうしたアルトーとキャロルの対比は、『意味の論理学』全体の構成をも規定している。すなわち、アルトーとキャロルの対比は、第一次秩序（l'ordre primaire）と第二次組織（l'organisation secondaire）と呼ばれる対立にそれぞれ対応しており、『意味の論理学』の前半と後半においてそれぞれが固有の領域として分析されることになる。[*16] キャロルに準拠して、言語を可能にする条件である表面から、いかにして人称、個体、クラスといった論理学的機能が発生するのかを論じる前半部に対して、そもそもそうした言語的表面がいかにして物理的な身体・物体の混交から発生するのかを論じることが後半部の主題となり、それぞれが、静的発生と動的発生と呼ばれることになる。物理的な物体や身体からの言語的表面の発生が動的であるのは、その発生が、相互に作用し合う漸進的な発達段階を経るものであるとともに、言語的表面それ自体がつねに、身体的な混淆によって崩壊し、退行する可能性を含むからであるだろう。そしてこの動的発生において要請されるのが、精神分析家メラニー・クラインの議論であり、そこにおいて器官なき身体は、さらに別の役割を付与されることになる。

＊16 『意味の論理学』はさらに、もうひとつの水準を加えた三つ組みで議論が構成されている。ここでは、その第三の水準と第

二次組織の関係について確認しておきたい。まず、キャロルに即して語られる命題と事物を分節化する表面（第二次組織）が、言語の条件であるとすれば、それは指示、表示、意義といった論理学的命題一般に備わる機能、およびそれらが想定する個体、クラス、人称の区別に先立ち、それを可能にする条件でなければならない。ここでドゥルーズは、サルトルの「自我の超越」を参照している。すなわち、サルトルは、そこにおいて、「我思う」という命題によって表現されるカントの超越論的主観性は反省的意識による一対象にすぎないと批判したうえで、そうした「我れ」が含まれていないノエシス的な非反省的意識に着目する。そして、「我れ」とは、反省作用の媒介によってはじめて対象化される超越的対象であるがゆえに、非反省的意識はそれに対して「存在論的な優先性をもつ」（サルトル 1968：199）と主張する。サルトルは、このような「我れ」や「自我」を含まない前意識的で非人称的な場を「超越論的領野」と呼び、それを絶対的な存在領域、「けっして対象になることなくみずから存在へと自己を決定している純粋自発性の領域」（235）として規定する。「個別化されつつも非人称的にとどまる自発性として与えられる」（236）意識こそが反省的意識に先立ち、反省された意識の内面性としての「エゴ」を構成する。『意味の論理学』においてドゥルーズは、こうしたサルトルの議論を評価するとともに、その超越論的領野こそ論理的命題一般を可能にする第二次組織が展開される場であるとする。

> 意味の超越論的な場は、人称的なものの形態と同じように、一般的なものの形態と個体的なものの形態を排除しなければならない。というのも、人称的なものの形態は単に自らを表出する主体を、一般的なものの形態は単に意義される対象的なクラスと特性を、個体的なものの形態は単に対象的な仕方で個別化される指示可能なシステムを特徴づけているだけであり、それらは、個体化し指示する主観的な観点そのものを参照しているからである。
>
> （LS: 120–121）〔強調は原文による〕

言語活動や論理的命題一般は、こうした言語の条件としての表面、すなわち「意味という超越論的領野」によって形成されるのであり、そこから派生する組織化は『意味の論理学』において第三次配列（l'ordonnance tertiaire）と呼ばれる。ただしドゥルーズは、個体、クラス、人称を可能にする非人称的な超越論的領野を見出したサルトルを評価しつつも、それが依然として意識として規定されていることを批判している。これに対し、超越論的領野を意識構造に収斂させることなくその内的構成を明らかにしたとして評価されているのがジルベール・シモンドン（Gilbert Simondon 1924–1989）である。

第二節　『意味の論理学』におけるメラニー・クラインによる幼児の発達段階論

　これまでの議論を簡略にまとめよう。われわれはこれまで、『意味の論理学』第一三セリー「分裂病者と少女」を分析し、器官なき身体が置かれている概念的な文脈を辿ってきた。そこで理解されたのは、キャロルとアルトーの対立であり、後者に、流体と息の連続性からなる固有の言語と、それに対応する身体を創設するという論点が見出されるということであった。そしてこれが、分裂病者の身体的苦痛を肯定しうる方法であるとドゥルーズは考えている。妄想に苛まれる分裂病の身体から、新たに創設される別の身体への移行、すなわち、通常の使用言語から分裂病者に固有の言語使用へと移行すること。これは分裂病者を苛む妄想的・身体的苦痛を肯定的なものへと移行させ、転換させることであり、まさに治療と呼ぶにふさわしい。したがってドゥルーズは、これを臨床（clinique）の問題であると言う。さらに、こうした移行や治療がいかなる条件のもとでなされうるのか、その転換が生じる極限、ないし限界を確定する作業を、ドゥルーズは批評（批判 critique）の問題と呼んでいる。

> 問題は臨床の問題である。すなわち、ある組織から別の組織への地滑りの問題、あるいは、漸進的で創造的な脱組織の形成の問題である。また、問題はまさに批評の問題でもある。すなわち、そこで無意味が姿形を変え、カバン語が本性を変え、言語全体が次元を変える示差的（différentiels）な水準を規定することの問題である。（LS: 102）

文芸批評家や精神分析家は、分裂病者アルトーの作品を単なる言語的な無意味に還元し、キャロルの作品に見出される幼児倒錯との類似性を指摘するだけで満足しているとドゥルーズは非難する。そして、彼らが根本的に捉え損なっているのは、こうした批評と臨床の問題であり、アルトーとキャロルのあいだにある決定的な差異であるとドゥルーズは主張する。*17

ここで注目すべきは、このような批評と臨床の問題をドゥルーズは、分裂病者に固有のものとは考えていないことである。批評と臨床の問題は、幼児の発達において、すなわち、幼児の言語獲得の過程においても見出されるとドゥルーズは考えている。言語の成立が、命題と事物を区別する境界線・表面の獲得に等しいならば、「表面の意味は、深層から来る要素を組織して広げることである」(LS: 112)。こうした観点から、『意味の論理学』において最大限に評価されるものこそ、メラニー・クラインによる幼児の発達段階論である。というのも、クラインこそ、精神分析家にあって唯一例外的に、生後間もない幼児が「パラノイア‐分裂病態勢」にあることを見出し、そこから抑鬱態勢への移行を経て自我が形成されるプロセスを記述したからである。クラインの議論を採用するドゥルーズはいわば、言語的秩序から言語以前の状態へと移行する分裂病者の言語的退行を、分裂病態勢から抑鬱態勢へと向かう幼児の発達過程の逆向き、あるいは内向きの発達(involution)として理解していると言えるだろう。そして器官なき身体は、幼児の言語的秩序への移行という臨床の問題と、その移行を駆動する転換点としての臨床的役目を集約するものとして、クラインの議論のなかに立ち現れることになる。まずは、ドゥルーズによるクラインの議論を確認しておこう。

*17 「精神科の臨床面での失敗と文学の批評面での失敗は連動している。(中略)精神分析は、歴史の逸話の分析である前に、幾何学の次元の分析であるべきだ。というのは、人生は、性でさえも、肥沃な素材と産出される形態とのなかに入り込む前に、幾何学的次元の組織と方角決定の内部にあるからである。精神分析は、症例を指示し歴史物語を表出しコンプレックスに意義づけを施せば事足りるものではありえない」(LS: 113)。この部分は、ドゥルーズにおいてはじめて、批評の問題が臨床の問題と結びつけられたことを示すとともに、この時点でのドゥルーズが、精神分析を肯定しうる道筋を模索していることを示唆している。

クラインの発達段階論

『意味の論理学』において、クラインによる幼児の発達段階論が明示的に言及されるのは、第二七セリー「口唇性」においてである。クラインによると、生後三ヵ月から四ヵ月における幼児は、分裂病態勢（position paranoïde-schizoïde）と呼ばれる段階にある。これは、「摂取され投射される食べ物であり排泄される物である内部の部分対象」（LS : 218）のみによって構成されるカニバリスティックな状態である。この段階における幼児は、自らの栄養摂取に適した対象を善いものとして取り入れたり、それ以外のものを有害な対象として排除したり、選別したりすることがそもそもできない。幼児の体内に取り込まれるものは、つねに分断され、細分化されたファンタスムとしての母親の身体（cf. クライン 2006 : 171–178）であり、それを取り込むことは、つねに「その内的な部分対象に対する攻撃性の投射と、母親の身体へのその対象の再投射を伴っている」（LS : 218）とされる。分裂病態勢における幼児にとって、食物として取り入れられる内的な部分対象は、すべてが攻撃性の投射をともなう有害で迫害的なものであり、それはつねに母親の身体において再生産されることになる。このように、すべてが細分化された部分対象と、その受動と能動からなり、「摂取され投射される食物的かつ糞便的な内部の部分対象からなるこの世界」をドゥルーズは「シミュラクルの世界」（LS : 218）と呼ぶ。

さらにクラインによれば、この段階に引き続いて、幼児は抑鬱態勢（position dépressive）という段階に移行する。抑鬱態勢では、分裂病態勢に見出されるような攻撃的な衝動は弱まり、「幼児は部分対象を完備な対象に総合することができ、たとえば、彼の母親を人として見なすようになる」（Widder 2009 : 218）。この完備な善き対象（un objet bon et complet）がフロイトの言う超自我にあたり、この善き対象との緊張関係において幼児の自我は形成される。部分対象に対する攻撃性からなるシミュラクルの世界とは異なり、超自我との関係によって自我形成が規定されるこの段階を、ドゥルーズは「高所のイドラの世界」と呼ぶ。クラインの議論はここからさらに、分裂病態勢に対する抑鬱態勢の反作用を通して、性的欲動を食物欲動と破壊欲動から離脱させる、倒錯的な第三の態勢の形成へと展開され、これにより、不安と罪責感からなる幼児のオイディプス・コンプレックスが完了する。これがクラインによる幼児の発達段階論である。

では、このクラインの発達段階論のどこにドゥルーズは重点を置いているのか。ドゥルーズは、このクラインの図式に「注解（remarques）」を加えるとし、分裂病態勢から抑鬱態勢への移行段階に含まれている「精神生活の方角決定（orientations）と基本方位の観念、変化し回転する座標軸や次元に従う精神生活の組織化の観念」（LS : 219）を取り出そうと試みる。ドゥルーズによる「注解」に目を向けよう。

分裂病態勢から抑鬱態勢への移行と器官なき身体の位置づけ

すでに確認したように、分裂病態勢において摂取される食物は何であれ、断片化、細分化を伴うため、そこでは善き対象を無傷なまま摂取することはできない。いかなる食物であってもそれはつねに幼児の身体を破壊する迫害者、悪しきもの（排泄物）であり続けるからだ。言い換えると、分裂病態勢は部分対象だけから構成されており、そこにおいてはつねに、「分裂病態勢に固有の平衡が帰結し、後続する抑鬱態勢と分裂病態勢との関係が帰結するとは思われない」（LS : 219）。では、分裂病態勢から抑鬱態勢への移行はいかにして生じるのか。抑鬱態勢への移行が、幼児の攻撃性の衰退やその自我形成と同時的であるならば、特定されるべきは、幼児がそれへの同一化や葛藤を経て自我を形成することになる善き対象——母の乳房やファロス——の位置である。善き対象が分裂病態勢の内部には決して見出しえないものであるならば、それは別の水準に求められなければならない。善き対象は、つねに細分化される、迫害的な部分対象とは異なり、「そのままで完備な対象」（LS : 221）であり、分裂病態勢とは決定的に異なる位相に位置するとドゥルーズは言う。この善き対象に固有の位置が「高所（en hauteur）」と表現される。

善き対象は高所にあり、高所に留まり、本性を変えることなしに落下することはない。高所を転倒した深層と解してはならない。高所は独自の次元であって、そこを占める対象からも、そこを経めぐる審級からも本性的に区別される。(LS：221)

ここで言われている高所とはすなわち、分裂病態勢に後続する抑鬱態勢のことである。より厳密に言えば、分裂病態勢に位置する幼児の観点から見た抑鬱態勢こそが「高所」となるということである。善き対象は、分裂病態勢において摂取可能な部分対象へと本性を変えることなく高所に留まりつつ、分裂病態勢を抑鬱態勢へと後続させなければならないという課題を引き受けることになる。ドゥルーズは、この「深層から高所への移転の重要性」を強調し、これが「イドと超自我のあいだの、心理的生の方角決定の全面的な変化と、その基軸となる再編成を印づける」(LS：221)と主張する。どういうことか。

ここで持ち出されるものこそ「器官なき身体」である。器官なき身体は、分裂病態勢において迫害的な部分対象に対立するものとして次のように規定される。

> 分裂病態勢が、摂取され投射され中毒性で排泄物的で口唇的で肛門的な悪しき部分対象に対立させるものは、部分的な善き対象そのものではなく、むしろ部分なき有機体、器官なき身体、口も肛門もなく、一切の摂取や投射を放棄し、その代価として完備になった器官なき身体である。(LS：219–220)

部分対象と器官なき身体は、あくまでも分裂病態勢の内部において対立を成す。すなわちこれは、善き対象が位置する抑鬱態勢という高所に対して、分裂病態勢の内部において見出される二つの深層であるとドゥルーズは言う。つまり、分裂病態勢は、細分化された部分対象からなる深層と、部分がなくそれぞれが相互に結びついた充実した深層から構成されている。そしてここでは、後者の「部分なき(sans parties)」深層が器官なき身体と呼ばれているのだ。

骨や糞便などの「害を与える硬くて固形の断片」である部分対象に対し、器官なき身体の側には、血液や尿といった「部分も悪化もない流動的で完全な液体」（LS : 220）の混交が含まれる。ドゥルーズが、幼児の分裂病態勢における二つの深層に、分裂病者を苛む言語の受動と、アルトーにおける分裂病者に固有の言語活動の能動の議論を重ねていることは容易に理解されるだろう。

アルトーにおいて、分裂病者に固有の言語を創設することは、器官なき身体という新たな身体の組織化を可能にすることであった。これと同様に、幼児の分裂病態勢における部分対象と器官なき身体の対立は、善き対象を発生させ、これにより、後続する抑鬱態勢への移行を可能にする。すなわち、抑鬱態勢において自我形成を統率する善き対象は、分裂病態勢における部分対象と器官なき身体の対立から、これら二つの極それぞれが備える特性を引き受けるとドゥルーズは主張する。

> 実際、善き対象は、分裂病質的な二つの極を引き受けている。すなわち、善き対象がそこから力を引き出す部分対象の極と、善き対象がそこから形態を、言い換えるなら、完備性や統体性（intégrité）を引き出す器官なき身体の極である。（LS : 221）

善き対象が、分裂病態勢の外部から到来するもの、すなわち、初めから抑鬱態勢に属しているのであれば、それは単なる超越者、超越物でしかない。この場合、分裂病態勢と後続する抑鬱態勢は絶対的に切り離され、断絶されるほかなく、これら二つの態勢が架橋されることはないだろう。しかし、ここでドゥルーズが主張しているのは、抑鬱態勢への移転を可能にする善き対象は、分裂病態勢の内部に属する部分対象と器官なき身体の対立によって生み出されるということである。善き対象は分裂病態勢に対する単なる超越ではない。善き対象が見出される抑鬱態勢は、あくまでも、分裂病態勢と相関的に規定される「高所」であるということである。

ドゥルーズが強調するのは、幼児を分裂病態勢から抑鬱態勢へと移転させ統合する、こうした善き対象に固有の位置、すなわち、「その高所における超越性（transcendance en hauteur）」（LS：222）であり、それを導く論理である。高所における善き対象は「分裂病態勢の途中で、負債・拒絶反応・衝動圧力を伴いながら形成され」、これによって「善き対象と分裂病態勢のあいだの絶え間ない交流」（LS：221）が継続されるとドゥルーズは主張する。さらに、この発生の論理が、善き対象に固有の位置を与えることになる。すなわち、「高所の抑鬱態勢にある善き対象」（LS：225）は、たとえば母親というひとつの対象として現出するが、幼児にとってこれは、つねに「最初の一回からすでに失われたものとして、失われてしまったもの（*ayant été perdu*）としてしか現れない」（LS：222）〔強調は原文による〕。というのも、幼児は、善き対象の完全性や完備さは、分裂病態勢における自らの攻撃衝動や破壊衝動によって損なわれてしまったと考えるからだ。これによって幼児には、抑鬱態勢に固有の不安、およびそれに伴う罪責感が生じることとなる。たとえばクラインは、「不安と罪悪感の理論について」（一九四八）において、これを次のように述べている。

> 抑鬱的不安の基礎は、すでに述べたように、自我がひとつの対象に対する破壊衝動と愛情とを総合する過程である。私は愛する対象に加えられる損傷が主体の攻撃衝動によって引き起こされるという感情を罪悪感の本質であると理解している。（中略）この害を取り消したいないし償いたいという衝動は、主体がその害を引き起こしたという感情、すなわち、罪悪感から結果的に生じるものである。それゆえ、償いの傾向は罪悪感の結果として考えることができる。
>
> （クライン 1985：46–47）

「不安と罪責感は近親姦のオイディプス的欲望から派生するのではない。すなわち、不安は分裂病的攻撃性とともに、罪責感は抑鬱的失望とともに、あらかじめ先立って形成されていたのである」（LS：234）。こうして、分裂病態勢と抑鬱態勢は、不安と罪責感からなるオイディプス・コンプレックスの前段階として位置づけられることになる。

さらに、ここで重要なことは、分裂病態勢から抑鬱態勢への移行・移転が、通常の時間系列とは異なる因果関係によって結ばれていることである。善き対象は、分裂病態勢に後続する抑鬱態勢に見出されるべき「超越的」対象であるにもかかわらず、その発生は、先行する分裂病態勢の内部における部分対象と器官なき身体との対立を原因として生じる。善き対象の発生をめぐるこうした議論は、時系列的に後続する抑鬱態勢の発生要因を、分裂病態勢のなかへと、いわば、内属化する論理を示していることが分かるだろう。これによって善き対象は固有の時間性を備えることとなる。

善き対象は、分裂病態勢の途中にやって来て、先在するものとして、いまや深層に介入する別の次元において時間全体に先立って存在するものとして自己を定立する。（LS：222–223）

善き対象は、分裂病態勢に対する「高所」、すなわち、時系列的に後続する抑鬱態勢に属するにもかかわらず、それに先立つ分裂病態勢のなかで発生しそこに内属する原理として機能する。ドゥルーズがクラインの議論のなかに見出したのは、こうした善き対象に固有な「高所における超越性」であり、それを導く論理であるといえるだろう。言い換えれば、ドゥルーズの関心は、それによってシステムが体系づけられる超越的な対象が、いかに先行する有限な要因と操作によって導出され、発生するのかという論点に向けられていると考えられる。同様の議論は『差異と反復』における言語学的理念（構造）における時間性[*18]や、一九六〇年代に執筆されたと思われる「何を構造主義として認め

＊18 『差異と反復』においてドゥルーズは、言語学が言語活動を究明する上で、その探求を可能ならしめているとともに、条件づけているという意味での言語学的な「理念」（l'Idée）として、次の構造的特徴を挙げている。すなわち、⑴連続的な音声の流れから取り出される音素と呼ばれる差異的な諸要素が現前していること、⑵これらの要素を相互的に、十全に規定する差異的関係（弁別特徴）が現実にあること、⑶この要素規定において、音素によって引き受けられる特異点の価値（関与的

るか」で論じられる構造概念に含まれる特異な時間性の議論[19]において、再三繰り返し見出される。ここでの詳述は避けるが、端的に言えばそれは、『差異と反復』においては、個体の分化（différenciation）、個体発生（ontogenèse）、現実化（actualisation）と、それらの超越論的条件である潜在性（virtualité）そのものの差異化（différentiation）、個体化（individuation）との関係、あるいは現実化に対する反－実現（contre-effectuation）における時間性との差異の問題や、それら異なる時間性のあいだの連関（différent/ciation）の問題[20]として定式化されるものである。

な特徴）、⑷こうして構成された言語活動のシステムが、多様体としての特徴を備えていること、すなわち、それは、言語活動自らが提起し、意味作用を構成することでそれを解決する諸問題の総体を客観的に示す、問題的な特徴である、⑸諸要素と関係の現実的ではなく潜在的な無意識的特徴と、現実の分節音に対し、超越しかつ内在するその二重の状態、⑹さまざまな言語と、同時に、同一言語の表意的なさまざま部分における差異的な要素の二重の現実化、差異的な関係の二重の具現化（分化 différenciation）、各々の言語は一定の関係の変数と、一定の特異点を具現化している、⑺意味と構造、発生と構造が、この現実化（actualisation）のなかで読み取られる受動的発生として相補的であること、である（DR：262-263）。一般に、音素間の差異的関係は、例えばある語の音声的分節化を規定し、それに準じて形態素、意味素が徐々に規定されてゆくと考えられる。すなわち、音素は、形態素に対してあらかじめ確定されており、両者の関係は、現実態（l'actuel）に対する可能態（le possible）として、同一平面上で対立を成すかのように捉えられている。しかしこれは端的に誤りであるとドゥルーズは主張する。なぜなら、音素間の関係が見出されるのは、任意の語が発話された後でしかなく、またその語を規定する形態素が見出されるためには、任意の文において意味作用があらかじめ確定されていなければならない。ドゥルーズが強調するのは、「音素の形式的な相互規定は、音声的な素材上における潜在的なシステムの作用を表現する漸進的規定を参照する」（DR：265）のでなければならないということである。つまり、形態素に対する音素の、また意味素に対する形態素の潜在的な規定作用が確定されるのは、音素から形態素、さらに形態素から意味素へと向かう現実化や具現化を必要とするのであり、この意味で、両者はつねに相互規定的であるということだ。これによって、音素とその差異的関係は、現実的な音声的形態に対し、「超越しかつ内在する」原理として理解することが可能となる。ドゥルーズの関心は、このように、発生と構造が共立する理念のあり方や、そうした「発生や現実化を測ることのできる純粋に論理的な時間を含む」（DR：265）漸進的な規定作用に向けら

れている。ここで言われている「純粋に論理的な時間」が、物理的に測定可能な時間とは異なることは明らかであろう。

＊19　一般的な構造主義理解とは異なり、ドゥルーズにとって構造と歴史は対立するものではない。ドゥルーズが強調するのは、「あらゆる構造は必然的にある時間性を含んでおり、それに構造主義者たちは気づくことができなかった」(Sauvagnargues 2009b: 194) ということである。構造に含まれるその特異な時間性を表現するために用られたのが différenc/tiation という複合式であり、c/t という音素的な置換であるとソヴァニャルグは的確に指摘している。差異化と分化、および潜在性と現実性との関連については次の注も参照していただきたい。

＊20　『差異と反復』において、ドゥルーズは、カントにおける強度量、ライプニッツにおける知覚の議論に依拠して自らの議論を構成しているが、際限なき強度の縮減が延長、微小知覚の統合が知覚であるとすれば、ここでは、異なる強度間の関係や微小知覚間の関係を差異化 (différentiation)、それが延長や知覚へと現実化 (actualisation) されることを分化 (différenciation) と解することができる。強度や微小知覚は、それらが構成する延長や知覚の只中に存続する (insister) がゆえに、それらはいずれも実在するもの (réel) であり、現実的な延長や知覚からは区別されながらも共存する。したがって、これを現実的なものと共立していない可能的なもの (possible) から概念的に区別する必要がある。ここで導入されるのが潜在性 (virtualité) である。潜在的なもの (le virtuel) と現実的なもの (l'actuel)、およびそれらの連関性については、多くの論者によってすでに論じられているが、一般的な見解としては、カント的な経験の可能性の条件としての超越論的条件 (可能性 - 現実) との対比からこれを整理した Bergen (2001: 56–62) の理解で十分であろう。とりわけ、特筆すべきものを挙げれば、Boundas (2005) がある。そこでは、ドゥルーズの存在論に見出される差異化と分化、潜在性と現実化からなる図式を、現実的な事物間の関係によってではなく、相互に排他的であるがいずれも実在的である現実性と潜在性のプロセス、すなわち、現実 (実在)—潜在 (実在)—現実 (実在) …というモデルによって理解することが提案されている。すなわち、「生成は、現実的なものから別の現実的なものへ向かう線形的なプロセスではなく、むしろ、潜在的 (実在的) な傾向性からなる動的な領域を経て生じる現実的な事物の状態から、この〔潜在的 (実在的) な〕領域が、新たな事物の状態へと現実化するに至る運動として理解されるべきである」(Boundas 2005: 19–20)。この図式によって、潜在的なものと現実的なものとの可逆的な関係を救い出すことがバウンダスの企図するところである。さらに、ここで注意されたいのは、潜在的なものから現実的なものへと向かう運動ないし、傾向性における時間が、現実的なものから現実的なものへと向かういわば空間化された時間とはまったく異なる時間性を示しているということだ。バウンダスは、「延長を構成する要素の運動とは異なり、〔潜在性から現実性へ

この意味で、『意味の論理学』におけるクラインの議論は、単なる精神分析の議論を援用したものにとどまるものではない。むしろドゥルーズがクラインに見出した「高所における超越性」の発生の論理は、一九六〇年代のドゥルーズ哲学に固有の主題を端的に表している。これらについては第Ⅱ部以降で詳細に論じることにしたい。

本章の課題は、『意味の論理学』と『アンチ・オイディプス』の断絶を特定することにある。ならば、このようにして、『意味の論理学』において肯定的に論究されていたクラインの議論が、『アンチ・オイディプス』に至って、どのようにして、またどのような意味で明示的な批判対象となったのか、これが問われなければならない。精神分析批判の書とされる『アンチ・オイディプス』においてドゥルーズとガタリは、言うまでもなく、クラインの議論を、分裂病態勢と抑鬱態勢を前オイディプス期として位置づけたものとして、また、それは、幼児を家族関係へと制限する精神分析的言説を前提としているとして批判することになる。しかし、真に理解されるべきは、こうしたクラインに対する表面的な批判以上に、その批判の先にドゥルーズとガタリが見据えた分裂病者の姿とその力能である。器官や部分がないこと（sans organes et parties）に強調点が置かれていた分裂病者の器官なき身体は、そこにおいて根本的な変化をこうむることになるだろう。

狂気と作品――器官なき身体の問題点

これまでの議論から理解されるように、器官なき身体とは、分裂病者を苛む妄想および身体的徴候に対して、分裂病者が生きる特異な生を肯定するという文脈において、アルトーに準拠して提示された概念である。しかしながらそれは、『意味の論理学』において、アルトーをキャロルに対比させる概念であるとともに、いくつかの問題を含み込んでいるように思われる。クラインの議論に対するドゥルーズの評価の変動を論じる前に、ここでは幾人かの論者の議論を参照しつつ、『意味の論理学』における器官なき身体の問題点を指摘しておきたい。

まず、そもそも彼ら分裂病者はいったい何に対して抗い、彼らを苛む妄想は何に起因しているのか。ダヴィド＝メナールは、アルトーにおいて「糞便性を探求することは、彼の身体のなかへ、社会や精神医学的な権力の介入によって強制されると彼がみなすこの閉塞から、暴力的に抜け出すことであった」(David-Ménard 2005: 73) と述べている。こうした論点は、社会集団や精神医学、精神分析といった体制的な組織化に対抗することを企図する『アンチ・オイディプス』に顕著な論点であるといえるだろう。さらに『千のプラトー』においては、分裂病者の身体のみならず、ヒポコンデリー、パラノイア、拒食症、自閉症の身体が器官なき身体の事例として挙げられ、その対抗点はより拡張されることになる。両著作においてドゥルーズとガタリがフロイトにはじまる精神分析の言説を批判するのは、それが、これらの病理的な身体のなかに、一般的な言語構造や社会的組織として想定される分節化された秩序の機能的な不全や瓦解、あるいは、主体性や意味性の解体しか見出せないからである。この意味で、器官なき身体という概念は、ダヴィド＝メナールが

の」傾向性は、強度的な変換のあいだの連続性を保証している」(Boundas 2005: 20) と主張している。また、現実的なものと潜在的なものとの共存、および関係については『対話』に収録されている「現実的なものと潜在的なもの」を参照。たとえば、現在的な時間と潜在的な時間の相違について次のように述べられている。

現在とは連続的な時間によって測定される、つまり一方向において想定された運動によって測定される可変的な所与である。現在は当の時間が蕩尽されるのに従って過ぎ去るのだ。現在こそが、過ぎ去り、現実的なものを定義する。しかし、潜在的なものは、単一方向における運動の最小を測定する時間よりも小さな時間の側に現れる。したがって潜在的なものは、「束の間のもの」である。しかし、過去が保存されるのもまた潜在的なものにおいてである。なぜなら、この束の間は、次の「最小」のなかで絶えず連続し、方向の変化へと差し向けられるからである。(D: 184)

前期ドゥルーズの議論に繰り返し見出される潜在性と現実性、分化と差異化のモデルについては第四章において、また、潜在的なものに固有の時間性については、エピクロス派の議論を手がかりに第五章において論じる。

指摘するように、体制的な組織化を前提とする精神分析に対する批判という論点と緊密に結びつくとともに、『アンチ・オイディプス』以降、ドゥルーズとガタリの共著を一貫するテーマを示すものであると言えるだろう。しかしこうした観点からすると、『意味の論理学』の時点では、社会的組織化や精神分析に対する批判という論点は必ずしも明確に意識されてはいない。むしろ、先に論述したように、メラニー・クラインの援用をはじめ、『意味の論理学』では精神分析の言説に対してある種の肯定的な配慮が示されており、積極的に自らの議論のなかに組み込もうとさえされている。[*21]

さらに問題なのは、『意味の論理学』における器官なき身体が極めて両義的な位置にあるという点である。すでに確認したように、『意味の論理学』において器官なき身体は、物理的な身体の能動と受動からなる混淆や深層として理解され、位置づけられている。ドゥルーズは、分裂病者の身体において、その物理的な混在、叫びや息の連続性、諸部分が互いに差異のない状態にあるといった側面、すなわち、それが分節化する器官を持たないという点（sans organes）を強調する。いわばこれは、器官なき身体が、言語的秩序や有機的身体に対するその外部、あるいはその極限として実体化されていることを意味する。[*22] 言語的秩序を前提とするキャロルの無意味とは異なる「底（基盤）無し（sans-fond）」として理解された分裂病者の器官なき身体が、キャロルやストア派の言語論と対立をなすとともに、『意味の論理学』全体の議論構成を規定する重要な論点となっていることはすでに述べた。しかしながら、その結果、ジョゼ・ジルが指摘するように、『意味の論理学』における器官なき身体は、「一方では、非生産的・破壊的・《根源的な退行》を表現する」否定的な概念であるにもかかわらず、「他方では、《分裂病の身体についての新たな次元、すなわち、部分なき有機体としての栄光の身体》を貫き、そこから発せられる並外れたエネルギーを展開することのできる」（Gil 1998 : 75）ものとして肯定されることになる。分裂病者の器官なき身体がこのような両義性を含み、また、それが言語的秩序の外部、あるいは対立項に局限されている限り、分裂病者に固有の生を肯定することなど、そもそも可能であるだろうか。

あくまでも器官なき身体とは、有機的な結びつきが解体し、分断化された分裂病者の身体に対し、彼に固有の言語活動を創設することによって、その生を肯定するという文脈において現れるものだ。分裂病に固有の言語活動を創設すること。ここには、Goddard（2008）がデリダによるアルトー解釈を読解しながら述べているように、狂気と作

＊21　事実、ドゥルーズは、『差異と反復』および『意味の論理学』では、とりわけ「メラニー・クラインとフロイトといった、精神分析の諸概念は無傷のまま、敬意を払われている」（RF：60）と後に明言している。さらに、精神分析に対する肯定的な評価は、『差異と反復』第二章にも見いだされる。そこではハイデガーの『カントと形而上学の問題』に見出される構想力における自我形成（時間論）に準じた時間に関する議論が展開された後、それに次いで、フロイトの精神分析による受動的総合が肯定的に採用されている。また、『アンチ・オイディプス』の議論が、ロナルド・D・レイン（Ronald David Laing 1927–1989）やデヴィッド・クーパー（David Cooper 1931–1986）に始まる反精神医学運動と思想的に連動していたとはいえ、同時にそこでは、ヤスパースやヴィルヘルム・ライヒ（Wilhelm Reich 1897–1957）に対する肯定的な姿勢が示唆されていたことを思い起こすならば、ドゥルーズとガタリの意図は、必ずしも精神分析の議論そのものを全面的に廃絶することにあるのではないということが分かるだろう。本章の後半でわれわれが指摘するように、精神分析に対する彼らの批判は、分裂病者に対して施される固有の操作（オイディプス化）に向けられているのであり、『アンチ・オイディプス』以降の精神分析批判は、この論点の焦点化および前景化と連動しているように思われる。これらの状況を踏まえた上で、彼らと精神分析との関係は考慮されなければならないし、一般に解されているほど、彼らの批判が精神分析そのものを標的としたものであるかについては慎重に検討されるべきである。また、ラカンの精神分析に対して多くを負っているとドゥルーズ自身が言明していることなどを考慮すれば（cf. PP：25）、その理論的寄与分もまた明るみに出されるべきであろう。これについては、Caldwell（2009）が適切に述べているように、ドゥルーズとガタリの意図は、ラカンの精神分析そのものを破棄するのではなく、それを、資本主義のイデオロギー装置を乗り越え、欲望の理論を構成するために利用することにあったと理解すべきである。

＊22　「アルトーが発見したのはこのように、純粋な思考の外部（Dehors）であり、それはつねにその死の線によって取り払われる危険に晒されている」（Colombat 1990：85）。

品（œuvre）を統一することで、西洋形而上学や哲学史の諸前提を破壊するという論点を見出すこともできるだろう。というのも、「作品、つまり、作品を狂気から分離することが西洋の特徴であるならば、それは本来的に作品によって狂気の危険から身を守ろうと努めるのだが、作品と狂気の統一性の実現は、西洋の破壊となるだろう」（Goddard 2008：47）からだ。しかしドゥルーズは、深層の言語という展望を示唆してはいるものの、デリダがアルトーの狂気に見出したそのような論点へと展開することもなく、分裂病者による深層の言語の創設が、いかなる根拠に基づいてその生を肯定しうるのかについて詳述していない。[*23] 少なくとも、『意味の論理学』に即して言いうることは、アルトーの芸術創作と、分裂病者固有の言語を創設しようと試みたウォルフソンとの間に、議論の類似性が見出されているにすぎないということだ。[*24]

しかし、明らかにドゥルーズは、ここにおいてすでに、病と芸術作品との関係を肯定的に捉えるという、晩年の『批評と臨床』に至って明示的に展開される論点に触れてはいる。『批評と臨床』においてドゥルーズが問題としているのは、神経症や精神病のなかにとどまり、沈潜し、そのただなかに「抗い難い小さな健康」を見出すことであり、それが、「彼〔作家〕にとってあまりに大きくあまりに強烈で息苦しいものから彼が見聞きしたものに由来し、それへの移行が彼を疲弊させるにもかかわらず、それでもなお、粗雑で支配的な健康が不可能にしてしまう諸々の生成を彼に与える」（CC：14）ということである。これとは対照的に、『意味の論理学』は、分裂病者の身体を、「分離されたセリーも、底も表面もなく、事物の状態も言語活動もなく、対象指示も表現もない」（Gil 1998：75）物質の混交としてしか概念化することができず、その結果、分裂病者の生の肯定は、新たな身体と新たな言語の創設へと先送りされてしまう。新たな身体と言語の創設は、幼児の発達段階論に重ね合わせられ、幼児の分裂病態勢から抑鬱態勢への移行の議論へと落とし込められてしまう。すでに指摘したようにドゥルーズは、分裂病者の言語的退行を、雑音から声を獲得し、話し言葉を習得する幼児の発達段階の逆向き、あるいは内向きの発達として理解している。これは言い換えると、分裂病者の言語、およびその身体は、通常の社会や健常者には到達しえない外部に局限され、なおかつ、外部における、外部からの新たな言語の創設は先送りされるにもかかわらず、通常の言語的秩序や社会的秩序（象徴的秩序）の発生要因ないしそれが可能となるための条件に回収されてしまうということである。『意味の論理学』は、分裂病者の身体それ自体を肯定的に取り出し、全面的に肯定する機会を逸してしまっている。少なくとも、このように解される分裂病者の器官なき身体が、ドゥルーズが『アンチ・オイディプス』に関して述べていたような、強度、多様性、出来事といった概念が展開される場、すなわち、そこからあらゆる個体や個物が生じうるような、いわば超越論的な場（cf. 小泉 2008 : 382）として機能していないことは明らかである。では、『意味の論理学』におけるこのよ

＊23　小泉（2001）は、アルトーに見られるような、有機的言語や社会的組織に対抗し、分裂病者に固有の言語とその身体を創設する試み、すなわち「新しい有機体制と新しい言語を形成する微分的準位を定めること」が「途方も無く困難な展望」であるとしながらも、受精卵の発生と分化、癌細胞を用いた胚葉体の育成に関する現代生物学の知見を参照しつつ、その可能性を模索している。本論文においてわれわれが着目するのは、器官なき身体概念の変遷をメルクマールとして見出される断絶である。これに対し、小泉の議論が提示しているのは、むしろ、器官なき身体が、個体や形態発生を可能にする超越論的場となりうる条件であり、われわれの文脈でこれを言い換えれば、それは、『意味の論理学』と『アンチ・オイディプス』との断絶を埋めるべくしてなされるべき作業、ないし課題であると言えるだろう。

＊24『意味の論理学』においてウォルフソンの手法は、アルトーの深層の言語とともに肯定的に論じられている。しかし、『批評と臨床』になるとドゥルーズは、ウォルフソンは「音と意味の類似性という条件に囚われたまま」であり、「彼には創造的な統語論が欠けている」がゆえに、これとは対照的に、いかなる言語にも属さない「息吹としての言葉」（CC : 28）を創設しえたアルトーとは、同じ水準にいるわけではないと判断を変更している。ソヴァニャルグはこれを次のように述べている。

　アルトーの天才は、分裂病の身体から、統語論を挫折させるが、新たな詩的な領域を再建する物体的な語と情動を救い出すその能力にある。これに対し、ウォルフソンは、臨床を芸術へと移行させることを妨げる類似性や意味といった条件に閉じこもったままである。（Sauvagnargues 2009a : 101）

うな器官なき身体の曖昧さ、否定的な概念化は、『アンチ・オイディプス』においていかにして脱せられるのだろうか。

第三節　『アンチ・オイディプス』におけるメラニー・クライン批判

注目されるべきは、メラニー・クラインの議論に対する姿勢の変化である。『意味の論理学』におけるドゥルーズは、クラインによる分裂病態勢から抑鬱態勢への段階的な発達を記述する議論に固有の移転の論理（批評と臨床の問題）を読み取り、それを肯定的に論じていたことをわれわれは確認した。しかし、『アンチ・オイディプス』に至ってそれは、明示的に批判されることになる。これは何を意味するのか。『アンチ・オイディプス』がガタリとの初の共著作であることから、ここに、ラカン派精神分析から距離を取りつつあった彼の影響を声高に主張するような皮相な見解は避けるべきであるにしても、[*25] 少なくとも、クラインの精神分析に対する態度変更があることは誰の目にも明らかである。われわれはその態度変更の先に、ドゥルーズとガタリが何を語ろうとしていたのかを掬い取る必要がある。

ではまず、『アンチ・オイディプス』に散見するクラインへの言及を拾い上げてみよう。たとえば、「メラニー・クラインが、部分対象という根本的な発見において、この点に関して、流れ（des flux）の研究をなおざりにし、流れを取るに足りないものと言明しているのは、とても奇妙なことだ」（AO: 44）、あるいは、「メラニー・クラインは、部分対象という驚異的な発見、すなわち、爆発、回転、振動からなるこの世界を発見した。しかし、にもかかわらず、彼女がこの〔部分〕対象の論理を捉えそこなうことをいかに説明すればいいのか」（AO: 52）という記述が見られる。クラインが流れ（尿や血液）の問題を棚上げにしているという前者の指摘はすでに『意味の論理学』にも明記されていた。すなわち、口唇期におけるサディズム幻想と尿道サディズムにおける幻想を区別せず、いずれも幼児の破壊衝動の表れであるとするクラインの解釈に対し、ドゥルーズはアルトーに準拠しながら、器官なき身体における尿や血液の流れの重要性、すなわち、寸断された部分対象を結びつける「湿の原理」(LS: 220)を強調していた。とはいえ、ドゥルーズとガタリがここで「流れ」と呼ぶものは、『意味の論理学』において、部分対象と対比されていたものとは位相が異なるということについては後に詳述する。いずれにせよ、こうしたクラインへの言及から分かるのは、ドゥルーズとガタリは、クラインが発見した「部分対象という根本的な発見」の重要性は認めながらも、クラインが、彼らによって「流れ」と呼ばれるものを軽視し、本来見出されるべき部分対象の論理をつかみ損ねていることを批判

*25　エイダン・タイナンがこの種の見解として挙げているのは、ドゥルーズはガタリが提供した政治的な切迫感を必要とし、ガタリはドゥルーズによる理論的な基盤を必要としたと解するピーター・ホルワード、さらに、『アンチ・オイディプス』は、ドゥルーズが政治的なアリバイをシニカルに、戦略的に必要としたにすぎないとする、ジジェクの「もっともおぞましく描かれた(most luridly painted)」(Tynan 2009: 28)見識である。すでに指摘したが、ドゥルーズとガタリの影響関係は、『アンチ・オイディプス』に始まったわけではなく、それ以前から互いに影響を与え合っていたことが知られている。したがって、いずれか一方から他方への政治化や理論化を指摘することはほとんど意味をなさない。マノラ・アントニオリが的確に述べているように、「したがって、ドゥルーズに《所属する》語や概念と、ガタリに《所属する》それを区別することは不可能となり、配当のわずかな掛け金(le petit jeu des attributions)は、つねに無益で使い物にならないことが明らかとなる」(Antonioli 2005: 72)。彼らの共著作におけるガタリの寄与分を求めるべきだとする陣営の主張はもっともであり、これは近年頻繁に指摘されることである。しかしこれに対しては、膨大に費やされてきたドゥルーズに関するこれまでの研究をもってしても、彼らの共著作におけるドゥルーズ自身の寄与分すらもいまだ明瞭であるとは言い難いと答えざるをえない。むしろ、「われわれは、ドゥルーズとガタリとの出会いに先立って、ドゥルーズの思考のなかでもうすでに効力を持っていた諸概念の必要かつ理論的な発展として『アンチ・オイディプス』を考えるべきである」(Tynan 2009: 29)とするタイナンの主張を全面的に受け止めるべきであり、本書の指針もまた、これに則っている。したがって本書は、ドゥルーズの著作とガタリとの共著に関して、それがどちら側に「所属」すべきかといった詮索を行わない。むしろ、いずれもドゥルーズの単著と区別することなくひとつの著作として扱うことで、著作間の連続と断絶を明らかにすることがわれわれの意図するところである。

しているということだ。これをやや肯定的に言い換えるならば、彼らの意図は、クラインの議論を全面的に破棄することではなく、クライン自身が見出していたはずの固有の「部分対象の法則」（AO: 70）を取り返すことにある。まずは、彼らの批判の論点を確認しよう。

全体化する部分対象への批判

『アンチ・オイディプス』においてドゥルーズとガタリは、われわれが前節において確認したクラインの発達段階論について再び言及し、こう纏めている。

> 部分対象は時期尚早な全体性の直観（une intuition de totalité précoce）のなかで捉えられると同時に、自我はその実現に先立つ統一性の直観（une intuition d'unité）のなかで捉えられる（メラニー・クラインにおいてさえ（Même）、分裂気質の部分対象が、抑鬱態勢における完備な対象の到来を準備するひとつの全体（un tout）に関係づけられる）。（AO: 86）〔強調は引用者による〕

ここでのクライン理解は、すでにわれわれが『意味の論理学』のなかで確認したものと変わってはいない。繰り返し確認しておくならば、分裂病態勢に見出される攻撃性を伴った部分対象は、抑鬱態勢に位置する完備な善き対象に関係づけられることで、それを破壊した幼児の不安と罪責感へと転化させられるとともに、その善き対象との同一化と反発を介して幼児の自我が形成されるというのがクラインの議論であった。そしてここでは、分裂病態勢に後続して現れる抑鬱態勢が（時期尚早な）「全体性」と呼ばれ、また、幼児が自我を形成する際の参照項となる善き対象が（自我の実現に先立つ）「統一性」と呼ばれていることが分かる。『意味の論理学』で評価されていたのは、分裂病態勢を抑鬱態勢へと全体化し、幼児の自我を統合する、こうしたクラインの議論に他ならない。ところが、『アンチ・オイディプス』では、こう続けられる。

〔しかしながら〕こうした全体性－統一性（totalité-unité）が措定されるのは、何らかの不在の様相においてでしかなく、部分対象や欲望する主体が「欠いている」もの（ce dont « manquent » les objets partiels et les sujets de désir）としてでしかないことは明らかである。（AO : 86）

ここでドゥルーズとガタリが述べているのは、クラインの図式においては、抑鬱態勢や善き対象が、全体性や統一性としてあらかじめ前提とされており、すべてはそこへ向けて統合されることがあらかじめ想定されているということだ。この図式に従えば、分裂病態勢における幼児や、そこに見出される部分対象は、未だ来たらざる全体としての抑鬱態勢という「不在」に向けて統合されることが不可避的に前提とされ、さらに、そこへと自らを同一化し、統合すべき善き対象に対する「欠如」としてしか規定されないことになる。まして、善き対象が、抑鬱態勢に至ってもなお、「すでに失われてしまったもの」としてしか現れないことを考慮すれば、このような欠如による幼児の自我規定はそこで終わることとなく、永続的に引き延ばされることになるだろう（そして、幼児の不安と罪責感は継続する）。ドゥルーズとガタリはこのように、抑鬱態勢や善き対象といった「超越的な何か、共通の何かを外挿し」、また、未だ来らざるこの超越的な不在の対象（善き対象）や対象の不在を、ファルスや法と名付け、それに基づいて自己や親族関係、あるいは男女の性の分節化を操作する精神分析を批判するのである。ここに見出されるのが「オイディプス化」と呼ばれる操作であるとドゥルーズとガタリは言う。「クラインでさえも」こうしたオイディプス化の観点から逃れていないことが再び強調される。

クラインでさえもそうなのだ……。すると、あらゆる欲望する生産は押しつぶされ、前オイディプス的な諸段階のうえに並べられ、オイディプスのなかに全体化される。つまり、部分対象の論理はこうして無に帰する。

（AO：54）

無意識は人物を知らない。部分対象は、両親という人物の表象でもなければ、家族関係の支えでもない。部分対象は欲望する機械のなかの諸部品であり、オイディプスの形象のなかに登録されたままのものに還元されず、それに対して本源的な生産過程や生産関係に差し向けられる。

（AO：54）〔いずれも強調は引用者による〕

ドゥルーズとガタリは、「ここで提起される問題は、オイディプスとの関係において前オイディプス的と呼ばれうるものの相対的な重要性の問題ではまったくない」（AO：53）と言う。これはまさに、幼児の不安や罪責感の起源を、分裂病態勢のなかに位置づけたクラインの議論を評価していたドゥルーズ自身に対する自己批判であるかのようである。ともあれ、シベルタン＝ブランが述べているように、ここで批判されているのは、部分対象を「発育上の精神発達の軸と、価値論的な分割（善い対象／悪い対象）と、因果性（摂取／投射）という心的メカニズムに従属させることで」、クライン自身が、部分対象の「自律的な論理（la logique autonome）」（Sibertin-Blanc 2010：35）を摑み損ねているということである。そして、先の引用部において強調しておいたように、彼らがその批判の先に見据えているのは、この部分対象の「自律的な論理」とともに、彼らが「欲望する生産」「欲望する機械」と呼ぶものである。

全体化することなき部分、部分と共存する全体

ここでドゥルーズとガタリが批判し争点となっているのは、部分対象を全体へと統合するクラインの議論である。ならば、これに対して彼らが、部分と全体の関係をどのように捉えているのかを明らかにしなければならない。

まず『アンチ・オイディプス』において彼らが指摘するのは、古典的な機械論と生気論が、ともにこの部分と全体

の問題を正しく捉えていないということである。すなわち、機械論にとっての全体性は諸部分の総体でしかなく、また、いわゆる生気論[*26]にとっての全体性は、意識や「理念」といった、諸部分に還元されることなく超越し、むしろそれらを外部から目的論的に統制する原理として理解される。すなわち、機械論と生気論のいずれにおいても、全体と部分は、構成要素や統制原理という形という違いはあれど、いずれもつねに相互的な依存関係にあると考えられている。「諸々の構成要素は、それらがその全体において他の構成要素と取り持つべき関係そのものによって規定されている。こうした全体から切り離された部分は、その構成要素であることをやめる。というのも、この個別的な部分は、それ〔全体〕を構成する特性のひとつであるからだ」（DeLanda 2006 : 9）。言い換えれば、諸部分は全体を構成するべく互いに結びつけられていると同時に、諸部分の総体である全体性がその部分を統制する原理として機能する。ドゥルーズとガタリが「有機体（organisme）」と呼び批判するのは、まさにこのような「失われた統一性、あるいは来るべき全体性として幻想的に（fantasmatiquement）機能する」（AO : 387）原理を前提とした議論である。クラインは、このような「有機体」モデルを免れていないがために、器官や断片、すなわち部分対象を、後続する抑鬱態勢に統合されるものとしてしか理解しえないということだ。

したがってドゥルーズとガタリにとって、問われるべき問題は、いかにして、諸部分から構成される全体性にも、予め措定された統一性にも依拠することのない部分や断片を抽出するのか、また、それらをいかにして生産するのかということになる（AO : 50）。そこで彼らが提起するのは、諸部分と共存する全体性という観点である。

私たちは、傍らにおいてしか、諸々の全体性を信じない（Nous ne croyons à des totalités qu'*à côté*）。私たちが諸

＊26　周知のように、ドゥルーズ自身必ずしも生気論を全面的に批判しているわけではない。ドゥルーズとベルクソンの共通性を生気論に見出し、これを「（非）有機的（(non)-organique）」な生気論と呼び、伝統的な生気論からも還元主義的な機械論からも区別されるその独自性を考察したものとして、藤田（2009）および、同著者によるFujita（2004）を参照のこと。

部分の側にあるこうした全体性に出会うのは、全体はそこにあるこの部分からなるが、それら諸部分を全体化することがなく、また、そこにある諸部分すべての統一性であるが、それらを統合することなく、独自に構成された新たな部分として、諸部分に付け加わるからである。

（AO：50）〔強調は原文による〕

全体は部分から構成される。しかし、そこで生産される全体は、構成要素である部分を統合することなく、それもまたひとつの部分として生産される。全体と部分に関するこの観点は、『アンチ・オイディプス』に先立つ著作である『プルーストとシーニュ』、とりわけ、「アンチロゴスあるいは文学機械」と題された補遺を加え、加筆修正されたその第二版においてすでに見出されることから、その着想は一九七〇年前後であると推定される。[*27] そこでは、知性や法、イデアといった、予め前提された全体によって諸部分を総合すると同時に、それらの価値を規定する「有機的全体性としてのロゴス」を拒み、断片や諸部分が全体を構成することなく、また、それらが由来する統一性も示さない「アンチロゴス的スタイル」（PS：139）が、プルースト読解の鍵概念となっている。ドゥルーズは、こうした全体化されることなき諸部分からなる作品が、それでもなお、いかにしてひとつの作品としての統一性（スタイル）を保つのかということが芸術作品の問題であるとして、次のように述べている。

もう一度述べれば、芸術作品の問題は、論理的でも有機的でもない統一性と全体性の問題である。すなわち、それは、失われた統一性や断片化された全体性としての諸部分によっても、論理的展開や有機的進化のなかで諸部分によって形成されることも、あらかじめ先取りされることもない統一性や全体性の問題である。

（PS：196–197）

全体化することなき諸部分、および、それら諸部分の多様体としての統一性といった論点が、ベルクソンにおける持続概念[*28]や「一と多の総合としての質的多様体[*29]」に対応していることは容易に想像される。事実、全体化することなき部分という論点は、そのまま、後年の『シネマ1　運動イメージ』冒頭におけるベルクソンの議論へと連なるものである。ともあれ、われわれにとっての当面の問題は、こうした「部分と共存する全体」という論点が、『アンチ・オイディプス』においていかなる問題意識と結びついているのか、これを明らかにすることである。

＊27　一九六九年に発表された第一版の題名は『マルセル・プルーストとシーニュ』であったが、一九七〇年の第二版において『プルーストとシーニュ』へと変更された。また、一九七六年には、それに遡る一九七三年に *Saggi e ricerche di letteratura francese* 誌上に発表された「狂気の現前と機能――クモ」を結論として収録し修正された第三版が出版される。『プルーストとシーニュ』の加筆修正を分析し、その年代別の変化、およびそれに伴うドゥルーズ自身の思想的展開を論じたものとして Sauvagnargues（2009b）があり、とりわけその第三章を参照。

＊28　この論点の概念的な出自のひとつが、ドゥルーズのベルクソン読解にあることは、次の有名な一節を読めば明らかであろう。数量化可能な多様体、すなわち分割されても本性を変えない客観的・量的な多様体に対して、ベルクソンの持続について次のように述べられている。「実のところ、持続は自らを分割するのであって、絶えず分割する。したがって、持続とはひとつの多様体である。しかし、持続は本性を変化させることなしに自らを分割することはなく、分割しつつ本性を変化させる。したがって、持続は非計量的な多様体であり、そこでは、分割がなされる度ごとに、〈分割不可能なもの（indivibles）〉について語ることができる」（B : 35-36）。多様体としての持続概念に含まれる論点については、第四章において詳しく検討する。

＊29　Cf. 杉山（2006b）。杉山は、純粋な時間と空間化された時間、質と量、継起と同時性といった従来の対比によってではなく、「未完了と完了」という区別を用いて、ベルクソンの時間概念、すなわち持続概念を鋳直し、その一と多の総合、内在といった論点を引き出している。これについては、当該書の第一章を参照。

第四節　超越論的な場としての器官なき身体

生産のプロセスとしての自然

クラインに対する批判の要点が、全体化する部分、および部分を統合する全体という「有機体モデル」にあることをわれわれは理解した。これに対してドゥルーズとガタリが提起するのが、全体化することなき諸部分であり、部分によって生産されるが、それ自体もまたひとつの部分として共存する全体という論点である。重要なのは、彼らがこうした論点の先に志向している「欲望する生産」と呼ばれるもの、そこにおける「部分対象の論理」を見定めることである。そして、『アンチ・オイディプス』の第一章、「欲望する諸機械」の冒頭は、ゲオルク・ビューヒナー（Karl Georg Büchner 1813–1837）による『レンツ』における分裂病者の散歩の記述から始まるが、それは、彼らが企図する「欲望する生産」「部分対象の論理」を端的に示している。

> レンツは、人間と自然が区別される以前に、あるいはこの区別を条件とするあらゆる指標以前に身を置いたのだ。彼は自然としての自然を生きるのではなく、生産のプロセス（processus de production）として自然を生きる。もはや人間も自然もなく、ただ一方を他方の中で生産し、もろもろの機械を連結するプロセスだけがある。（AO : 8）

ドゥルーズとガタリによるクライン批判は、このような人間と自然が区別されない「生産のプロセス」の導入を企図している。そして、この「生産のプロセス」が「欲望する生産」と呼ばれるものに他ならない。では、彼らはこの欲望する生産という概念によって何を示そうとしているのだろうか。

あえて「生産」という語彙が用いられていることからも分かるように、ここでの議論が下地としているのは、言うまでもなくカール・マルクス（Karl Heinrich Marx 1818–1883）であり、とりわけ、その『経済学批判要綱』序説である[*30]。まずはマルクスの議論の大枠を確認したうえで、彼らの言う欲望する生産のプロセスを理解する手がかりとしよう。

『経済学批判要綱』序説においてマルクスは、アダム・スミス（Adam Smith 1723–1790）やデヴィッド・リカード（David Ricardo 1772–1823）に代表される古典派経済学を批判する。彼らは、個人を社会的連関から独立した存在者と見なしたうえで、生産・分配・交換・消費をそれぞれ独立した領域であるとし、その各々が一定の規則に従って連結されると考える。しかし、生産という行為は、単に生産物を生産するだけにとどまらない。なぜなら、生産においては個人の能力が消費されるとともに、生産手段と原料が消費されることは明らかであるからだ。そして、食物の消費が肉体の成長を生産するように、経済的な消費は、生産の衝動や対象を生産することになる。したがってマルクスは、「生産は直接に消費であり、消費は直接に生産である」（Marx 1963 : 244〔マルクス 2009a : 155〕）と主張する。

これは消費と生産の関係に限ったことではない。生産物の分配は、生産用具や社会成員の生産をあらかじめ前提としているし、また交換は、分業的生産や私的生産を前提とする。そして、何よりも、交換そのものが、生産の発展形態によって規定される。分配と交換もまた同時に生産であるということである。つまり、消費、分配、交換はすべて生産というひとつのプロセス（processus de production）のなかに内属する。こうしたマルクスの議論を受けて、ドゥルーズとガタリは次のように述べる。

＊30　Sibertin-Blanc（2010）は次のように指摘している。「古典経済学（l'économie politique classique）のカテゴリーは、『経済学批判』における一八五七年の「序説」のなかでマルクスによって、唯一、同じ生産過程の諸契機――すなわち、生産、登録、循環、分配、消費――として再び説明されている。それがここ〔『アンチ・オイディプス』〕では、そうした一義的な経済学の基盤となる概念性を提供している」（33）。

だからすべては生産なのだ。ここに存在するのは、生産の生産、つまり能動と受動の生産であり、登録の生産、つまり分配と指標の生産であり、消費の生産、享楽と不安と苦痛の生産なのである。（中略）これがプロセスという言葉の第一の意味である。すなわち、登録と消費を生産そのもののなかに組み込むこと、登録と消費を、同じひとつの過程のなかの生産とみなすことである。（AO : 10）

分裂病者レンツが身を置く「生産のプロセスとしての自然」とは、このように、生産・分配・交換・消費をひとつの生産のプロセスとし、これらすべてを「生産自身の内部に帰する問題」（Marx 1963 : 250〔マルクス 2009a : 163〕）として捉えたマルクスの議論を踏襲したものである。すべてが生産のプロセスであるからには、生産と生産物のあいだに区別はないし、そこには生産する主体と生産される対象といった階層的区別も存在しない。生産のプロセスとして見出された自然には、もはや、自然と人間、自然と人為、自然と人工といった区別もない。[*31] ここでは、「自然は、人間を生産するとともに、人間によって生産されるものである」（AO : 10）とドゥルーズとガタリは主張する。

人間と自然は相互に対面する二つの項としてあるのではなく、たとえ、それらが因果、理解、表現といった関係（原因 - 結果、主体 - 対象など）のなかで捉えられるとしても、生産者と生産物の唯一、同じ本質的な実在性（une seule et même réalité essentielle）としてある。（AO : 10）

欲望する生産における接続的総合

ドゥルーズとガタリは、こうした生産のプロセスとしての自然を、欲望する機械あるいは欲望的生産と言い換える。なぜだろうか。生産のプロセスを欲望する生産と言い換えることによって、主体的な人間が、内的な欲望を媒介して外的な自然に働きかけるとする一般的な構図を否定していることは容易に理解される。すなわち、生産、消費、交換が、個人の主観的欲求へと結びつけられる仕方で欲望を理解することが批判されているということである。第二に『アンチ・オイディプス』が批判するのは、欲望を現実的な対象の欠如した状態として理解すること、あるいは、欲望が生産するのは現実的な対象ではなく、妄想や幻想といった心理的対象であるとするような「観念論」である。この観念論に従えば、「欲望はもろもろの欲求に支えられたものとして現れ、欲望の生産性は、欲求という基礎のうえに、欲求が対象を欠いているという関係のうえに成立し続けることになる」(AO : 33)。欲望が対象の不在や欠如、それに対する欲求によって規定されるとき、世界には必然的に唯一欠ける対象があるとドゥルーズおよびガタリは言う。すなわちそれは「欲望の対象」(AO : 33) そのものである。欲望を欠如によって規定する限り、欲望の対象は決して埋め合わされることなく永続的に先送りされることとなる。

生産のプロセスとしての自然のなかに絶対的な欠如を持ち込む観念論を批判するドゥルーズとガタリは、すべてが生産のプロセスである欲望的生産には人間主体の優先性も、外的自然の客観性も存在しないと主張する。彼らが挙げる例でいえば、生産のプロセスには、幼児の口、乳房といった部分対象と、それらのあいだで取り交わされる関係しか存在しない。幼児の口という器官は、母親の乳房という器官に接続されることで、当の乳房が母乳の流れを生産する。むしろ、幼児の口と母親の乳房は、母乳の流れが切断され摂取されることによってのみ、同時に生産される。欲望的生産においては、口や乳房といった器官がひとつの身体へと統合(全体化)されることはない。ここには、「つねに流れを生産する機械と、この機械に接続されてこの流れを切断し採取する働きをするもうひとつの機械が存在する(母乳－口)」(AO : 11) だけだ。諸器官は、機械論 (mécanisme) が想定するように、因果関係のような規則的な法則性に従って主体や対象を構成すべく有機的に結びつけられることはなく、それぞれ独立した部分対象として、互

＊31 Cf. 米虫 (2011 : 218–219)。

いがいわば機械的に（machiniquement）接続される。「生産する働きは、つねに生産されるものに接ぎ木され」（AO : 12）、その一切は、もろもろの部分対象間の無際限の連結と、それによって生産される流れによってのみ構成されている。[*32]

欲望とは、このように、いかなる欠如も含まない、部分対象間の不断の連結であり、だからこそドゥルーズとガタリはこれを流れ（flux）と呼ぶ。「欲望は絶えず連続した流れと、本質的に断片的で断片化されたもろもろの部分対象の連結を実行する。欲望は、流れさせ、流れ、切断する」（AO : 11）。したがって、欲望が生産するものは、ある種の観念論が想定するような妄想や対象の欠如などではない。欲望は現実的な生産者であり、「欲望には何も欠けていないし、対象も欠けていない」（AO : 34）と彼らは主張する。こうした生産のプロセスと、切断と流れからなる部分対象の連結が『アンチ・オイディプス』において「接続的総合（la synthèse connective）」と呼ばれる。

欲望的生産とは、「純粋で分子的な多様体（une multiplicité pure et moléculaire）」であり、そこにあるのは「各々の部分対象が生産すると同時に再び切断し、再生産すると同時に切断する膨大な流れ（immense flux）」（AO : 81）であるとドゥルーズとガタリは主張する。ここで言われている「流れ」とはもはや、部分対象に対立するものではない。むしろ流れは、部分対象間の切断と連結によって生産されるものとして理解されている。

しかし、精神分析は、ファルスの欠如（去勢）と不在（不安）によって個人を主体化することで、この欲望的生産のなかに絶えず欠如を持ち込もうとする。精神分析においてファルスとは、欲望的生産におけるある部分対象（身体器官としてのペニス）が、接続される流れから分離・離脱され、それが変換（convertie）されたものであり、個人に対する超越物として機能すると解される。このファルスは、「ストックと欠如という超越的な形態においてしか実在しない（ファルスは、男性にも女性にも同じく欠如する共通で不在の何かである）」（AO : 87）。すなわち、人間はファルスを持つか、持たないかのいずれかである、君はファルスを持つ、ならば父に去勢される男児である、というわけである。つまり、そこでの個人は、彼らが狂人であれ子供であれ、ファルスを中心に形成される父・母・子からなる形態のもとに自らを「登録」し、その結果生じる自らの役割を「消費」することになる。「あらゆる性をオイディプ

スの枠のなかに陥らせるのはこの変換である」(AO：87)。ドゥルーズとガタリは、精神分析に見出されるこのような

*32 ドゥルーズとガタリが度々言及しているように、いかなる規則性も、準拠する関係性もない部分対象間の接続といった論点は、精神分析家セルジュ・ルクレール (Serge Leclaire 1924–1994) の論文「欲望の現実性」(一九七〇)に由来するように思われる。ラカンによる無意識の分析を手がかりとし、ルクレールが問題としているのは、(夢がその現実化であるような)無意識的な言説は、一見して矛盾した要素や無意味な内容からなるにもかかわらず、いかにしてそれをひとつのシステムとして理解しうるのかということである。彼にとって、これは臨床的な実践に関わるものである。精神分析家の中心的な問いとは、「あらゆる結びつきの不在によって、その諸要素がそれらのあいだで結びつけられているシステムを理解することである」(Leclaire 1998：148)からだ。ルクレールは、無意識のシステムに一貫性を与えているものを欲望 (désir) と呼ぶ。ドゥルーズとガタリは、「欲望機械の部分や要素が認められるのは、それらが相互に独立しているということにおいてであり、一方にあるいかなるものも、他方にある何かに依存してはならないし、依存していないということにおいてである」(AO：386)とし、この点からルクレールによる「結びつきの不在」としての無意識の発見を評価している。しかし、ルクレールは同時に、この結びつきの不在や、それに一貫性を与えている「欲望の現実性」、「欲望の純粋状態」は、精神分析的な臨床が機能するための仮説であり、一種のサイエンス・フィクションであることを強調する。

分析家が真に無意識に対して働きかけるとき、この欲望の純粋状態は、分析が粘り強く、さらに進められるなら、それでもなお、欲望の純粋状態という私のフィクションに可能な限り近づく何かをわれわれに示しうるに違いない。(Leclaire 1998: 149)

つまりルクレールは、いかなる可能な結びつきも持ちえない諸要素など想像しえないと考えつつも、分析家が臨床においてこの「純粋な特異性からなる総体」に出会っていると想定することは、「無意識の核」へと近づきうるためのフィクションとして有効だと考えているということである。だからこそドゥルーズとガタリは、ルクレールがこのように、現実的な欲望的生産を見出しつつも、これをフィクションとすることで、再びそこに欠如をもたらしていることを批判するのである (cf. AO: 475–476)。

操作、すなわち、欲望的生産に不在と欠如を導入し、選言（離接＝あるいは）で結ばれた二つの項を、一方の否定によって他方を排他的・制限的に規定する操作をオイディプス化と呼んでいるのである。

精神分析によるこうしたオイディプス化の操作に対抗するドゥルーズとガタリの課題は、したがって、これとは異なる、欲望的生産の「まったくもって、肯定的、無制限的、包括的な使用」（AO: 90）を提示することになる。ここでドゥルーズとガタリは、分裂病者に固有の総合を提起する。分裂病者は、法や言語による無意識に対するオイディプス化の操作に苛まれると同時に、それに抗っている。理解されるべきは、欲望的生産の只中において、分裂病者はいったいどのような状態にあるのか、そして、このような操作を逃れるべく、彼らはどのように自らを主体化（個体化）しているのかということである。そこにおいて分裂病者は、『意味の論理学』においてわれわれが見たような発達段階の逆向きの退行として、有機的組織化に組み込まれることなく、全面的に肯定されることになるだろう。

マルクスにおける資本と器官なき身体の相同性

欲望する生産においてはすべてが生産プロセスにあり、すべてが生産されるからには、そこには、われわれの有機的身体のみならず、臨床的対象とされる分裂病者の身体も含まれる。ドゥルーズとガタリはここで、再びアルトーに依拠しつつ、分裂病者の身体を口もなく、舌もなく、歯もなく、喉も食道もなく、胃も腹も肛門もない身体であるとし、「器官なき身体は非生産的なものである」（AO: 14）ということを強調する。器官なき身体である分裂病者は、何も生産しないし何も消費しない。しかし、それでもなお、すべての部分対象を無際限に接続する欲望的生産においては、こうした器官なき身体も例外なく他の部分対象へと接続されることになる。すなわち、「器官なき充実身体は、反生産の領域にある。しかし、生産を反生産に、反生産の一要素に連結することは、やはり接続的あるいは生産的総合の特徴である」（AO: 14–15）。

では、生産も消費もしない器官なき身体が他の部分対象に接続されるとき、一体何が生じるのか。ここでドゥルーズとガタリは再びマルクスを参照しつつ、この反生産としての器官なき身体を「資本」に置き換えて次のように述べている〔文脈上、ここで述べられている器官なき身体は、土地、専制君主なども指してはいるが、すべて資本として読みかえる〕。

マルクスがこれ〔資本〕について次のように語っている。すなわち、それは労働の生産物ではなく、自然的あるいは神的なその前提として現れる。事実、それは、生産力そのものに対立することに留まらない。それ〔資本〕は、あらゆる生産の上に折りたたまれ、生産力と生産者が分配される表面を構成する。(AO : 16)

資本とはまさに資本家の器官なき身体、あるいはむしろ、資本家という存在の器官なき身体である。しかし、こうしたものとしての資本は、単に流動的で、貨幣によって固定化された実体であるだけではなく、貨幣の不毛性に対して、貨幣が貨幣を生むという形態を与えることになるだろう。(AO : 16)

一見して明らかなように、ドゥルーズとガタリは、器官なき身体と資本とのあいだに相同性を見ている。ここで彼らが念頭に置いているのは、『経済学批判要綱』および『資本論』においてマルクスが論じている資本についての議論である。『資本論』第一巻第二編で論じられている「貨幣の資本への転化」を参照し、議論の格子を簡略に示した上で、彼らの主張のポイントがどこにあるのかを理解しよう。

マルクスの価値形態論と貨幣の資本への転化

まずは、『資本論』冒頭で記述される価値形態論から確認する。マルクスは、商業流通過程において、商品の交換から貨幣へと至る価値形態の発展を次のように分析している。まず、使用価値の異なる商品間の交換によって示される相対的価値形態（例えば、上着1着＝亜麻布20エレ）が、ある一商品によるそれ以外すべての商品との交換として示される価値形態へと拡大される（亜麻布20エレ＝上着1着　または＝茶10ポンド　または＝コーヒー40ポンド　または＝小麦1クォーター　または＝金2オンス　または＝鉄1／2トン　または＝その他）。そして、商品世界（市場）に帰属するすべての商品の価値（今後新たに生産される商品も含まれる）が、ある一商品と同一の価値として表現される一般的価値形態に至る（上着1着　または茶10ポンド　またはコーヒー40ポンド　または小麦1クォーター　または金2オンス　または鉄1／2トン　またはA商品 x量　またはその他の商品量＝亜麻布20エレ）。一般的価値形態に至ると、その現実的な個物である一商品（亜麻布20エレ）は、同時に、他のすべての商品に対する等価物として排除されることになるとマルクスは主張する。

> そしてこの排除が、ひとつの特別の商品種類に決定的に限定される瞬間から、はじめて商品世界の統一的な相対的価値形態が客観的固定性と一般的な社会的妥当性を獲得したといえる。
>
> （Marx 1963: 602〔マルクス 2009b: 107〕）

商品世界において、こうした一般的価値としての役割を果たすものこそが貨幣形態であるとマルクスは主張する。金や紙幣などの具体物は、こうした貨幣形態の位置を歴史的に専有したものであるにすぎない。

さて、マルクスは「貨幣の資本への転化」において、商品流通のなかで生み出されるこの貨幣のなかに、「資本の最初の現象形態」（Marx 1963: 691〔マルクス 2009b: 217〕）を見出し、この貨幣がいかなる過程を経て資本へと転化するのかを論じている。

マルクスがまず示すのは、商品の流通形態として現れる第一の形態、すなわち、商品を貨幣に転化し、その貨幣を再び商品へと転化する形態である。マルクスはこれをW–G–W（M–A–M）という範式で示している（W: Ware 商品／

M: marchandise　G: Geld 貨幣／A: argent）。さらに、この形態とは異なる第二の形態がある。それは、売るために買うという形態、つまり、まず貨幣を商品に転化し、その商品を再び貨幣へ転化するG–W–G（A–M–A）という形態である。そして、この後者の流通過程において現れる貨幣こそが資本に転化されるとマルクスは主張する。

　では、この二つの流通形態である「商品－貨幣－商品（W–G–W）」と「貨幣－商品－貨幣（G–W–G）」は、一体どのように異なるのか。一見して明らかなように、商品－貨幣－商品では、商品を売って、商品を買うことで終わるのに対し、貨幣－商品－貨幣では逆に、まず商品を買い、それを売って終わる。すなわち、前者では商品が、後者では貨幣が、それぞれの始点と終点となっていること、さらに、前者と後者では、貨幣と商品がそれぞれの流通過程において媒介の役割を果たしていることが分かる。ここでマルクスが指摘するのは、前者において貨幣は、最終的に商品へと転化され、ある種の使用価値として消費されて終わるのに対し、後者では、「買い手は次に売り手として貨幣を回収するために貨幣を支出する」（Marx 1963: 693〔マルクス 2009b: 220〕）ということである。すなわち、「貨幣－商品－貨幣」において「その循環の動因、その循環を規定している目的は、交換価値そのものである」（Marx 1963: 695〔マルクス 2009b: 222〕）。言い換えると、ここでは、貨幣を貨幣によって交換することこそが目的となっている。

　同一額の貨幣を交換することが市場経済において無意味であることを考えれば、そこでは、はじめに支払われた額よりも多い額の貨幣がその差額としてもたらされなければならない。貨幣によって貨幣を交換することでもたらされるこの余剰分を、マルクスは「剰余価値」と呼ぶ。

> したがって、この過程の完全な形態は、G–W–G'となる。ここでG'は、G'＝G＋ΔG'、すなわち、前貸しされた金額＋増加分を表す。この増加分、あるいはもとの価値からの超過分を私は剰余価値（surplus value）と名づける。
>
> （Marx 1963: 696〔マルクス 2009b: 223〕）

このように、貨幣が貨幣と交換され、自らの価値を増大させる運動こそが、貨幣の価値を資本へと転化させるとマルクスは主張する。

「商品－貨幣－商品」において、始点となる貨幣に交換される商品と、終点となる貨幣によって交換された商品は、質的に異なる商品であり、それぞれが異なる使用価値として消費される。これに対し、「貨幣－商品－貨幣」において、商品を購買する貨幣と、商品が交換される貨幣は質的に同じ貨幣に他ならず、量において異なるにすぎない。さらに、この貨幣によって交換された貨幣（G'）は、さらなる剰余価値を生み出しながら再び貨幣と交換され続けなければならない。なぜなら、貨幣が何らかの商品と交換されてしまえば、それは使用価値として消費された貨幣にすぎず、それはもはや資本であることをやめるからだ。資本としての貨幣は、絶えず貨幣と無際限に交換されなければならない。この意味で、「資本としての貨幣の流通は自己目的」であり、「資本の運動はしたがって際限がない」（Marx 1963：698〔マルクス 2009b：225–226〕）とマルクスは主張するのである。

では、このマルクスによる価値形態論、貨幣から資本への転化の議論を踏まえて、ドゥルーズとガタリが、欲望的生産における器官なき身体について述べた部分を分析してみよう。ドゥルーズとガタリはこう述べていた。

> 器官なき身体は、非生産的なものである。にもかかわらず、それは接続的総合のなかで、その場所その時間において、生産することと生産されるものとの同一性（l'identité du produire et du produit）として生み出される。（AO：14）

彼らが資本と器官なき身体に相同性を見ていたことはすでに指摘した。器官なき身体が、マルクスの議論における資本に対応しているとすれば、ここで言われている「生産すること」とは、商品を生産する貨幣の働き（G）であり、「生産されるもの」は、商品と交換された貨幣（G'）である。すなわち、生産と生産されるもののいずれもが、ここでは同一の貨幣であることは見てのとおりである。しかし、それだけではない。資本であるこれらの貨幣は、いずれも剰余価値を生み出すべく、無際限に貨幣と交換される資本としての貨幣であり、マルクスが言うように、それは資本それ自体の自己目的的な同一性を担保している。したがって、資本として理解される器官なき身体とは、使用価値としての商品を生産しないという意味で非生産的であり、自らが使用価値として消費されることもないという意味で消費不可能なものである。

さらに、資本においてはすべての商品が貨幣との交換価値に変換され、すべてが資本自体の自己目的的な運動へと登録されるのと同様に、器官なき身体もまた、剰余価値を生み出しつつ無際限にそれらを交換し続けるべく、すべての欲望機械（部分対象）を、欲望的生産の運動のなかに取り込むことになる。このとき、器官なき身体はすべての部分対象が登録される表面になるとドゥルーズとガタリは指摘する。

> 器官なき身体、非生産的なもの、消費不可能なものは、欲望の生産の全過程の登録表面の役割を果たしているので、欲望する諸機械は、それらを器官なき身体に関連づける外見上の客観的運動において、そこから発出するように思われる。（AO：17）

器官なき身体に関連づけられる欲望する諸機械とは、資本の自律的運動のなかに登録された商品（使用価値として消費される貨幣も含む）であり、部分対象である。Tynan（2009）が適切に指摘しているとおり、資本主義経済において労働や商品、さらには貨幣そのものさえも、それらが「機能するためには、その効果が登録され、記録され、蓄えられる、つまり、分配されるある種の「表面」（surface）を必要とする」（37）。すなわち、欲望する機械（商品、貨幣、部分対象）は、資本としての器官なき身体に登録されることによってのみ、はじめて商品となりうるとともに、貨幣と交換されることによって剰余価値を生み出しうる生産的なものとなるということである。つまり、器官なき身体は、部分対象が生産的であるためのいわば超越論的条件となっている。器官なき身体が資本として議論されていた理由はここにある。

しかしながら、この段階では、資本主義経済における資本と、臨床的実体としての分裂病者の身体とのあいだに、共通性や類似性が見出されているにすぎない。ドゥルーズとガタリの企図は別のところにある。すなわち、彼らの企図は、すべての対象を貨幣として自らの自己目的的な運動のなかに登録する資本の法則のなかに、分裂病者に固有の自己生産の様式を見出すことによって、精神分析によるオイディプス化の操作、すなわち、部分を全体化し、不在と排除によって実行される離接の排他的・制限的使用とは決定的に異なる分裂病者のあり方を提示することにある。そしてそれが「登録の離接的総合(la synthèse disjonctive d'enregistrement)」と、「消費の連接的総合(la synthèse conjonctive de consommation)」と呼ばれるものである。

分裂病における離接的総合と連接的総合

たとえば、フロイトの『シュレーバー症例論』が伝える分裂病者の逸脱した言語活動に見られるように、彼らは事物と語の区別、表現と意味の区別をせず、言語的な秩序が解体した状態であると把握される。[*33] しかし、ドゥルーズとガタリは、分裂病者たちは、資本があらゆる対象を自らの自律的運動の部分として取り込むのと同様の操作を行っていると考えている。どういうことか。

『アンチ・オイディプス』において、分裂病的な言語活動として挙げられているのは、クロソウスキー『バフォメット』における「私は神であり神でない、私は神であり人間である」(Je suis Dieu je ne suis pas Dieu, je suis Dieu je suis Homme)、あるいは、ニジンスキーの手記における「私はアピスである、私はエジプト人である、私は赤い肌のインド人であり、黒人であり、中国人であり、日本人であり、異邦人である」などだ。一見して明らかなように、これらは、同一主語(私)に対して、異なる複数の語を並列させ結びつけている。それればかりではなく、彼らは、肯定と否定という相対立する述語（〜である、〜でない）であっても、それらを選言（離接詞）によって結び、主語を述定している。ドゥルーズとガタリは、このような分裂病的な「これであれ…あれであれ（soit...soit）」とは、すべての事物を互いに排除することなく、等価なものとして登録する操作であると考えている。これはまさに、資本の運動が、あらゆる商品の使用価値を、剰余価値を生み出す資本自体の運動へと変換するのと同様の操作である。分裂病者は、社会的なコードによって規定された語や関係を脱コード化する。むしろそこでは、あらゆる部分対象そのものが、いわば、命題論理における「離接の記号（signes disjonctif）」（Sirbertin-Blanc 2010: 40）となることで、いかなる項にもトしている。

＊33 『シュレーバー症例論』においてフロイトは、シュレーバーの担当医であったヴェーバー博士によって作成された彼の妄想体系を引用している。そこでは、シュレーバーが、人類を救済することが自分の使命であると主張していること、さらに、神の啓示によるこの使命を全うするために、自らが女へと変身しなければならないと考えていることが述べられている。さらに、シュレーバーは、「長期間にわたって、胃や腸をもたずに、そして肺もほとんどなしで、また食道をずたずたにされ、膀胱もなく、肋骨は粉々にされた状態で生きていたことがあり、さらには幾度か、喉頭の一部を食べ物と一緒に飲み込んでしまったことなどもあるという」（フロイト 2010: 19）。こうしたシュレーバーの妄想に対し、フロイトは次のようにコメントしている。

> このような妄想形成物に対する精神科の臨床医の関心は、妄想がどのような働きをなすのかを確定し、それが患者の生活へいかなる影響を及ぼすかを判定しさえすれば、通常、それで尽きてしまう。（中略）それに対して、精神分析家は、通常の人間の考え方から大幅に逸脱した、きわめて異様な想念形成物であっても、精神神経症に関する知識に基づいて、それは心的生活におけるきわめて一般的で、ごくあたりまえの興奮から発生するものと推定し、そして、そのような変成の生じる動因とともに、その変成がたどる道筋を明らかにしようとする。
>
> （フロイト 2010: 20）

ここには、シュレーバーの妄想を「神経症に関する知識」によってコード化しようとするフロイトの企図が明瞭に現れているように思われる。

定位することなくそれらの接続が際限なく続けられることになる。これを彼らは「登録の離接的総合（la synthèse disjonctive d'enregistrement）」と呼び、精神分析によるオイディプス化の操作に対立させるのである。

> 器官なき身体上に、諸機械は、それと同じ量の離接点としてしがみつく。これら離接点のあいだで、新しい総合のあらゆる網が織り上げられ、表面を碁盤の目状に線引きする。（中略）「あるいは」（ou bien）が（二者択一的に）交換不可能な諸項のあいだで決定される選択を示そうとするのに対して、「これであれ…あれであれ」が示すのは、諸差異のあいだで交換可能なシステムであり、その差異は移動し、滑走することでつねに同一に帰する。（AO：18）

> 分裂者（schizo）は、際限のない生の系譜学的な素材を解放する。そこでは彼は、同時にすべての方向へと分岐するなかに自らを置き、自らを登記し、自らの居場所を理解することができる。彼は、オイディプス的な系譜学を吹き飛ばす。（中略）いずれにせよ、自然と人間より上位の存在はまったく問題にならない。登記されるものも、登記するエネルギーも、すべては器官なき身体の上にある。（AO：92）

ドゥルーズとガタリが分裂病に見出すのは、離接を制限的・排他的に使用するオイディプス化の操作に対して、「相互に制限することも、排除することもなく、離接の諸項をすべて肯定し、それらのすべての距離を通して肯定する」（AO：90）操作であり、そうした離接的総合の肯定的使用が、包括的離接（disjonction inclusive）と呼ばれる。

したがって、分裂病者は、精神分析が記述するもの（異常／正常の区別、父・母・子関係）とは根本的に異なる状態にあると理解される。では、器官なき身体における離接的総合は、どのような主体を生産するのか、これを理解しなければならない。ドゥルーズとガタリはこれを、欲望的生産の第三の総合として提示する。

すでに確認したように、彼らの批判は、欲望を欲求や対象の欠如によって規定し、欲望の対象を想像や妄想に縮減する「観念論」的な操作に向けられていた。これに対し、部分対象間の接続と切断、これによって生産される流れから成るプロセスのなかに、登録、消費、分配のすべてを包摂する欲望的生産をドゥルーズとガタリは提起したのだった。欲望的生産は、想像物や妄想を生み出しているのではなく、まさに現実を生産していると彼らは主張する。したがって、分裂病者を、現実性の喪失や妄想障害、自閉的傾向によって規定することは端的に誤りである。彼らは、「なんだか分からない生との接触を喪失した〔引用者挿入：ここで想定されているのはオイゲン・ブロイラー（Eugen Bleuler 1857–1939）による自閉症の定義であろう〕どころではなく、分裂病者は現実性の鼓動の最も近くに、現実的なものの生産と一体となる強度の点にいる」（AO: 104）。分裂病者を、現実から乖離した自閉的な存在者、臨床的実体としての器官なき身体に落とし込めているのは、むしろ精神分析のほうであり、無意識を観念論的に、排除的に操作するオイディプス化のほうであるとドゥルーズとガタリは主張しているのだ。精神分析に抗して、分裂病者に固有の位置を肯定的に記述しなければならない。

分裂病者は、父、母、子からなる家族的な文脈によって規定されるのとは異なる主体化を実行している。たとえば、分裂病者が自らを、あらゆる人種、地域、歴史上に現れる人物であると主張するとき、これは、彼らがそのような人物に対して、想像的に、あるいは妄想的に同一化しているのではない。そうではなく、彼らが行っているのは、こうした人物の名を、現実的なプロセスとしての欲望的生産に結びつけることであるとドゥルーズとガタリは言う。

〔分裂病者が自身を歴史上の人物と同一化するとき〕まったく別のことが問題となっている。すなわち、人種、文化、神々を器官なき身体上の強度の領野に同一化し、人物たちをこの領野を満たす諸状態に、閃光を放ち、この領野を横断する諸効果に同一化することである。ここから、その固有の魔術における名の役割が生じる。表象という舞台上で、人種、人民、人物に同一化する自我などなく、人種、人民、人物を、強度量の生産における領

域、閾、効果に同一化させる固有名が存在するのだ。（AO : 103）

すべての部分対象が離接の記号として登録され、それらが無際限に接続され続けるのが欲望的生産であるならば、そこにおいて現れる「私」や固有名は、結果的にそのすべての部分対象を不可分なものとして内包する主体であるだろう。シュレーバーやニジンスキーに見られる、女性や異なる人種への「偽装」（simulation）は、異性や特定の人物への同一化ではない。それは、「形態を変えることによって、相互に分割される諸強度のなかにつねに内包された分割不可能な距離を示している」（AO : 104）。これこそ分裂病者が実行している主体化であり、彼らに固有の主観性に他ならない。これをドゥルーズとガタリは、「消費の連接的総合（la synthèse conjonctive de consommation）」と呼ぶ。

分裂病者は、このように、器官なき身体における離接的総合によって登録された部分対象間の接続や、それらのあいだの移行、そこで生じる出来事を経験し、それらのあいだの距離を際限なく通過する主体として理解される。ドゥルーズとガタリは、ひとつの主体や対象へと個体化されることなく、それ以前の段階で、さまざまな程度で連続的に継起し、それら部分対象間の接続が際限なく続いていく欲望的生産におけるこのようなプロセスを、カントとベルクソンを念頭におき強度と呼んでいるが、まさに彼ら分裂病者が経験しているものこそ、こうした「純粋状態における強度量の分裂病的経験」（une expérience schizophrénique des quantités intensive à l'état pur）に他ならない。分裂病者の器官なき身体とは、あらかじめ規定された形態もなければ、来たるべき形態へ収斂することもない。この意味で、それは、こうした強度量のみによって満たされた卵であると彼らは主張する。

器官なき身体は卵である。それはもろもろの軸と閾、緯度、経度、測地線によって横断されている。すなわち、器官なき身体は、そこにおいて展開されるものの生成や移行、行き先を示す勾配によって横断されているのだ。ここにはいかなる表象的なものもなく、すべては生であり生きられている。（中略）強度からなる帯、潜勢力、

鬩と勾配以外の何も存在しない。(AO: 26)

ドゥルーズとガタリは、このように、マルクスによる生産の議論および資本の分析に準拠して、分裂病者とそれらのあいだに相同性を見出すことで、精神分析によるオイディプス化の操作に還元されない分裂病の活動性を救い出した。そこに見出されるのは、もはや、自閉的な存在として理解される「臨床的実体としての分裂病者ではなく、プロセスとしての分裂病化(schizophrénisation)である」(AO: 134)。彼らが分裂病化と呼ぶのは、生産のプロセスとしての欲望的生産における接続的総合であり、そこにおける器官なき身体による離接的総合、そして分裂病者に固有の主体性の生産である連接的総合であった。すなわち、『アンチ・オイディプス』に至って器官なき身体は、「器官がない」という妄想的な身体表象に苛まれる分裂病者の身体に局限されるのではなく、すべての対象や関係、さらには人種や歴史までもがそこにおいて展開される「超越論的な場」へと肯定的に変転したということができるだろう。

結論

本章の課題は、一九六九年と一九七二年のあいだに見出されるドゥルーズ哲学の断絶を、『意味の論理学』と『アンチ・オイディプス』における「器官なき身体」の概念化の相違として特定することであった。そしてわれわれは、この相違が、両著作におけるメラニー・クラインの評価の違いにおいて端的に表れていることを理解した。すなわち、クラインの議論が肯定的に採用された『意味の論理学』において、器官なき身体は、幼児の発達段階論の一要素として、その自我形成における構成的な発生要素として位置づけられていた。言い換えると、器官なき身体が位置づけられる幼児の分裂病態勢は、たとえそれが言語的分節化以前の物理的混交としての身体、すなわち、自然と規約、自然と慣習といった区別に先行する状態として理解されているとしても、それは、あくまでも、幼児の言語獲得や自我形成へと不可避的に、有機的に統合されるものでしかない。『アンチ・オイディプス』が明示的に批判するのは、このようなクラインの議論に見出される諸部分の全体化や統合化の論理であり、こうした操作を分裂病者や幼児に施す精神分析に他ならない。部分を全体に（個人を父母関係のなかへ）統合し、不在の全体に対する欠如によって部分を規定する（ファルスに基づいた性の分化）このような操作をドゥルーズとガタリはオイディプス化と呼び、批判するのだ。

精神分析が施すオイディプス化に対抗してドゥルーズとガタリが提起するのが、部分対象が全体化されることなく、固有の総合を実行する欲望的生産（la production désirante）である。すなわちそれは、切断とそれに伴う流れの生産によって、部分対象間の接続が絶え間なく、無際限に展開される生産のプロセスである。ドゥルーズとガタリは、切断とそれによって発生する流れから成るこの生産のプロセスこそが欲望であるとし、欲望を主体的な欲求に、あるいは、主体を欲望の対象の欠如によって規定する精神分析によるオイディプス化の操作を退ける。

そして彼らは、マルクスの議論を経由し、この欲望的生産の只中における分裂病者と資本とのあいだに相同性を見出す。というのも、資本と分裂病者の器官なき身体は、いずれも非生産的で消費不可能なものであるからだ。しかし、それだけではない。資本が剰余価値を生み出しつつ、すべての対象を貨幣の自己目的的な運動へと変換するのと同様に、分裂病者の器官なき身体は、社会的・文化的・歴史的なコードによって規定されたあらゆる対象を脱コード化することで、すべてを等価なものとして離接的に登録する。彼ら分裂病者は、自らの離接的総合のなかで生じる出来事や生成のあいだを、絶え間なく移行し続け、感覚する（sentir）主体として生きている。そして、このような固有の総合や固有の経験を生きることのなかに、分裂病者の能動性、すなわち彼らの器官なき身体は見出されるべきであるとドゥルーズとガタリは考えている。

したがって、『アンチ・オイディプス』における分裂病者はもはや、単なる臨床的実体としての分裂病者ではないし、その身体は、社会的なコードや言語的分節化に苛まれる身体ではない。『アンチ・オイディプス』に至って、資本との相同性において見出された分裂病者の器官なき身体は、まさにドゥルーズ自身が述べていたように、その上であらゆる出来事や多様性が生起し、実現される場として概念化されている。ズーラビシヴィリの的確な表現をもう一度引用するならば、『アンチ・オイディプス』はこのように、「臨床的な崩壊とは区別される、この分裂病的なプロセスという次元を引き出すことに捧げられている」(Zourabichvili 2003 : 16) と言えるだろう。すなわちこれが、『意味の論理学』と『アンチ・オイディプス』とのあいだに見出される断絶であり、器官なき身体がその断絶を示すメルクマールとなるということの意味である。

では、このメルクマールを境に、ドゥルーズ哲学を前期と後期に区分することが可能であるとすれば、そこでは具体的にどのような変化が生じたのだろうか。次章では、本書が探求すべき道筋を定めておくための準備作業として、ドゥルーズ哲学の変化についての考察を加えておきたい。

第二章　断絶としての自然概念

序　論

前章でわれわれは、『意味の論理学』と『アンチ・オイディプス』とのあいだにある断絶を、器官なき身体という概念の根本的な変化によって特徴づけた。『アンチ・オイディプス』における器官なき身体は『意味の論理学』と同質のものではない。それはもはや臨床的実体としての分裂病者の身体としてではなく、全体へと統合されることなき部分対象間の接続と切断、それらによって間断なく生産される欲望の流れのみからなる場として概念化されている。『アンチ・オイディプス』の企図は、分裂病者をオイディプス化の操作によって臨床的実体へと仕立てあげる精神分析的言説を批判するとともに、分裂病に固有の生や力動性を、そのような生産のプロセスとして提示することにあったと考えられる。そして、この器官なき身体の概念上の変化は、著作の叙述スタイルの変更や、ガタリとの共同作業といった外面的な変化以上に、ドゥルーズ哲学における根本的な思想的変動を表しているようにわれわれには思われる。『アンチ・オイディプス』における器官なき身体の変化をメルクマールとし、それ以前を前期哲学（一九五三—一九六九)、以降を後期哲学(一九七二―一九九三)として切り分けたとき、はたしてそこにはどのような理論的変動が見出されるのか。本章ではこれを明らかにすることで、次章以降のわれわれが取り組むべき道筋を示す視座を設定しておきたい。

第一節　断絶としての人間と自然の同一性

器官なき身体をメルクマールとしたとき、その前後において、ドゥルーズ哲学ははたしてどのように変化したのか。これをより限定した問いの形で言い直せば、前期ドゥルーズ哲学は、なぜ分裂病に固有の生である器官なき身体とその「欲望的生産」を肯定的に論じえなかったのか。これを明らかにしなければならない。まずは、前期と後期のドゥルーズ哲学における問題背景と概念的付置をそれぞれ確認し、両者のあいだにある断絶が何に由来するのかを明確にしたうえで、この問いに答えたい。

「個体化の議論の消滅」と分裂病の問題の前景化

従来のドゥルーズ研究において、ドゥルーズ哲学の思想的変化を体系的に論じたものはきわめて少ない。Sauvagnargues(2009b)は、用語解説や思想全体の紹介に終始することなく、例外的にドゥルーズの思想的変化を発展史的観点から論じているが、それゆえ、必ずしも断絶に焦点を当てたものではない。これに対し檜垣(2008)は、ドゥルーズ哲学における断絶をあえて正面から指摘している。檜垣は、ドゥルーズ哲学における前期と後期のあいだに「個体化の議論の消滅」という論点を見出し、これを『アンチ・オイディプス』以前と以後を分ける「転回」であると指摘する。檜垣の整理によれば、『差異と反復』と『意味の論理学』はいずれも、理念や超越論的領野と呼ばれる「潜在的な領野を探りながら、その現実化を描く〈個体化〉の議論として、テクスト総体が整序されて」(檜垣

2008 : 362）いた。これに対し『アンチ・オイディプス』以降、このような個体化の議論は交換価値的なコード化の議論に回収され、それは「あくまでも退けられるべき超越としてしか位置づけられない」（檜垣 2008 : 370）と指摘する。檜垣の指摘をわれわれの文脈に引きつけて言い直せば、『意味の論理学』では器官なき身体が幼児の自我形成という個体化の一要素に組み込まれていたのに対し、『アンチ・オイディプス』では、その個体化の議論を精神分析によるオイディプス化の操作に委嘱し、これを批判するとともに、器官なき身体が、部分対象を登録する資本の自己目的的な運動として読み替えられたことに対応している。これによって器官なき身体は、現実的な商品や使用価値といった部分対象の系列から切り離され、むしろそれらを生産する超越論的条件ないし超越論的領野として解されることになる。

また檜垣は適切にも、前期ドゥルーズが主題的に論じる個体化（individuation）とは、「差異の取り消しを含み、その非同一的なあり方から、同一性を担った現象や意味作用を発生させること」（檜垣 2008 : 370）であるとし、これを質と延長を伴った個別的な個体発生（ontogenèse）や、その現実化（actualisation）から区別しているが、[*34] この区別に準じて言えば、『アンチ・オイディプス』における器官なき身体とは、それ自体が強度量で満たされた個体化（individuation）の場であり、そこからあらゆる個体発生や現実化が生じると考えられている。つまり、『アンチ・オイディプス』に至って個体発生の議論は、オイディプス化（欠如や不在といった超越的対象の外挿）によって分裂病者を臨床的実体へと現実化（actualiser）する精神分析の批判へと落とし込まれるのにともない、分裂病者の器官なき身体は、

＊34 『差異と反復』においては、個体化と現実化はそれぞれ、現実的な個体に先立つ差異化（différentiation）と、時間と空間において質と延長を伴った事物の発生としての分化（différenciation）と呼ばれ、区別される概念である。個体化と分化、個体化の差異と個体的差異についてはとりわけ（DR : 318-324）を参照。このように、個体発生と個体化を区別し、「その個体性を構成する諸強度において差異を即自的に含み肯定するもの」（DR : 317）として個体化を論じたのはジルベール・シモンドンであり、個体化論におけるドゥルーズの解釈の多くはその哲学に負っている（cf. Sauvagnargues 2009b : chap X）。

『差異と反復』における理念、あるいは、『意味の論理学』において前個体的で非人称的なものとして理解されていた超越論的領野へと上昇させられたと考えることができるだろう。『アンチ・オイディプス』の企図は、分裂病者に固有の活動性を、臨床的実体への現実化に先立つ、器官なき身体という個体化の場の内部において、あらゆる部分対象間の関係を離接的に内包する主体として描き出すという戦略によって、分裂病者の生を肯定することにあるといえる。*35

分裂病と自然、人間と自然の同一性

このように、『意味の論理学』と『アンチ・オイディプス』とのあいだに見出される「個体化の議論の消滅」は、われわれが指摘した器官なき身体の概念的変化と軌を一にしていることがわかる。

さらに、ここで注目されるべきなのは、『アンチ・オイディプス』では、分裂病の問題が前面に押し出されるとともに、分裂病に固有の生が自然というテーマと緊密に結びつけられて論じられていることである。分裂病者レンツが身を置く自然は、人間と自然が区別される以前の自然であり、そこでは自然と人為、自然と人工の区別がなされないこと、また、分裂病者にとっては自然と人間より上位の存在はまったく問題にはならないとドゥルーズとガタリが言明していたことを思い出されたい。分裂病と自然との結びつきは、次の引用部からも確認される。

> 私たちは分裂病の自然主義的な軸を見定めようとしているのではない。分裂病者が特有に総体的に生きているのは、自然の特定の軸などではまったくなく、生産のプロセスとしての自然である。（AO: 9）

> このとき産業はもはや有用性という外在的な関係性においてではなく、人間の生産と人間による生産としての自然との根本的な同一性のなかで把握される。（AO: 10）〔共に強調は引用者による〕

ここでは、分裂病者に固有の生として提起された欲望的生産が、まさに自然として理解されていることに加え、さらにそれが、人間と自然の根本的な同一性として提示されていることに着目したい。というのも、われわれは、この人間と自然の同一性という論点こそ、前期と後期のドゥルーズ哲学の断絶を示すものであり、端的に言って、『意味の論理学』の時点でのドゥルーズ哲学は、この論点を肯定的に提示しえない理論的構成にあったと考えるからである。どういうことか。

超越論的領野の探求と人間と自然の同一性に生じる齟齬

まず第一に、そもそも『意味の論理学』では分裂病が自然というテーマと結びつけられて論じられることはない。すでに、われわれがアルトーに即して見てきたように、『意味の論理学』における分裂病は、事物と命題、言葉と物との分節化の崩壊した状態、あるいはそうした言語的な分節化に対立するものとして理解されていた。これは、『意味の論理学』の重点が、分裂病そのものを対象化するというよりは、分裂病者の言語とは対比的に理解される、言語一般の分節化や、先に確認したように、質と延長によって規定される個体発生を可能にする条件の探求に置かれていることに起因する。『意味の論理学』においてドゥルーズが、サルトル、フッサール、シモンドンを念頭に置きながら、超越論的領野（le champ transcendantal）と呼ぶのは、そのような言語的分節化や個体発生、さらには論理的命題

＊35　Cf. 小泉（2008 : 382）。欲望的生産によって、臨床的実体としての分裂病者を、分裂病に固有の主体性へと変転させることを、いわば「臨床の問題」としてわれわれは肯定的に論じたが、これに対し小泉は、このロジックでは、精神を生産する場と身体を生産する場の関係が定まり難いがゆえに、「身体の病人の治療の方向は曖昧になっている」と指摘している。小泉の指摘を踏まえて言えば、ドゥルーズ哲学において、身体的欠損や身体的障害の治療をめぐる問題が取り上げられるのは、マゾヒズムを論じる『千のプラトー』や、後に言及する『シネマ1　運動イメージ』における自然主義を俟たなければならない。

一般を可能にする条件である。すなわち、「総合的な人称的意識の形態も、主観的同一性の形態も持たない」(LS: 120)非人称的な超越論的領野こそが、個体や人称の発生を可能にするとドゥルーズは考えている。

しかし、本書が主張している断絶という観点からここで注目されるべきなのは、このように、言語一般の発生や個体発生を問うという『意味の論理学』の問題設定それ自体が、ドゥルーズ哲学において自然という主題が前景化されることを拒む要因となっているということである。『意味の論理学』において超越論的領野は、個体を構成すると同時に、それを取り囲む世界を構成する基盤となると述べられていたことに注目しよう。すなわち、「個体はつねに収束円としての世界の中に存在し、世界は、世界を占めたり満たしたりする個体の周囲においてのみ、形成されうるし思考されうる」(LS: 133)とドゥルーズは述べている。これはつまり、内部性と外部性、主体と対象、命題と事物の状態としての属性といったあらゆる二元性が超越論的領野において発生し、こうした根源的な二元性が成立したうえで、個体の人称性や、個体が帰属する環境世界(Unwelt)と、そうした複数の世界に共通の世界(Welt)がそこから派生するということである。このように『意味の論理学』の議論の全体は、超越論的領野における二元性の発生(第二次組織)と、それに基づいた個体の人称性、世界、言語・論理的秩序の発生(第三次配列)によって構成されている。そしてドゥルーズは、個体とそれを取り囲む世界の発生を、厳密に同時的なものとして捉えている。ならばそうである以上、そこでは、個体の発生そのものが、同時に世界や自然から分離され、これらをその外部へと排除することになるのは当然である。こうした『意味の論理学』の観点からすれば、人間と自然は決して同一のものとはなりえないのである。

ならば、またしても当然のことながら、『アンチ・オイディプス』が提起する人間と自然の同一性は、人間(個体)と世界(自然)を分節化する二元性が発生する以前の状態としてしか理解されえないことになるだろう。すなわちそれは、個体と自然、人称と対象が依然として区別されていない未分化な深淵、あるいは、身体と身体が物理的に混交した分節なき全体性としてしか概念化されえないということである。事実、『意味の論理学』は、事物と属性、あるいは内部と外部の相互浸透を防いでいた言語的分節化という境界線（意味）が消失したならば、「すべては身体や身体的なものとなり」、「われわれの身体のなかへの他の身体の浸透、その諸部分との共存状態」（LS: 106）に陥ってしまうと明確に言明していた。この意味において、『意味の論理学』の時点でのドゥルーズ哲学は、『アンチ・オイディプス』における人間と自然の同一性という観点をけっして肯定的に把捉することができなかったということである。この意味で、人間と自然の同一性は、ドゥルーズ哲学における断絶を示す。

第二節　ドゥルーズ哲学における自然の主題化

断絶および起点としての自然概念

われわれはこれまで、『アンチ・オイディプス』で提示された人間と自然の同一性という論点が、ドゥルーズ哲学における思想的断絶を示すものであることを述べてきた。そして、『アンチ・オイディプス』を境とし、それ以降、ドゥルーズとガタリの共著のみならず、ドゥルーズ単独の著作においても徐々に対象化され、前景化されていくことになるのは、自然という論点に他ならない。

ドゥルーズとガタリが最初に分裂病の問題と自然とを結びつけて論じたのは、『アンチ・オイディプス』の出版に先立ち、初めての共同論文として公表された「離接的総合」（一九七〇）においてである。[*36] ここから、一九七〇年前

＊36　論文「離接的総合」は、修正を加えられ『アンチ・オイディプス』に組み込まれた。そこではすでに、精神分析のオイディプス化に対して、治療のもうひとつの方向性を「分裂病化」（schizophrénisation）と名付け、「治療としての分裂病化の問題は、まさにそれによって分裂病者（schizophrène）が生み出されることなしに、どのように分裂病（schizophrènie）を人間と自然の力能として解放しうるのかということだ」（Deleuze & Guattari 1970: 56）と述べられていた。また、注目されるべき

後にはこの論点が明示的に自覚されていたと推定される。その後、ドゥルーズ哲学において自然という論点が見出される例としては、たとえば、『スピノザ：実践の哲学』（一九八一）におけるスピノザ主義者としてのヤーコプ・フォン・ユクスキュル（Jakob Johann Baron von Uexküll 1864–1944）のエトロジー（生態学 éthologie）の援用、あるいは、ライプニッツの自然哲学を焦点化した『襞』（一九八八）がある。これらを見れば、とりわけ一九八〇年代におけるドゥルーズの関心が顕著に自然という主題へと向けられていることが分かる。さらに、頻繁に引き合いに出される箇所であるが、『記号と事件』（一九九〇）においてドゥルーズは、残された老後の作業として、「哲学とは何か」という問いを主題とした本を書くこと、また、ガタリとともに、「われわれに共通の仕事、すなわち、自然と人工のあいだのあらゆる違いがぼやけたこの時に、一種の自然哲学（une sorte de philosophie de la Nature）を再開したい」（PP : 212）と述べていた。言うまでもなく、前者がドゥルーズとガタリによる最後の著書『哲学とは何か』（一九九一）によって実現されたのとは対照的に、彼らは自らの自然哲学を主題的に論じる著作を、結局のところ公にすることはなかった。しかし、上に述べたような八〇年代の著作において断片的に散見する自然に関する議論を精査することによって、その自然哲学の輪郭をある程度描くことは可能である。とりわけ、ドゥルーズとガタリの共著であり、『アンチ・オイディプス』の続編として発表された『千のプラトー』は、先の生態学的な議論に加え、デンマークの言語学者ルイ・イェルムスレウ（Louis Hjelmslev 1899–1965）の言理学（glossématique）についての、地質学（層序学 stratigraphie）を経由した、自然学的な解釈・転用が議論の基軸を成しており、ドゥルーズとガタリ独自の自然哲学へと最も近づいた著作であると言える。[*37] これについては本書第六章で詳しく論じたい。

このように、『アンチ・オイディプス』以降、自然というテーマはドゥルーズ哲学において明らかに主題化されていく。この意味で言えば、『アンチ・オイディプス』の人間と自然の同一性という論点は、それ以前のドゥルーズ哲学に対する断絶点であると同時に、これを機に、ドゥルーズ哲学が独自の自然哲学の構築へ向けて展開される起点として解することができるといえるだろう。

起点としての自然概念から自然哲学の構築へ

では、『アンチ・オイディプス』において積極的に取り出された人間と自然の同一性という論点、そして、端的に自然として把捉された分裂病のプロセスは、いったいどのような意味においてドゥルーズの自然哲学の起点となりうるのだろうか。これまでに確認した議論を簡略にまとめるならば、ドゥルーズとガタリが提起する分裂病に固有の生である欲望的生産は、外部にいかなる超越的な原理も持たず、その内部において、あらゆる部分対象を離接的に結びつける接続および切断からなる生産のプロセスであるということだった。欲望的生産という概念を提起する彼らの意

は、この分裂病化という概念が、ジャック・ラカンから引き出されているということである。

ジャック・ラカンの理説は、分裂病にオイディプス的構造を強制する、より確実でより有効な新たな方法としてしばしば理解されている。しかし、最近ラカンが公言していることは、彼の理説がこの方向へはまったく向かっておらず、むしろまったく反対であるということだ。その理説の新しさは、より重大である。実のところ、治療のありうる二つの方向性が現れているのであって、一方は知られすぎているほどに既知のもの、もう一方はまだそれほど知られていないものである。すなわちそれは、オイディプス化と分裂病化である。(Deleuze & Guattari 1970: 56)

ドゥルーズとガタリの批判は、分裂病者にオイディプス構造を押しつける精神分析の手法に向けられているのであって、ラカンの精神分析そのものに向けられているのではないことはここからも明らかであるだろう。ラカン自身もまた『アンチ・オイディプス』に対して必ずしも敵対していたわけではなかったという指摘も含め、こうした論点から、ドゥルーズとガタリがラカンの精神分析理論をどのような変更を加えつつ継承したのかを論じたものとして、すでに挙げたCaldwell(2009)を参照のこと。

＊37 『千のプラトー』におけるイェルムスレウ言理学の援用が持つ意義については、小林(2013)、および小林(2017)において詳しく論じた。

図が、生気論と機械論を共に破綻させ、人工と自然、商業と自然、慣習と自然といった区別以前の自然を抽出することにあるということはすでに述べたとおりであり、同様の指摘は米虫（2011）に見ることができる（219–222）[*38]。その欲望的生産が『アンチ・オイディプス』において自然と同一視されている以上、それ以降のドゥルーズにおいて前景化される自然概念の原型をここに見て取ることは正当であるだろう。Rosanvallon & Preteseille（2009）は、あらゆる実在性を通俗的な物質のイメージへと還元してしまう平凡な唯物論（matérialisme）や、史的唯物論にも属さないという条件付きで、ドゥルーズの自然哲学と『アンチ・オイディプス』以降に展開されるドゥルーズとガタリの哲学を、唯物論的なプログラムと呼ぶことができると言う。そして、むしろそれは「自然主義のプログラム」と呼ばれるべきであるとし、次のように述べている。

この自然哲学は、エピクロス派、スピノザ、そしてニーチェからインスピレーションを受けたドゥルーズの自然主義を拡張し、具体化したものであるが、それが企図しているのは、自然と歴史、自然と文化、より一般化すれば、存在と思考といった、外見上の分離の向こう側に身を置くことで、それらを識別しえないようにすることである。（Rosanvallon & Preteseille 2009 : 29）

彼らもまたドゥルーズの自然主義[*39]は、『アンチ・オイディプス』において積極的に提起された論点、すなわち、全体化されない部分対象、部分対象間の接続と切断および流れの生産からなるプロセス、分裂病における超越や外部なき総合といった論点がその構成要素となっていると主張する[*40]。すなわち、『アンチ・オイディプス』における人間と自

＊38　米虫は、ドゥルーズ哲学およびドゥルーズとガタリの思想に、「自然」概念が一貫して見出されるとし、この「自然」概念に対応する概念や議論を各々の著作において特定することで、ドゥルーズ哲学の形成過程を論じている。米虫の主張の要点は、

人間と自然、人間と機械、あるいは人間と自然と機械といった区別が無効となるような「自然」概念、そうした「区別に先立つ、言わば根源的な「自然」」（米虫 2011：225）こそ、ドゥルーズの哲学（自然哲学）が一貫して堅持するものであるという点にある。この主張はまったく正しい。ただし、本書におけるわれわれの考えは、次章以降で論じるように、こうした根源的な自然を根底にあらかじめ前提とするのではなく、こうした自然の在り方をドゥルーズ哲学が肯定的に論じるためには、『アンチ・オイディプス』以降の概念的配置や問題構成を必要としたということであり、人間と自然が区別されない自然概念を、人間の認識の向こう側に安直に措定するのではなく、また、それを単なる無差異や無秩序に落とし込むことなく取り出すためには、いくつかのステップを踏まなければならないということである。

*39　戸田山（2003）によると、自然主義と呼ばれる立場は、存在論的自然主義と認識論的自然主義とに分けられ、各々の主張が次のように規定される。すなわち、存在論的自然主義は、自然を越えたものを認めず、「すべての実在する対象ないし現象は、自然界を構成する対象からなるか、あるいはそうした対象にスーパーヴィーンするものに限られる」（戸田山 2003：68）とする。そして、戸田山は、認識論的自然主義の核心を、第一哲学の拒否、すなわち、「科学と独立に、経験によらずして真理に到達するような探求、したがって科学に先立って科学の基礎づけを与えうるような探求」（戸田山 2003：76）を放棄し、哲学と経験科学との連続性を主張することにあるとしている。ドゥルーズにおける自然哲学や自然主義が、現代の科学哲学に見出されるこのような議論からは独立して展開されているということは、あらためて指摘するまでもない。しかし、ドゥルーズの自然主義はこうした自然主義の規定を大きく超え出るものではないように思われる。経験科学と哲学のある種の連続性に関しては、ドゥルーズもまた積極的に受け入れることだろう。ただし、一般的な自然主義が想定する「自然界を構成する対象」や、あるいは哲学と連続するとされる「経験科学」の内実と、ドゥルーズの想定するそれらとが完全に一致するわけではないことも明らかである。これらについては稿を改めて議論される必要がある。

*40　ドゥルーズは『シネマ1 運動イメージ』において、シュトロハイムとブニュエルの映画を「自然主義」として論じているが、そこにおいてドゥルーズは自然主義を、欲動、欲動の対象（部分対象）さらには欲動を欲望と言い換え、その暴力性によって規定している。こうした自然主義理解の原形が、『アンチ・オイディプス』において肯定的に取り出された分裂病の特性、すなわち欲望的生産の議論に見出されることは明らかである。ドゥルーズは、彼らの自然主義的映画において提示されるのは、人間の行為（行動イメージ）や情動（感情イメージ）へと現実化される以前の欲動であり（欲動イメージ）、任意の規定された世界に先行する起源的世界であるとし、次のように述べている。

然の同一性としての自然概念とは、分裂病者の器官なき身体や欲望的生産と同様に、超越的原理に拠らず、さまざまな部分対象をその内部において生産するものであり、これこそ、ドゥルーズ独自の自然哲学が、そこへ向けて構築されるべき方向を規定することになる。

第三節　脱人間化から非人間主義へ

自然概念という視座の設定

本章では、『アンチ・オイディプス』における人間と自然の同一性として示される自然概念が、ドゥルーズの思想的変遷における断絶であると同時にそれ以降の自然哲学の構築へと向かう起点として理解しうることを確認してきた。言うまでもなく、ある哲学者の思想や体系が一貫したものであるのか、断絶を含んでいるのか、あるいは、その発展が連続的か不連続かといった問いは、どのような視点を軸に据えてそれを捉えるかによっていずれでもありうる相対的なものであるだろう。ドゥルーズの哲学も例外ではない。しかし、本書がドゥルーズの自然概念に着目し、断絶をあえて主張するのは、ドゥルーズ哲学の思想的な変遷ないし変動を明確にするためには、各々の時期においてドゥルーズ哲学を規定している固有の問題背景を明るみに出す必要があると考えるからだ。本章では、最後に、この断絶としての自然概念という視座からドゥルーズ哲学の変遷を二つの特性によって粗描し、次章以降の課題を特定しておきたい。

ドゥルーズ哲学を一貫する問いとしての自然

われわれはすでに、ドゥルーズの後期哲学との断絶を強調すべく、前期のドゥルーズ哲学が、人間と自然の同一性という論点を採りえないということを主張した。しかしそれは必ずしも、当時のドゥルーズ哲学が、自然という主題を全面的に排除していたということを意味しない。むしろ、断絶以前の『差異と反復』や『意味の論理学』においてもなお、そこで展開される議論が、熱力学や分子生物学、発生学といった自然科学的な知見に多くを負っていることは明らかであるし（cf. 小泉 2003）、また『意味の論理学』の付録として収録された「ルクレティウスとシミュラクル」では、エピクロス派の自然哲学が主題的に論じられている。

それればかりではない。むしろ、自然にかかわる言及は、ドゥルーズ哲学のきわめて初期の段階から見出される。事実、一九五三年に発表されたヒューム論である『経験論と主体性』においてすでに、ドゥルーズは、相互外在的な諸部分からなる物理的対象としての自然から区別される限りでの人間的自然（Human Nature）を論じている。そこでドゥルーズは、単なる印象の束を、観念連合を介してシステムとしての主体へと構成する、ヒュームにおける人間本性（Human Nature）に着目する（cf. ES: 120–123）。そして、ドゥルーズは、人間本性によってシステムとして構成された主体に対してのみ与えられるものを所与として定義しなおし、これによって精神と物自体、あるいは主体と外部的刺激といった二分法を退けることがヒュームの人間科学の根本的な企図であると論じている。次章において詳しく論じるが、こうしたヒューム読解はすでに、認識主体と客体的所与（自然、現象）の一致、ないし合致を問うカントの

それ〔起源的世界〕は、不定形なその特徴によって認められる。つまり、それは純然たる背景＝底（pur fond）であり、あるいはむしろ、無底（sans-fond）である。この無底は、無定形の質料、すなわち、兆しや断片からできており、それは、非形式的な機能によって、すなわち、構成された主体を参照することさえないエネルギーの活動や活力によって横断されている。（IM: 174）

これに加え、「起源的世界は、自然（Nature）を人間による構築物に対立させない」（IM: 195）と指摘されていることを見れば、ここでの自然主義は、無底を物理的身体の混交や部分なき身体として理解していた『意味の論理学』とはやはり異なり、『アンチ・オイディプス』の議論の延長上にあると考えるべきであるだろう。

超越論哲学をその問題設定として前提している。[*41]『経験論と主体性』がカント哲学の側から解釈されたヒューム哲学であるとすると、一九六三年に発表された『カントの批判哲学』は、ドゥルーズがヒュームのなかに見出した、人間本性における認識と所与、主体と対象、主観と客観のあいだに成り立つ合致の問題を、カントの超越論哲学から捉え返したものとして理解される。『カントの批判哲学』においてドゥルーズが中心的に論じるのは、カント哲学における、理性、悟性、感性、および構想力という人間の諸能力の協働によって条件づけられる人間的自然（nature humaine）である。ここで明らかなのは、議論の向かう先が人間本性（Human Nature）にあろうと、人間的自然（nature humaine）にあろうと、いずれの自然（本性）においても、そこで中心に据えられているのはカントの超越論哲学という問題設定であるということだ。前期ドゥルーズにおける自然の問題は、カントの超越論哲学と分かちがたく結びつけられている。

脱人間化としての超越論的経験論

一九五三年から一九六三年にかけてドゥルーズはすでに、このような自然と人間の関係性をめぐるカントの超越論哲学に着目していた。しかし、ドゥルーズの根本的な企図は、ヒュームを超越論哲学として理解することでもなければ、カント哲学そのものを理解することでもない。むしろそれは、超越論哲学が前提とするような、われわれに対して与えられる現象、あるいは人間の経験の可能性の条件に準じてのみ認識可能となる自然というその構図自体を批判することにある。すなわちドゥルーズは、自然を、悟性概念と感性の協働や、合目的性としての理念へと準拠させる、いわば人間主義的な観点から自然を対象化するカント哲学の体系を問題視するのである。そして、超越論哲学という枠組みを担保しながらも、カント哲学が前提とする諸能力の協働や、超越的な理念のあり方を解体し、独自の超越論哲学を構築しようとしたのが『差異と反復』であると言える。すなわち、前期ドゥルーズ哲学における自然のテーマは、カント哲学を典型とする超越論哲学と緊密に結びついているとともに、そこに不可避的に見出される人間主義的な思考体系をいかに脱却するのかということが主題的な問題となる。これはいわば、超越論哲学を脱人間化すること(déshumaniser)[*42]として特徴づけることができるだろう。

この意味において、カントの超越論哲学を批判的に乗り越えた先に見出される、脱人間化された自然を対象としうる思考こそ、ドゥルーズが『差異と反復』において「超越論的経験論」(l'empirisme transcendantal) と形容するものに他ならない。一九六〇年リヨンのサン＝クロード高等師範学校においてドゥルーズは、ベルクソンの『創造的進化』に関する講義を行っているが、これについて論じるキース・アンセル＝ピアソンに倣えば、当時のドゥルーズは、われわれの人間的条件を越えて思考しうる哲学を構築することを目論んでいる (Ansell-Pearson 2007: 12)。こうした前期ドゥルーズ哲学における超越論哲学の改鋳の試みについては、第三章と第四章で詳述する。

しかしながら、これまでにわれわれが指摘したドゥルーズ哲学における断絶を考慮するならば、はたして前期ドゥルーズ哲学が、脱人間主義的な議論の先に見出されるべき自然を論じるという超越論的経験論の企図を十分に充たしていたと断定しうるだろうか。ドゥルーズが批判するカント哲学における人間主義的な体系性、すなわち諸能力の協働が解体した状態、あるいは、ある種の生気論が想定するような合目的性を廃したときに見出されるであろう自然のあり方は、前章でわれわれが論じた『アンチ・オイディプス』に見出される分裂病や彼らに固有の経験に類似してい

＊41 「すなわち、所与を主体に委ねる必要があり、上述の合致を所与が主体に合致することとして、〈自然〉が理性的存在者の自然に合致することとして構想する必要があるのだ。なぜか。なぜなら、所与とは物自体ではなく、諸現象の総体、すなわちひとつのア・プリオリな総合によってしか《自然》としては提示されえない総体であるからだ」(ES: 177)。

＊42 「脱人間化」という表現は、『意味の論理学』の付録である「ミシェル・トゥルニエと他者なき世界」においてみることができる。「ロビンソンの目的、最終目標とは、《脱人間化》(déshumanisation) であり、自由な元素とリビドーとの出会い、宇宙的なエネルギーや元素的な大いなる健康の発見である。これは、島のなかでしか出現しないし、さらに島が大気的にか太陽的になる限りにおいてしか出現しない」(LS: 352)。

ることは容易に認められる。『アンチ・オイディプス』以前の前期ドゥルーズ哲学が、人間と自然の同一性を肯定的に概念化しえないことを鑑みれば、脱人間化された自然もまた、そこでは単なる無差異の深層や「底なし」に陥ってしまうことは想像に難くない。つまり、前期ドゥルーズ哲学は、超越論的経験論という呼称を掲げつつも、それが対象とすべき脱人間化された自然をそれ自体として把捉するというその企図を充足しえないと言わざるをえないのではないだろうか。

結　論

非人間主義的な自然哲学による超越論的経験論の完遂

超越論的経験論の企図が十全に実現されるためには、『アンチ・オイディプス』以降のドゥルーズ哲学において、自然という論点が正面から前景化される必要がある。そして、いかなる人間的な能力も媒介せず、いかなる人間存在も前提とすることのない自然そのものの生産性が明示的に主題化される『千のプラトー』が展開する自然哲学によってこそ、その企図は果たされるとわれわれは考える。すなわち、ドゥルーズの自然哲学とは、『アンチ・オイディプス』以前には未分化な深層としてしか規定しえなかった人間と自然の同一性としての自然概念を肯定的に捉えなおし、これを基盤とした固有の自然哲学であり、『千のプラトー』を代表とする後期ドゥルーズ哲学とは、これを構築する試みであったと解することができる。そこでは、カントの超越論哲学において顕著に見られるような人間中心主義的な思考法を廃するのみならず、そうした人間的条件を媒介することのない自然そのものにおける物質や身体における生産性や能動性が描かれるとともに、そこからいかにこれまでとは異なる思考の在り方が生じるのかが問題となる。Montebello（2008）と鈴木（2008）が的確に表現するように、後期ドゥルーズの哲学、すなわち、ドゥルーズに固有の自然哲学は、この意味において、非人間主義的（inhumain）な哲学と形容することができるだろう。*43

ドゥルーズの哲学は、一貫して、自然という概念をその射程に含めており、後期ドゥルーズの自然哲学へと向かう論点や概念はすでに前期ドゥルーズ哲学のなかに内包されている。適切に言えば、一貫して自然概念をその向かうべき方向性として内包しながらも、それが前景化しえない問題構成と概念的布置があり、それらの変化によってこそ、ドゥルーズ哲学は、固有の自然哲学の構築へと解放され、駆動することになる。これこそ本書全体を通して主張されるテーゼに他ならない。

そしてわれわれは、ドゥルーズ哲学の思想的変遷を、人間と自然の同一性を断絶とし、それ以前の脱人間主義からそれ以後の非人間主義へと向かう道のりとして理解する。しかし、それは決して単線的な発展を経るものではない。重要なことは、自然概念という観点から見たとき、ドゥルーズの哲学が断絶を含みながらも、前期と後期のあいだでいったいどの部分が継承され、どの部分が継承されなかったのか、これを見定めることである。ドゥルーズ哲学の思想的変遷における、連続性と非連続性を探ること、これが第II部以降のわれわれの課題となる。

＊43　ドゥルーズの思想が最終的に見出したテーマをMontebello（2008）は次のように述べている。

人間の生をより広い生へと開くこと、人間的な論理から軸をずらし、その生のなかに、（世界の外ではなく）この世界のなかに、生を限界づけることのない生を発生させること、そして、人間的なものより高度な哲学的な平面を構成することによって、その可能性を打ち立てること。（Montebello 2008: 246）

本書もまた彼らの解釈に従うとともに、われわれの課題は、ドゥルーズ哲学がその固有の自然哲学の構築へと向かう過程を、前期哲学における脱人間主義から後期哲学における非人間主義へと至る道筋として素描し、その断絶と変遷を明らかにすることにある。

第Ⅱ部

脱人間主義から非人間主義へ

第三章 超越論的経験論とは何か（1）——ドゥルーズによるカント哲学読解

序　論

超越論的経験論における超越論哲学と経験論

本章と次章（第四章）においてわれわれは、自然概念をめぐる思想的断絶が生じた一九七二年までの前期ドゥルーズ哲学の内実を特定する。これにより、第Ⅲ部で論じられる後期ドゥルーズ哲学との対比を判明にすると同時に、前者から後者へと持ち越される論点を探ることを目的としている。

さて、ドゥルーズが特定の哲学者らに関する個別研究からそのキャリアを始めていることはよく知られている。一九五〇年代初めからドゥルーズは、ヒューム、ニーチェ、カント、プルースト、ベルクソンに関する一連のモノグラフを執筆したあと、その集大成として国家博士論文である『差異と反復』（一九六八）を発表する。注目すべきは、『差異と反復』においてドゥルーズが、自らに固有の哲学的姿勢を「超越論的経験論」（l'empirisme transcendantal）と形容していることである。超越論哲学と経験論という、本来結びつきえない二つの語をあえて結んだこの造語は、しかしながら当時のドゥルーズの問題意識をきわめて凝縮した形で表現している。すなわち、カント的な超越論哲学とヒューム的な経験論を短絡的に結びつけるのではなく、また単純に、後者によって前者を乗り越えるのでもない仕方で両者を撚り合わせることが企図されており、そこには五〇年代から六〇年代後半にかけてドゥルーズが行ってきた超越論哲学と経験論の独自の読解が反映されているといえる。

ドゥルーズはきわめて早い段階からカント哲学に関心を向けていた。後で詳しく論じるように、『経験論と主体性』（一九五三）はヒューム論でありながら、すでにその問題背景にはカントの超越論哲学がある。[*44] さらに、『ニーチェと哲学』（一九六二）は、ニーチェの系譜学を明示的にカントの批判哲学と対比させて論じ（cf. NP: 102–108）、一九六三年発表の『カントの批判哲学』には、ドゥルーズによる超越論哲学の理解が端的に示されている。とりわけ後者からは、『差異と反復』で提起される超越論的経験論へと直結する論点を引き出すことができるだろう。いずれにせよ、処女作である『経験論と主体性』からはじまる一連のモノグラフにおいてドゥルーズが行っているのは、カントの超越論哲学の読解と分析であり、これは、『差異と反復』で提示される超越論的経験論に至るための準備作業と解することができる。

この読解作業を通して、集中的にカント哲学と向かい合うなかでドゥルーズは、徐々にその超越論哲学の不十分さを見定めつつも、超越論哲学本来の企図を救い出す論点をカント哲学そのもののなかに模索していたように思われる。カントが提起した超越論哲学という哲学的企図に忠実に従い、それを最大限に利用することによって、結果的に、カント哲学の体系性そのものを解体することになる、その帰結こそが超越論的経験論であると考えるべきであろう。この意味で、ドゥルーズの超越論的経験論は、いわば、カントの超越論哲学の批判的継承ないし独自の鋳直しであるといえる。本章では、ここでドゥルーズが念頭に置いているフィヒテ（Johann Gottlieb Fichte 1762–1814）やザーロモン・マイモン（Salomon Maimon 1753–1800）といったポスト・カント派の議論（cf. Kerslake 2008）、および、ハイデガーによる実存主義的（形而上学的）なカント解釈[*45]を参照しながら、この鋳直しのプロセスを検討したい。

ところで、カント哲学の鋳直しという観点から『差異と反復』を読むならば、以下の引用の重要性は直ちに理解される。

実は、われわれが感覚されうるもののなかで、感覚されることしかできないもの、すなわち、感覚しうるものの存在そのものを直接的に把握するとき（quand nous appréhendons directement dans le sensible ce qui ne peut être que senti, l'être même *du* sensible）、経験論は超越論的になり、感性論は必当然的な（apodictique）学となる。

なぜ感性が問題となるのか

＊44　Cf. 山森（2013）、國分（2013）。前者はカントの超越論的主観性にヒュームの経験論を対比させ、「ドゥルーズはヒュームの擁護を通して自己の立場表明を行った」（山森 2013: 35）とし、ヒュームの経験論が超越論的経験論の発端となったと理解している。また、後者は、カントが経験的な事実としての諸能力を前提とし、それを超越論的統覚へと引き写すことで、その発生を問わない点にドゥルーズの批判は向けられており、ドゥルーズの哲学は、その問いを「経験論哲学によって補うこととして描き出すことができる」（國分 2013: 50）と主張する。両者は共に、カントの超越論哲学に対するヒュームの経験論の優位性を説いている。しかし、本章第一節で論じるように、ドゥルーズの主たる関心が、カントの超越論哲学にあるとすれば、はたしてヒュームの経験論がそれに何かしら寄与する論点を提示しえているのか疑問である。あらかじめ指摘しておけば、むしろドゥルーズの意図は、カントが提示した超越論哲学に忠実に従い、その企図を徹底させることによって超越論哲学自身の脆弱さを露呈させ、そこにヒュームに代表されるような認識論的に理解される一般的な経験論とは異なる経験論のあり方を模索することにある。このとき参照されるのは、ヒュームではなくベルクソンの哲学であり、後者が「高次の経験論」として賞賛される意義もここに見出されるとわれわれは考えている。

＊45　後に検討するように、一九五六―五七年にかけて、パリのルイ・ルグラン校で行われた「基礎づけるとは何か（Qu'est-ce que fonder?）」と題された講義録を参照すれば、ドゥルーズが、超越論哲学の開始をヒュームの経験論に見出し、カント、ポスト・カント派、ハイデガーへ至るその展開を考慮していたことが理解される。

（DR：79–80）〔強調は原文による〕

ここでは明らかに、カント哲学が想定されている。カントの『純粋理性批判』が述べていたのは、われわれの感官に与えられる感性的多様は、それ自体が直接的に把握されるのではなく、必然的に他の諸能力に媒介されるということであった。すなわち、感性的な多様はつねに、直観の形式である時間と空間を介してのみわれわれに与えられ、それらをある単位に総合する悟性概念（カテゴリー）および、直観と悟性を媒介する構想力の図式作用によってはじめてわれわれの経験的対象（現象）として与えられ、理解可能となる。直観の形式を論じる超越論的感性論と、悟性概念の演繹と分析を行う超越論的論理学から構成される『純粋理性批判』は、われわれの経験が、どのような条件において可能となるのかを明らかにする。

ならば、引用部においてドゥルーズが主張している、他の諸能力に媒介されることなく、感性的なものそのものを直接的に把握する「感性論」(l'esthétique) は、カントにとっては端的に意味をなさない。カント哲学においては、直観の形式と悟性概念に媒介されるものだけが感覚しうるもの (le sensible) であり、われわれにとって経験可能なものであるからには、直接的に把握される感覚しうるものの存在そのもの (l'être même du sensible) など、それを把握するどころか、認識論的に問題にすることすらできないからだ。人間の認識の範囲を越えたものをカントは物自体 (la chose en soi) と呼び、思考可能ではあるがその認識は不可能であるとしたことは周知の事実である。

しかし、これをカント哲学への批判として積極的にとらえ返すならば、ここにはドゥルーズの超越論的経験論の根本的な企図が表れているともいえる。すなわち、第一にドゥルーズは、感性、悟性、構想力という人間の諸能力によって構成されるカント哲学の体系性を批判している。ここでドゥルーズが要請しているのは、諸能力の協働というカント哲学の認識論的な体系性を解体するとともに、これによって、カント哲学において、思考することはできるが認識不可能であるとして排除された物自体に相当するであろう感覚しうるものの存在を直接的に捉える方法を構築することである。これをドゥルーズは、超越論的になった経験論、必当然的な学としての感性論、すなわち超越論的経験論と呼んでいるのである。カントの超越論哲学を認識論的な枠組みを超えた存在を捉えうるものへと読み替えるというこのドゥルーズの企図は、後で論じるように、フィヒテの同一性哲学や、シェリングの知的直観といったポスト・カント派によるカントの超越論哲学の読解という哲学史的文脈を強く反映している。[*46]

ところで、ここでひとつの疑問が持ち上がる。超越論的経験論の核心がカント哲学の批判にあるとしても、なぜ特権的に問題とされるのが他ならぬ感性なのだろうか。なぜ感性は、悟性や構想力に媒介されることなく、他の諸能力から分離される必要があるのか。

ここで想定されているであろうもうひとつの文脈を指摘しておきたい。ドゥルーズが感性に着目するのは、そこで想定されている経験論にその理由のひとつがある。先の引用部を継いでドゥルーズは、ジャン・ヴァール（Jean Wahl 1888-1974）による『英米の多元主義哲学』（一九二〇）を参照している。そこにおいてヴァールは、ウィリアム・ジェイムズ（William James 1842-1910）の哲学に言及し、その多元主義、根本的経験論の特徴をこう説明する。ジェイムズの哲学は、「現実を諸原理に適合させる」一元論的な主知主義に敵対する。ジェイムズが重視するのは、理性や意志による認識ではなく、可塑的で規則性なき「現実的に感得される一次的な経験」（Wahl 2005 : 195）であり、彼の

＊46　ドゥルーズとポスト・カント派（とりわけマイモンを中心とした）の関連性から、ヘーゲル哲学に対するその位置づけを論じたものとしてSmith（2000）がある。「ドゥルーズはまさに彼のカント本を「敵についての本」だと表現しているが、別のところでは、カントは内在性の偉大な哲学者の一人であると的確に述べている。そしてドゥルーズは、ためらうことなく自身をポスト・カント派の伝統のなかに公正に位置づけている（たとえカントは、内在性という考えをその必然的な帰結、すなわち、その微分に関する帰結へともたらすことができなかったとしてもそうである）」（123）。また、超越論的経験論が対象とする感覚しうるものの存在に該当するのが、『差異と反復』において「差異、ポテンシャルの差異、質的に雑多なものの根拠としての強度という差異」（DR : 80）と呼ばれるものであるが、これについては、第四章において検討する。

根本的経験論（radical philosophy）は感性的対象そのものの実在やその在り方を肯定する。ドゥルーズが超越論的経験論について語る際、念頭に置いているひとつの文脈は、ヴァールを介して紹介されるこのようなジェイムズの経験論であり、したがって、世界における多様性や、それに対して開かれる感性（的直観）が問題となるということだ。

さらに、『差異と反復』において直接の言及はないとはいえ、ヴァールの別の著書である『形而上学的経験』（一九六五）には、明示的に「超越論的経験論」という表現が見出される。ヴァールはそこにおいてシェリングの哲学を、「経験論と合理論を統合することから始め、その哲学の最終段階において、経験論へと向かった」（Wahl 1965 : 164）としたうえで、これをまさに「超越論的経験論」と形容している。ヴァールによれば、近年の科学は、肉眼で把捉しうる巨視的な（macroscopique）法則から逃れる微視的な（microscopique）要素からなる宇宙（univers）が眼前にあるという事実にわれわれを直面させる。こうした科学的事実に直面することによって、「われわれの経験論は変更を被る」（Wahl 1965 : 163）ことになる。ジェイムズもまたこうした事実に鋭敏であったが、経験の背面には経験しかなく、「経験はそれ自身のうえで際立ち、それ自身に根拠をもち、それ自身で自らを保ち、いかなるものをも支えとしない」（Wahl 2005 : 171）とする彼の哲学には「ラディカルな経験論」の語を残すべきであるとヴァールは言う。これに対して、「われわれに強制される、〔知覚や知的法則性に〕還元不可能な何かとしての世界という事実をわれわれにあらわにすることで」（Wahl 1965 : 164）、古典的な経験論を変形させ、「超越論的観念論と同様に正当であり、またそれ以上に正当でありうる」（Wahl 1965 : 164）経験論を考案した者こそシェリングであり、その哲学をヴァールは超越論的経験論と呼んでいるのである。

これらから理解されるのは、超越論的経験論という語に含意されているのは、悟性概念のような一般的法則性に拘束されない、言い換えれば、知覚や知性によって対象化されない自然の多様のなかにわれわれの経験を可能にする条件を見出す（ジェイムズ）とともに、これによって、超越論的な原理を経験的な事実に還元する古典的な経験論そのものの変様を要求すること（シェリング）であるといえる。

つまり、ドゥルーズの超越論的経験論には、世界（自然の多様）に直接対面する感性による経験そのものの変様と、世界（自然の多様）のなかに経験の実在的条件を求めるという二つの論点が織り込まれている。いわばそれは、経験を条件づけるというカントの超越論哲学を継承しながらも、これを単なる経験的な主観的能力に基づいた可能的経験の成立条件の探求としてではなく、この世界や事物の実在そのものを生み出す実在的条件を把捉しうる一種の存在論としてこれを鋳直すことを企図していると言えるだろう。しかしながら、この企図を共有するポスト・カント派のように、根源的な自我の同一性（フィヒテ）や知的直観（シェリング）、超越論的構想力（ポスト・カント派ではないがハイデガーによる）に着目するのではなく、ドゥルーズはあくまでも感性（的直観）にこだわる点に特徴がある。そして、ドゥルーズがカントの超越論哲学の問題点である悟性概念と直観の形式の必然的な協働から感性そのものを解放し、カント哲学の克服を試みるために援用するのがベルクソン哲学でありその直観概念であるのだが、これについては次章で論じたい。

本章は、次章において、ドゥルーズの超越論的経験論の固有性を明らかにするのに先立ち、その下地（fond）となったドゥルーズのカント哲学理解の内実を明らかにする。

ところで、超越論的経験論という語によってドゥルーズに固有の哲学や思想を表現することはすでに慣例となっている。[*47] しかし、『差異と反復』において超越論的経験論が果たす役割は限定されており、その記述だけをたよりに超越論的経験論の実態をポジティブに規定することは難しい。[*48] それはまた、超越論的経験論という語に見出される超

＊47　Sauvagnargues（2009b）および江川（2003）ならびに合田（2000, 2004）を参照。

＊48　前章においてわれわれは、ドゥルーズ哲学の思想的変遷について、『アンチ・オイディプス』における「人間と自然の同一性」を断絶点とし、それ以前の前期を脱人間主義として、以降の後期を非人間主義として特徴づけた。そして、前期の脱人間主義的な傾向性を端的にあらわすものが「超越論的経験論」という概念であるとわれわれには思われる。なぜなら、超越論的経験論の企図とは、カント哲学に見出される、人間の諸能力の協働に準拠する人間主義的な（anthropologique）原理を

論哲学と経験論のそれぞれにドゥルーズが独自の読解を加えているため、単にカント的な超越論哲学と、ヒューム的な経験論を結びつけたものでもなければ、後者によって前者を乗り越えるものとも言い難いことに起因する。必要なことは、ドゥルーズが想定している哲学史的文脈を明らかにし、ドゥルーズがどのように超越論哲学を理解し、これを独自の経験論解釈と結びつけているのか、その錯綜した関係を解きほぐすことである。そのため、まず、ヒューム論である『経験論と主体性』以来、ドゥルーズが一貫して取り組んでいた超越論哲学の問題がどのようなものであったのかを確認する（第一節）。次いで、『経験論と主体性』の後、十年を経て出版された『カントの批判哲学』で展開されるドゥルーズによるカントの超越論哲学読解の要点を抜き出すために、同時期にドゥルーズが行っていた講義「基礎づけるとは何か」（一九五六―五七）を参照し、そこで前提とされている思想史的文脈を特定する（第二節）。これによって、『カントの批判哲学』におけるドゥルーズが、なぜカントの『判断力批判』における合目的性の議論を重視するのか、その根拠を理解しよう。これらを踏まえて、ドゥルーズによるカント哲学読解の根幹にある論点を特定したい（第三節）。

第一節　超越論的問題とヒューム経験論

『経験論と主体性』の主題

『差異と反復』に見出される超越論的経験論の中心的な企図は、カントの超越論哲学の批判にある。しかしそれは、すでに述べたように、カントの超越論哲学そのものを棄却することを意味してはいない。むしろ、ドゥルーズ哲学にとって超越論哲学とは、たとえその語の内実や、それに対するアプローチに顕著な変化があったとしても、きわめて早い時期からそのキャリア全体を通して、つねにドゥルーズ哲学につきまとう問題であったように思われる。

まず、ドゥルーズにとって問題となるのは、超越論哲学における「超越論的」という語が、はたして何を意味するのかということである。『カントの批判哲学』ではこう述べられている。「ア・プリオリとは、経験に由来しない諸表象を示し、「超越論的とは、それに従って経験が必然的にわれわれのア・プリオリな表象に従う原理を示す」(PCK : 22)。

批判、解体することであり、端的にそれは、人間主義的な原理の脱人間化、脱心理化として理解することができるからである。後期ドゥルーズの自然哲学は、こうした脱人間化の先にある、非人間的な自然を志向し、それを主題化することになるといえるだろう。Sauvagnargues (2009b) もまた、このような仕方で超越論的経験論を理解している。

《超越論的経験論》(Empirisme transcendantal) はしたがって、カントの企図を先鋭化することを意味する。一方でドゥルーズは、カントの企図に対して、超越論的な我思うという形式 (la forme du Je pense transcendantal) を、非人称的な諸々の個体化と前人称的な諸々の特異性に置き換えることで、実体的な主観に対する批判を実施する。他方で彼は、ベルクソンやニーチェ的な実在論に従って、思考を直接的に経験と接触させる。(中略) したがって、哲学の任務は、われわれの人間中心的な見方 (notre vision anthropocentrée) を乗り越える (dépassent)《非人間的、あるいは超人間的な》(inhumaines ou surhumaines) 経験の様態へとわれわれを開くことにある。(31-32)

ソヴァニャルグによるこの定式化、解釈に本書も多くを負っている。ただし、彼女は、超越論的経験論のなかに、われわれが指摘した脱人間主義的傾向と非人間主義的傾向の区別を見ていない。唯一ミスリーディングなのは、あたかもドゥルーズが、カントの超越論的主観性や超越論的統覚に対抗して、あるいはそれとは独立に、非人称的な諸々の個体化や前人称的な諸々の特異性といったものをあらかじめ想定し、単にそれらを対置させているかのように述べている点だ。むしろ、ここで述べられている非人称的な個体化、前人称的な特異性、思考と経験の接触や一致という論点は、あくまでも、カントの超越論哲学への批判を通して見出される論点であり、超越論的経験論というプログラムの帰結にすぎない。むしろ、なぜそうした論点が要請されなければならないのか、またそれが、どのような問題意識から導かれるのかを説明しなければ、それは単なる、超越論哲学の対立物や、根拠を欠いた主張の類に成り下がってしまうだろう。本書では超越論的経験論を構成する論点が、いかにカント哲学の批判から内在的に導かれるのかを、とりわけ第六章で論じよう。

経験に先立って「必然的な従属」を可能にするア・プリオリな条件を問うことが超越論哲学の要であるとドゥルーズは理解している。[49] ドゥルーズはきわめて早い時期にヒューム論である『経験論と主体性』(一九五三)[50]を発表しているが、そこでの中心問題はすでに、経験の必然的な従属の原理の探求であった。以下では、ドゥルーズ哲学において超越論哲学が問題として提起された最初の原形が見出される『経験論と主体性』から、ドゥルーズが理解する限りでの超越論哲学の中心的な論点を整理しておこう。

ヒュームにとって観念や思考とは、所与として与えられた印象が徐々にその鮮明さや快活さを弱めたものである。したがって、さまざまな(複合)観念を形成している単純観念は、それに対応する印象を伴っている。ならば、われわれが精神や想像と呼ぶものもなんら実体的なものではなく、経験的に与えられる所与とそれに伴う観念の束、すなわち「事物が現れることという語のもっとも漠然とした意味での事物の総体」(ES : 3)にすぎない。にもかかわらず、精神は自然や対象を観照し、そこから経験においては決して所与として与えられない関係性や一般法則を引き出し、あらゆる判断を行う主体として存在している。それでは、単なる観念のコレクションにすぎない精神は、いかにしてこのような主体と呼ばれるシステムとなるのか(comment une collection devient-elle un système?)。『経験論と主体性』はこのように問う。すなわち、ドゥルーズは、主体性というシステムを原理とし、それがいかにして成立するのかを探求する、一種の超越論哲学としてヒューム哲学を捉えているということである。そして、ヒュームの経験論の要は、その原理が所与のただなかにおいて構成される点にあるとドゥルーズは言う。

それ〔主体〕はどのようにして所与のなかで構成されるのか。所与の構成が、主体の構成に取って代わる。所与はもはや主体に与えられるのではなく、主体が所与のなかで構成されるのだ。ヒュームの功績は、この経験的問題をすでに(déjà)、超越論的なものからも、また心理的なものからも遠ざけておくことによって、純粋な状態で引き出したことにある。(ES : 92)

カントが超越論的原理と呼ぶのは、われわれの経験に与えられる所与が、当の所与として与えられるために必要とされる条件（直観の形式、悟性概念）である。超越論哲学は、現象である限りの経験が与えられるために必要な可能性の条件を問うものであり、カントはこの問いを、ヒュームの懐疑主義を引き受けて提起したと一般的には考えられている。しかし、ここでドゥルーズが主張しているのは、ヒュームは、主体はいかにして所与のなかで構成されるのかと問うことによって、カント以前に超越論的な問いを「すでに」提起し、これを経験論の問題として論じていたということである。つまり、経験的認識が可能となるための条件を問う超越論哲学をはじめて開始したのは、カントではなくヒュームであるということである。

『経験論と主体性』は一貫して、ヒューム哲学をカントの超越論哲学の枠組みから評価している。ドゥルーズによれば、ヒュームとカントは、「想像が認識の問題を提起しうる最良の土壌」（ES : 124）であるとした点において共通している。ヒュームにおいて想像は単なるひとつの能力としてではなく、主体がそのなかで（dans）構成される場（lieu）として理解されている。[*51] そしてヒュームは、「自然における現象の再現の規則と、精神における表象の再現の

＊49　Vuillemin（1954）は、いわゆる「カントのコペルニクス的転回」を次のように表現している。すなわち、「主体を対象の周りに転回させるのではなく、対象を主体の周りに転回させることによって、確実性から真理へ、自我から世界への移行を操作する方法が見出され、こうしてデカルト以来、主観性の利になるよう思考が積み重ねてきた努力が達成されたように思われる」（1）。

＊50　『経験論と主体性』は、一九四七年にジャン・イポリットとジョルジュ・カンギレムの指導の下、高等研究免状（Diplôme d'étude supérieur）として提出された論文が基となっている（cf. Sauvagnargues 2009b : 22）。さらに Lemieux（2009）を参照のこと。

＊51　「おそらくヒュームが絶えず繰り返していたのは、観念は想像のなか（dans）にあるということだ。（中略）その前置詞

規則のあいだ」（ES：123）に対応関係が成り立つための条件として想像を位置づけ、「一般規則は、想像において反省された情念である」（ES：48）とすることによって超越論哲学が提起した問題に答えるとドゥルーズは考えている。[*52] すなわち、ヒュームの経験論は、いかなる超越論的原理も認めることなく、想像という場における経験的な所与のただなかで生じる主体の構成によって、経験的認識を可能にする原理を論じているということである。

ここから理解されるのは、『経験論と主体性』においてドゥルーズは、通常、あらゆる認識の起源が経験的な印象に還元されるとする、認識論的水準において理解された経験論の議論を、むしろ、そうした認識論的問題が成立するための条件を問い、それを経験的な所与における主体の構成によって応える、一種の超越論哲学として読解しようとしているということだ。[*53] この意味で、『経験論と主体性』におけるヒューム読解は、厳密に超越論哲学という枠組みに含まれる。

超越論的問題に対する経験論の不十分さ

檜垣（2011, 2012）や Bell（2009）が指摘するように、こうしたヒュームの議論に、後のドゥルーズ哲学へとつながる論点が見出されるのは事実である。[*54] しかし、直ちに付け加えなければならないのは、『経験論と主体性』においてドゥルーズは、こうしたヒュームの議論に重要性を認めながらも、経験論は、超越論哲学が提起した問題に対して適切に答えてはいないと考えているということである。ヒュームとカントは超越論哲学という問題を共有し、また両者ともに、想像（構想力）に重要な位置を与えている。そして、ヒュームにとって主体とは、所与において構成される効果（結果）であるのだから、当然、所与を認識すべくあらかじめ想定される心理学的主体ではない。しかしそれは、カントにおけるように、いかなる経験にも先立って、現象の単一性を保障する超越論的主観性でもない。後で確認するように、ヒュームにとって主体とは、慣習（convention）や合目的性（finality）といった、精神や想像に外在する実際的（pratique）な原理によって受動的に形成される傾向性のことである。主体とは、経験に先立って想定される原

理ではなく、経験的な所与、実践的な習慣や目的のただなかにおいて形成される。これがヒューム経験論の要であっ

〔dans〕が意味するのは、想像は要素でもなく、作用因でも規定的規定作用でもないということである。想像とは、局所化されるべき場（lieu）、すなわち、固定されるべき場であって、規定可能なものである。いかなるものも想像によって（par）作られるのではなく、すべては想像のなかで作られる」（ES: 3）〔強調は原文による〕。

＊52　米虫はドゥルーズのヒューム論を論じた文章のなかで、「必然的結合とは対象のうちにあるものではなく、対象を眺める精神のうちで生まれる、その精神自身が強制・拘束されていると感じることにすぎない」（米虫 2010: 8）と指摘するとともに、こうした『経験論と主体性』の根本的なテーゼを、適切に次のように述べている。

> つまり精神が主体になるとは、想像力による無秩序な状態から、想像力が固定されることで秩序づけられた状態へと移行するということでもある。（中略）主体とは決して起源にある原理でも原因でもなく、むしろそれを可能にする何らかの原理や原因によって生み出される或る種の「結果／効果 effet」でしかない。したがって主体は独立した絶対的なものではなく、それを生み出す原理や原因との関係で捉えられるべきであって、その限りにおいて根本的には受動的なものにすぎない。
>
> （米虫 2010: 9–10）

＊53　Sauvagnargues（2009b）は、ドゥルーズによるヒューム解釈を「主体に対する所与の構成（カント）から所与における主体の構成（ヒューム）への移行」であるとし、それがカントの観念論に、実在的な経験を対抗させるものであると肯定的に評価している。しかし同時に、この「ヒュームについての早熟な読解はカントの枠組みのなかに含まれるのであり、ドゥルーズはこれらのテキストにおいては、哲学のなすべきことを批判哲学と絶えず同一視している」（31）と適切に注意を促している。

＊54　Bell（2018）では、ヒュームのドゥルーズとガタリへの影響が、『千のプラトー』「言語学の公準」における「非物体的変様」に限定して論じられている。さらに、『哲学とは何か』に至っては、「植物は、水分、土、ニトロゲン、炭素、塩化物を観想し、植物自身の概念を獲得するためにこれらを縮約する」と言われるように、ヒュームの議論が拡張され、非物体的変様の概念が言語的な水準を越えて展開されるとジェフリー・ベルは認めている（Bell 2018: 70–71）が、「あらゆるものは観想である」とするこのプロティノス的発想は、『差異と反復』においてすでに見出されるものである。

た。しかし、超越論哲学が、あくまでも経験に先立って、それをわれわれの表象に必然的に従属させる原理の探求であるならば、そのような必然性をはたして所与や習慣が充足させることができるだろうか。
さらにドゥルーズは、超越論的問題に対する経験論の不十分さを示すものに、経験論が前提とする二元論があると考えている。『経験論と主体性』では次のように言われる。

ヒュームが問いを立てたやり方そのもの、すなわちその二元論は、所与と主体の関係を主体が所与に一致することとして、人間本性が自然に一致することとして理解することを強制する。（ES：124）

ヒュームの経験論において、印象と観念は対応しており、それらのあいだには力と快活さの程度の差があるにすぎないことはすでに指摘しておいた。ここで言われている二元論とは、そうした経験的な所与によって生じる印象や観念に対して、それら諸観念を結合する関係をそこから区別するとともに、当の関係は所与からは生じないとする立場である。[*55] ドゥルーズは、「諸関係と諸項、主体と所与、人間本性の原理と自然の力能とのあいだに、同種の二元性が最もさまざまな形で表現されている」（ES：122）ことが経験論の条件であると言う。周知のように、ここからヒュームは、観念同士を結びつける因果性をはじめとする関係が客観的に実在することを否定し、それを「ある対象の観念か

＊55　Shirani（2006）の第一章は、ドゥルーズがヒュームの経験論や、ヴァールによる英米哲学の紹介から引き受けた「関係の外在性」（extériorité des relations）の分析に充てられている。白仁はこの関係の外在性こそが、ドゥルーズ哲学におけるあらゆる概念の根底にあると考えている（そこで列挙されているのは、内在、出会い・偶然性、記号、全体やロゴスに対する時間とアンチロゴス、離接的総合、副次的矛盾、戦争機械、アレンジメント、襞、ライプニッツ的モナド、概念、出来事、内在平面である）。ここで言われている関係の外在性とは、端的に言えば偶然性のことであり、ドゥルーズの哲学のすべてがこの偶然性に賭けられていると著者が考えていることは、次の引用からも見て取ることができる。

思考の必然性は、偶然的な必然性でしかない（la nécessité contingente）。哲学においては、内的な必然性などない。哲学は、偶然（hasard）という賽の投擲によって、あるいはまさに未規定なもの（l'indéterminé）によってのみ始まる。（81）

このように、関係の外在性の理論は、外（le dehors）を救済するための条件である。それは統合する全体に抗する闘争である。（中略）システムを逃れ、システムのなかに入ることを望まない何かがつねにある。ドゥルーズ的な世界は既成のものではない。それはつねに未完成である。それは絶えず作られる。したがって、新たな概念の創造がドゥルーズの掛け金となる。外在する関係の理論は、こうした運動や変化を可能にする。問題となるのは、出会い、偶然性、出来事であり、要するに観念や思考する主体といった項に外在する関係なのである。（82）

偶然性、外部、あるいは創造性（新規性）こそがドゥルーズ哲学の根本にあるとする議論は、これまでに幾度となく繰り返されてきたものだ。もちろんドゥルーズの議論は、偶然性を排除するものでは決してない。しかし、ドゥルーズは、既成に対する新しさ、内に対する外、必然に対する偶然といった二分法をはたして容易に想定するだろうか。まして、一方を他方に優先させ、その哲学のすべてを偶然性や外部から到来する出会いに賭けるという議論は、説明されるべき当の偶然性や出会いを未規定のままに残してしまうことにならないか。むしろドゥルーズの企図は、必然性と偶然性が識別不可能になりうる領域、少なくともそれらが調停（共立）しうる領域を一貫して記述しようとしているのであって、これによって従来の哲学が想定していた主体や主観、必然性の意味のみならず、対象や客観、偶然性という語の持つ意味を別様の仕方で思考することにある。この意味で、従来の二分法に従いつつ、偶然性にすべてを負わせる議論は、すべてを必然性や同一性に還元する議論と変わらない。われわれが後に示すように、ここで言われている偶然性や外部性を肯定的な意味での超越と言い換えるならば、ドゥルーズ哲学は、そうした超越がどのように経験的領域において発生するのかを問うことによって、逆に、超越をいかに経験やこの世界のなかに内在させるのかという方向にその関心が向けられていると考えられる。あらかじめ超越を想定し、それに賭け、期待し、待機するのではなく、超越を必然的に内在化する経験や運動をいかに記述するのかということにドゥルーズの超越論的経験論の掛け金はある。

らそれにいつも伴う対象の観念へ、そして、ある対象の印象から他の対象のより快活な観念へと移行するように想像を定める慣習」(Hume 2003: 115) に還元する。こうしたヒュームの姿勢に対してドゥルーズは、カントの超越論哲学の立場から次のように反論する。

しかしまさに、もし所与がそれ自体まずはじめに、経験的な主体にとって表象の結びつきを規則づける諸原理と同種の諸原理に従っていないならば、主体は、絶対的に偶発的な仕方を除いては、決してこの一致に出会うことはありえないし、その諸表象を結びつける機会を持つことさえないだろう。(ES: 124)

カントにとって現象とはつねに主体に対して現れる表象である。現象が与えられるためには、「この自然そのものにおいてあらかじめ表象の規則を構成するという条件においてのみ、経験的な構想力における表象の規則を可能にする、ア・プリオリな総合」(ES: 125) がなければならない。すなわち、現象は、「私は思惟する」(Ich denke) という形で表現される純粋統覚というア・プリオリな総合を伴う限りにおいて私の表象となりうる。*56 しかし、ヒュームの経験論においては所与が経験的所与として与えられるのは、観念連合から派生する因果性によってそれら諸々の所与が結びつけられているからである。観念連合は経験に先立つ原理ではない。むしろそれは、反省の印象からなる情動によって可能になるものであるとドゥルーズは言う。そして、「観念連合は企図、目的、意図、機会、実践的生活の全体、情動性を前提とする」(ES: 137)。すなわち、因果性の原理は、認識主体の欲求や目的といった、事実上の合目的性 (la finalité)、「実践的な生の必要性、すなわち、最も一般的で、最も恒常的な欲求」(ES: 137) に従うことによって、人間本性と自然との一致を、「偶発的、未規定的、偶然的な一致とは別のもの」(ES: 126) として保障しているのである。

経験論は、「秩序の原理は精神のなかにあり、事物のなかにあるのではない」(Vayssе 1999: 80) という点において超越論哲学と一致する。「カントと同様ヒュームにおいても、認識の諸原理は経験からは生じない」(ES: 126)。しかしそこからカントは、経験に先立つア・プリオリな総合という超越論的原理へと向かうのに対し、ヒュームは、そうした原理は「単にわれわれの原理であるがゆえに、いかなるものも超越論的（transcendantal）ではない」（ES : 126）として、事実上の合目的性を採用することになる。超越論哲学が提起した問題の枠組みから逆照射してヒュームの経験論の固有性を問う『経験論と主体性』においては、こうしたカントとヒュームの方向性の差異は、ただ並置されるにとどまる。しかし、『経験論と主体性』以降ドゥルーズが、カントの超越論哲学そのものの意義、さらにはそれが提起する「ア・プリオリ」や「超越論的」という語の検討へと向かうにつれ、経験論における事実上の合目的性の議論は、超越論的問題に対する経験論の欠点として徐々に自覚されることになるだろう。すなわち、経験論は、主体に対する自然の必然的な従属はいかにして可能かという超越論哲学が立てた権利上の問いを、事実上の合目的性という心理学的問題に置き換え、超越論的主観性の問題を、合目的性や慣習によって作用される想像や情念といった心理学的主体の発生の問題に還元してしまったということである。

こうした観点から再び『カントの批判哲学』へと目を向け直すならば、そこにおいてドゥルーズが、今度は、カント哲学における合目的性について詳細に論じていることに気づかれるだろう。そこで論じられるカントの合目的性は、ヒュームが「行為、道徳、法律といったあらゆる実践的なものの理論」（ES : 150）として見出した「合目的性」とはまったく異なる。なぜなら、カントの『判断力批判』における合目的性の議論が示しているのは、主観的でありながらも決して心理的ではなく、認識論的主体と対象としての自然がともにそれに従属する超越論的原理であるからだ。ヒュームとカントにおける合目的性の違いは、超越論哲学に対する経験論の問題点を示すと同時に、ドゥルーズが、カントの超越論哲学の根幹として何を読み取っていたのかを理解する手がかりとなるだろう。

＊56　したがって、カントにとっての問題は、継起する所与に対して客観的実在性を与えうる条件である純粋悟性概念を確定することであり、それを経験的認識の可能性の条件とすることであった（cf. 黒崎 1985 : 133）。

第二節　カントの超越論哲学における有限性と発生の問題
――講義「基礎づけるとは何か」(一九五六―一九五七)

講義「基礎づけるとは何か」(一九五六―一九五七)

このように『経験論と主体性』においてドゥルーズは、ヒュームを、カントに端を発する認識の基礎づけの問題にすでに取り組んでいたものとし、超越論哲学の枠組みのなかにその経験論を位置づけていた。しかし、同時にヒュームは、認識を可能にする超越論的原理を、合目的性という実践的で心理的な事項に還元する。ここに、ヒュームの経験論の不十分さがあるとドゥルーズは見ている。そして、ヒュームの経験論が不十分にしか応答しえなかった認識の基礎づけの問題について、カントの側からの応答を積極的に論じたものが『カントの批判哲学』であると解することができる。ここにドゥルーズによるカント読解の根幹を読み取らねばならない。

『カントの批判哲学』は、カントの三批判書(『純粋理性批判』、『実践理性批判』、『判断力批判』)の各々を論じ、それらの関係を体系的に説明していることから、一見するとそれは、あくまでもカント哲学の一般的な概説書にすぎないように見える。しかし、そこでの議論の背景として想定されている哲学史的文脈をあらかじめ理解することで、『カントの批判哲学』におけるドゥルーズ固有のカント理解を際立たせることができるだろう。参照されるべきは、一九五六年から五七年にかけてドゥルーズが行った「基礎づけるとは何か(Qu'est-ce que fonder?)」と題された講義である。この講義は、一九五三年の『経験論と主体性』と一九六三年の『カントと批判哲学』の間に位置し、当時のドゥルーズの問題意識を知るうえでの手がかりとなる。

パリのルイ・ルグラン校にて行われたこの講義は、高等師範学校受験のための準備学級での講義(Cours hypokhâgne)である。プラトン、デカルト、ライプニッツ、カントをはじめ、言及される哲学者は非常に多く、また、扱われる題材も哲学だけでなく、神話、数学、文学と多岐にわたるが、概して、高等師範学校入学試験であるアグレガシオンを想定して選択されたものであると言える。[*57] しかしながら、注目すべきことに、その講義にはドゥルーズが以後論じることになる論点や問題がすでに多く含まれている。Kerslake（2009）が指摘するように、一九六八年に発表される『差異と反復』で展開される議論のほとんどは、この講義内においてすでに論じられている。[*58] そして、ここでもやはり、講義全体の骨格を成しているのはカント哲学であり、その超越論哲学である。以下では、ドゥルーズのカント読解を理解するうえで必要な論点だけに焦点を絞ってこれを取り出しておこう。

＊57　ドゥルーズが研究対象とする哲学者の選別について、Beckman（2017）は、当時、ソルボンヌ大学で開講されていた講義の影響があるとし、ジャン・イポリットによるヒューム講義（1946–47）、カント講義（1947–48）、ベルクソン講義（1948–49）、フェルディナン・アルキエによるスピノザ講義（1958–59）、さらに、ジャン・ヴァールによるニーチェ講義（1958, 1961）を挙げている。加えて、ドゥルーズが個別研究を行ったベルクソン、カント、スピノザ、ニーチェ、ヒューム、ストア派などは、彼がソルボンヌ大学に在籍していた一九五〇年代後半の哲学のアグレガシオンのためのリーディングリストに記載されていたものであると指摘している（Beckman 2017: 29）。ベックマンがここで参照している Schrift（2008）は、ソルボンヌ大学の哲学科の講義内容と、同年および前年度の哲学アグレガシオンのプログラムに列挙されている哲学者および哲学者のテキストを比較し、後者がアグレガシオン準備学生のみならず、前者の教授内容や出版内容を含めた、アカデミズムにおける哲学の領域全般へ与える影響を論じたものである。ソルボンヌ大学とアグレガシオンの試験内容と同様の関係は、高等師範学校とリセ最終年度の哲学クラス、高等師範学校受験準備クラスの一年度、二年度である *hypokhâgne* および *khâgne* との関係にも見られることが指摘されている（Schrift 2008: 455, note 17）。

＊58　Kerslake（2009）によれば、この講義録がリシャール・ピナスによって運営されるサイト（"LES COURS DE GILLES DELEUZE", http://www.webdeleuze.com）に掲載されたのは二〇〇六年である。これは当時ドゥルーズの学生であったピエール・ルフェーブルによって書き取られた講義ノートを元にして再現されたものである（11）。ただ、ところどころ部分的な欠如があるうえに、それがどのような経緯を経て作成されたものなのかなどの詳細について不明な点が多い。したがって、当該講義を一次資料としてどこまで信頼できるのかということを含めて、別途検討する必要があるだろう。本書にて当該講義を引用する際には、英訳である Deleuze（2015）から対応するページ数を表記することとする。

カント哲学における基礎づけの原理――可能性の条件、局所化、限界化

この講義の目的は、講義題目にもあるように、「基礎づける（fonder）」という行為がどのようなものであるのか、また、それが哲学史においてどのような議論として展開されているのかを論じることである。

ここでもまたドゥルーズは、ヒュームが「認識するとは何か（Qu'est-ce que connaître?）」と問うことで、哲学史においてはじめて、基礎の問題（le problème de fond）を提起したとして評価している。そして、ヒュームを経てその超越論哲学を構想したカントに至り、そこからハイデガーへと展開された過程をドゥルーズは説明するのだが、そのなかで集中的に吟味されるのが、再びカント哲学における「超越論的（transcendantal）」という語の示す内容である。この部分は、『経験論と主体性』および『カントの批判哲学』と重複する内容を含んでいるが、ドゥルーズの解説を整理しておこう。

たとえば、「太陽は明日昇るだろう」という判断を考えてみる。この判断には、「明日」と「昇るだろう」という項が含まれているが、これらの項は経験的な所与としては与えられない。なぜなら、われわれが経験できるのは、過去に太陽が昇ったこと、また、これまでに絶えず昇ってきたことだけであり、「明日」はまだ経験されていないうえに、明日太陽が「昇る」ことを、判断する現時点で経験することはできないからである。この意味で、「太陽は明日昇るだろう」という言明は、経験的な所与を超えた判断であると言える。ここからヒュームは、「認識とは〔所与を〕超えること（dépassement）」であると定義したとドゥルーズは言う。

では、このような経験的な所与を越えた認識はいかにして可能なのか。前節においてすでに指摘しておいたように、ヒュームは、認識的判断を可能にする原理を、対象の側にではなく主体の側に求める。経験は類似した事例（太陽が昇ること）の反復を与えるだけであり、この反復は対象それ自体にはいかなる変化も与えない。しかし、この反復は、それを観照する側を変容させる。すなわち、類似の事例を反復することは、観念間の連合に一定の傾向性を与え、こ

れによって主体の情念と想像が固定されることになる。こうして、単なる観念のコレクションであった精神は、未来を予期し、到来する出来事を信じる主体へと変容する。つまり、ヒュームにおいて認識の原理は、経験的な所与のただなかにおいて、とりわけ合目的性という経験的な原理によって形成される、主体の人間本性に見出されるということである。

ヒュームは認識の基礎づけの問題を、対象（自然）の側にではなく、主体の側に位置づけ、主体が構成される過程を分析することでこれに答えようとした。哲学史的には、それが、カントにおける「コペルニクス的転回」を準備したとされる。しかしドゥルーズは、こうした「ヒュームの解答は途方もなく期待外れであるように思われる」（Deleuze 2015 : 26）と主張する。そして、「ヒュームは、一般に問題を提起したが、それに答えはしなかった。彼にとって原理は心理的であるように思われる」（Deleuze 2015 : 27）と判断する。ヒュームの議論を承けたカントは、認識を基礎づける原理を経験的な主体のような心理的観点に還元するのではない仕方で規定した。カントは、ヒュームのように、自然の原理と人間本性のあいだの調和を前提とし、所与としての自然に従った人間本性の形成を説くのではなく、むしろ自然の側を人間本性に従わせる。すなわち、「カントがわれわれに言うのは、人間本性は所与を超え、さらにそこでは、自然はこの超出に従うということである」（Deleuze 2015 : 27）。

カントによれば、所与（自然）は、われわれの人間本性が従っている原理と同じ原理に従っているのでなければならない。なぜなら、太陽があるときには昇り、あるときには昇らなかったりしたならば、経験的な構想力（想像）は、「太陽が明日昇るだろう」という判断を見出す機会を失うだろうからだ。[*59] すなわち、「太陽が明日昇るだろう」と私が言うとき、所与である限りの太陽は、私の経験に先立って、太陽に対する私の意識が依存している原理と同じ原理に

＊59　Cf. ES : 123.『純粋理性批判』の辰砂《しんしゃ》の例であるが、ドゥルーズは『カントの批判哲学』においても同じ事例に言及している（PCK : 20–21）。

従っていなければならない。これを経験的な所与によって基礎づけることができないのはもちろん、主体の心理的傾向性（習慣）に還元することはできない。なぜなら、所与のみならず、それを当の所与として経験する主体でさえ、両者に先立つ同一の原理に従って現れる結果にすぎないからだ。ヒュームの経験論とカント哲学の対立点はここにある。そして、このように経験的・個別的な主観から区別され、経験に先立ってそれを可能にしている原理が超越論的主観性であるとドゥルーズは述べている（Deleuze 2015 : 27）[*60]。

ヒュームに対するカントの優位性が明示的に述べられている点を除けば、ここまでの議論は『経験論と主体性』の内容と大きな相違はない。ただし、この講義においてドゥルーズは、カント哲学における基礎という考えをさらに次の三つの特徴によって説明している。

第一に、カントにおいて基礎とは、可能性の条件である。カント哲学にとって超越論的条件は、経験の可能性ではなく、経験が可能となるための条件である。すなわち、超越論的条件は、経験的対象そのものの実在に直接適用されるのではなく、あくまでも、対象がわれわれにとって経験されうるための条件であるとされる。ドゥルーズによれば、こうしたカントの可能性の捉え方は、矛盾を含まないこと（non contradictoire）によって可能性を規定し、可能性のなかにその実在を含める古典的な哲学と対立するものであり、可能性という語の意味を変形させている。すなわち、カントにおいて「実在するものはつねに観念に外在する。可能的なものから実在への移行はない。実在は概念のなかに与えられるのではなく、それが与えられるのは空間と時間においてである」（Deleuze 2015 : 32）。この意味で、カント哲学において基礎とは、対象が実在するための条件ではなく、空間と時間という、われわれの経験が可能となるための条件である。

第二に、基礎は局所化する（localiser）。カントにとって現象とは、その後ろに何らかの実在や存在を隠し持ったものの現れ（apparence）ではない。現象は、それが現象として現れる限りにおいて存在である（l'être en tant qu'il apparaît）。基礎が認識を可能にするのは、現象の領域に限られる。したがって、認識の範囲を超えたヌーメノン（可想体

le noumène）は認識の対象とはならない。

基礎づけられるもの、すなわち認識は、本質的に認識に関係づけられていたものによって厳密に定義される場所のなかに位置づけられる。そこから次のような見事な公式が生じる。すなわち、「認識は経験とともにしか始まらないが、認識は経験から派生するのではない」。カントは経験論者と合理論者を乗り越えるし、あるいは乗り越えるつもりである。

（Deleuze 2015 : 34）

われわれは何らかの対象やその対象が何であるのかについて、これを経験に先立って、すなわちア・プリオリに知ることはできない。この意味で、認識は経験とともにしか始まらない。しかし、それが現象である限り、いかなる対象であろうとも、それはつねに時間と空間のなかで与えられ、また、一と多、因果律などの諸条件に必然的に従っていることをわれわれは知っている。直観の形式である時間と空間、さらに、質、量、因果律をはじめとする一連のカテゴリー（悟性概念）こそが、われわれの経験を可能にする超越論的条件である。経験に先立って、対象をわれわれの認識に従わせるこのような条件がなければ、認識は決して生じえないのだから、これら認識を可能にする条件は経験によって与えられるものではない。われわれの認識の可能性は、この超越論的条件に従って現れる現象に局限されることになる。

第三に、基礎は、認識可能な範囲を限界づける（limiter）ものでなければならない。カントが明らかにした超越論

＊60 カントの用語では、純粋な根源的統覚、すなわち、超越論的統覚と呼ばれる。『純粋理性批判』においてそれは、三つの総合（直観における覚知の総合、構想力における再現の総合、概念における再認の総合）によって規定されることになるが、これに対するドゥルーズの見解（批判）については、第五章で詳しく論じる。

的条件は、われわれの経験的な認識（現象）に対してのみ適応される。にもかかわらず、われわれは常に、こうした認識の限界を超えて思考しようとする形而上学的傾向を持つとカントは考える。たとえば、認識の可能性の条件であるカテゴリーが、直観の形式（時間と空間）を介することなく、対象それ自体を認識させると考えてしまう。あるいは、魂や世界、神といった理念を、統制的理念としてではなく、客観的に実在するものとして、推論によって想定してしまう。[*61] このような傾向性は、われわれの理性や悟性に本来的に備わった誤謬推理であり、われわれの認識はつねにその内側からこうした形而上学的傾向性に付きまとわれ、脅かされている。ドゥルーズが指摘するように、カント哲学の重要性は、「認識の敵はもはや、単なる誤謬ではなく、ある傾向性によって、すなわち、固有の限界を乗り越えるという錯覚によって、内側から脅かされている」（Deleuze 2015 : 36）ことを自覚した点にある。したがって、基礎である超越論的条件は、認識が越えることのできない限界を自ら与えなければならない。以上のようにドゥルーズは、カントの超越論哲学における「基礎づけ」の内容を理解している。

カントとハイデガーの共通点

こうした超越論哲学についての議論は、『カントの批判哲学』における、とりわけ『純粋理性批判』を概説した第一章の下地を成しているといえるだろう。ただし、この講義において注目されるべきは、今述べた、カントの超越論哲学に見出される認識の基礎づけの議論、すなわち超越論的主観性ないし超越論的条件における可能性、局所化、限界化といった特徴が、ハイデガーの哲学にも見出されると主張されていることである。ドゥルーズによれば、ハイデガーにとって人間の本質とは、存在者としての自らを乗り越えること（dépassement）にある。すなわち、「人間の特権は、まさに存在者を乗り越え、その存在と関わりを持つことにある」（Deleuze 2015 : 38）。世界内存在としての人間は、単なる存在者である自らを乗り越え、存在者の存在を問うことが唯一可能な存在者であり、ゆえに現存在と呼ばれ、単なる存在者から区別される。[*62] 現存在である限りにおいて人間は、自らの存在、あるいは主観に対して外在する客体である世界へ向けて自らを超越すること（transcendance）にその本質がある。ハイデガーにおいて世界という概念は、こうした人間の実存的構造から切り離しえない。[*63]

　そして周知のように、ハイデガーによれば、これまでの哲学は、存在者と存在者の存在とを混同し、存在を存在する何かとして扱ってきた。しかしドゥルーズは、カントだけは例外であると主張する。というのも、先ほど確認したように、カントが認識の領域を現象に局所化し、現象を超えた存在をヌーメノンとして認識の範囲から区別することができたのは、「彼〔カント〕が初めて存在者と存在者の存在を混同しなかったから」（Deleuze 2015: 40）に他ならない。さらに、「カントの《現象》とは、まさに実存すること（l'existant）」であり、「それは現れるもの（ce qui apparaît）であって、現れ（l'apparence）ではない」（Deleuze 2015: 40）。カントにとって、存在や客観である世界を語りうるのは、感性と悟性を備えた存在者、その実存以外にはない。これは、ハイデガーにとって、存在者の存在が、現存在の実存

＊61　岩城（2006）の整理によれば、「「統覚」という経験不可能な超越的概念（理念）を実在する「心」とみなす」（215）合理的心理学、経験的に与えられる「条件づけられたもの」から原因をたどり「「無制約な原因」（それ以上遡ることのできない絶対的原因、つまりすべての原因の根源的原因）に到達できる」（227）とする合理的宇宙論、人間が自らの有限性を反省することにより、「有限な現象に左右されない、完璧な存在」を「推理」（257）する観念論的神学をカントは批判している。

＊62　問い質されるものである存在理解を備えた存在者である現存在の存在論的優位性を確認し、その現存在分析論が存在者全体の一部分を論じる「領域存在論」でありながらも、他の存在論成立の基盤ともなることを、晩年のハイデガー自身によるこの基礎存在論の理念への動揺も含めて論じたものとして安部（2014）がある。

＊63　片柳（1995）は、フッサールをはじめ、ベルクソン、ハイデガーにおける超越の問題を整理し、とりわけその解決の方策をカントの「純粋悟性概念の超越論的演繹」に求めたものである。「認識は如何にして自らを越え、意識の枠組みのうちには見出され得ない存在に的中することができるのかというのが、超越 Transzendenz の問題である。フッサールはこの問を導きの糸としながら、徹底的に意識内在的な現象学的領野を切り開いていき、対象自体をこの内在の領野で構成していくという仕方でこの問題を解こうとするのである」（92）。

論的分析から切り離しえないのと同様である。ドゥルーズはここにおいて、ハイデガーとカントとのあいだに連続性を見出している。適切に言えば、ドゥルーズは、ハイデガーの議論からカント哲学を照射することで、その超越論哲学の意義を見定めようとしていると言えるだろう。

つまり、ドゥルーズがハイデガーとカントの議論に共通して見出しているのは、超越と実存という問題であることが分かる。そしてこの超越と実存という問題は、すでに言及したヴァールのとりわけ『形而上学概論』(一九五三)と、ジュール・ヴュイユマン(Jules Vuillemin 1920–2001)の『カントの遺産とコペルニクス的転回』(一九五四)において論じられており、おそらくドゥルーズは、これらの議論を念頭においている。以下では、両著作における関連箇所を参照することで、超越と実存をめぐる問題が、いかにしてハイデガーとカントを取り結ぶことになるのか、これを明らかにしておこう。

超越論哲学における超越と実存

『形而上学概論』においてヴァールは、フッサールからハイデガーに至る「超越」という語の変遷をたどった後、次のように述べている。

> 超越すること、それは上昇しつつ、「…へと向かうこと」である(Transcender, c'est aller vers, en montant)。超越するものは神ではなく、超越するのはつねに実存者(l'existant)である。すなわち、実存者はこの超越という運動を完遂する。(Wahl 1968 : 645)

ハイデガーにおいて超越とは、たとえば神のような、通常の人間の思考を越えた実在を意味しない。超越とは、存在者が、世界、客体、存在へと向かう運動そのものを意味する。そして、現存在としての主体は、単なる認識主体ではなく、唯一、存在そのものへと達しうる可能性を開く存在者であるとされる。ヴァールが言うように、「彼〔ハイデガー〕によれば、人間に固有なものとは、存在論的な存在であること、すなわち、存在の問いを自ら提起し、存在へと超越する存在であることだ」（Wahl 1968 : 645–646）。ここで焦点化されているのは、超越論哲学における実存者としての人間の位置づけである。

ドゥルーズは、講義の後半、再びカントの超越論哲学に言及する部分において、「カントには近世哲学（la philosophie moderne）の根本的な考えがある」（Deleuze 2015 : 149）とし、その特性を次のように説明する。すなわち、人間と神の関係を明確に区別し、無限なる実体である神に対し、人間悟性を有限なものとして規定したのはデカルトであるが、これに対しカントは、その神の無限悟性や知的直観を、単なる統制的理念であるとし、世界の構成的原理から区分した。しかし、カント主義の新規さはここにはないとドゥルーズは言う。むしろ、ドゥルーズによれば、カントの重要性は、人間が無限悟性や知的直観を持たないという事実によって認識の限界を規定するのではなく、まさに人間がその本質として持つ有限性そのものに「真の構成的力能」を与えたことにある。

> 人間の有限性は、有限性である限りにおいて、意識と同時に、世界そのものの構成原理として仕立て上げられることになる（C'est qu'en même temps la finitude humaine en tant que finitude va être érigée en principe constituant de la conscience et du monde lui-même）。（中略）人間は神ではなく、有限であると同時に、世界を構成するものである。この意味でカントはまさに第一人者である。問題は、ど、の、よ、う、に、こ、う、し、た、有、限、性、を、提、起、す、る、か、である。ハイデガーにおいては実存であり、カントにおいては超越論的図式、あるいは超越論的構想力である。『創造的進化』においてベルクソンは、エラン・ヴィタルが有限であるということが重要だと二度も述べている。
>
> （Deleuze 2015 : pp. 149–150）〔強調は引用者による〕

ドゥルーズはここで、人間を神の無限悟性や知的直観へと高めるのではなく、人間の有限性そのものに構成的特性を与えたところにカントとハイデガーの（そしてベルクソンとの）共通点を見出している。すなわち、ハイデガーにおいて超越を完遂する人間の実存は、それが有限であることに重要性がある。ドゥルーズが「基礎づけるとは何か」においてカントとハイデガーのなかに共通して見出す論点こそ、こうした人間の有限性の問題に他ならない。さらに、より重要なことは、引用部において強調しておいたように、この人間の有限性をどのように規定するのかということが超越論哲学の根本的な課題であるとドゥルーズが捉えているということだ。

では、超越論哲学のもとにおいて、人間の有限性はいったいどのように規定されるべきなのか。これについて、『カントの批判哲学』でドゥルーズが参照を促している（PCK : 98, note）ジュール・ヴュイユマンの『カントの遺産とコペルニクス的転回』（一九五四）を見てみよう。ヴュイユマンは、ハイデガーによる実存主義的なカント解釈を論じるなかで、ア・プリオリな純粋概念の可能性というカントの問いが意味するのは、「人間の思考、思考そのものにおける有限性」（Vuillemin 1954 : 251）への回帰であり、フッサールは本質直観（Wesenschau）、すなわち知的直観という矛盾した着想のなかで概念と純粋直観を混同したがゆえに、この問いを提起することができなかったと指摘する。そして、超越論哲学は、われわれが知的直観を持たないならば、概念はいかに直観を規定するのかと問うとともに、概念と直観の真理がそのなかで解明されるべきものとして、「超越としての有限性という根本的な問い」（Vuillemin 1954 : 254）を提起する。

…存在者（l'étant）は自然を対象として構成することも認めず、主体としての人間である限りでの私であることの個別的な存在者を構成することも認めない。認識や認識するという行為において、しかじかの対象やそれ自体で規定された対象が生じるためには、したがって、人間の有限な状態において、可能な対象との出会いへ向けてその有限性を超越する能力、経験一般の可能性へと自ら乗り越える能力、要するに、存在者の存在の普遍

的な意味、すなわち、存在論的な真理を認めるのでなければならない。（Vuillemin 1954 : 255）

人間の本質は、世界や存在に向けて超越することにある。ここでヴュイユマンが指摘しているのは、まさに有限である人間自身によって、自らの有限性が乗り越えられなければならないということである。この議論が重要なのは、ヴュイユマンが適切に指摘しているように、それが、観念論と経験論をともに棄却することになるからである。観念論と経験論はともに人間という存在者に目を向けながらも、「存在者による創造としての神的認識（観念論）と、存在者の感性的な受容性としての人間認識（経験論）とのアンチテーゼにしか到達しえない」（Vuillemin 1954 : 255）[*64]。経験論と観念論のある種の総合、ないし克服こそが、カントの超越論哲学の企図であったならば、超越論哲学に課せられた最大の課題は、経験論とも観念論とも異なる形で、超越と有限性との関連を規定しなければならないということになる[*65]。

ヴァールとヴュイユマンの議論を参照し、ドゥルーズによる講義の記述から読み取られるのは、このように、カントとハイデガーを取り結ぶ超越と実存の問題が、人間の有限性をめぐる問題へと焦点化されるということである。こうした有限性に関する議論こそが、ドゥルーズのカント読解における重要な論点であり、これが『カントの批判哲

＊64　カントが自身の哲学を呼称する「超越論的観念論」は「経験的実在論」であるとVaysse（2010）は述べている。それは、「デカルトやバークリーのように、外的世界の実在性や物質の存在を再検討に付すこともしなければ、ヒュームのように、客観性の基盤を台無しにする現象主義に堕することもない」（115）。それゆえ、「超越論的観念論は経験論の反駁としてのみならず、観念論の反駁としても意義を持つ」（Vaysse 2010 : 115）。

＊65　ハイデガーの『カントと形而上学の問題』における有限性の問題を扱ったものとして、荒畑（1998）を参照のこと。荒畑によれば、ハイデガーのカント解釈（改釈）の根幹は、認識する主体が有限的存在者であることにあるが、それは「受容的自発性」として理解される超越論的構想力による感性と悟性の統一によって担われている。

学』全体を通底し、牽引する問題となるだろう。*66

ポスト・カント派によるカント批判

ドゥルーズの超越論哲学理解を浮かび上がらせる背景として、ハイデガーの存在論との共通点として見出された超越の議論、人間の有限性の議論があることを確認してきた。さらにもう一点付け加えられるべき論点がある。それは、ポスト・カント派についての議論である。講義の後半部においてドゥルーズは、ポスト・カント派によるカント批判を概説しているが、それは結果的に、われわれが先に確認した超越と人間の有限性の問題を、翻って、カントの超越論哲学の内部において捉え返す契機となるだろう。

ドゥルーズがポスト・カント派として名前を挙げているのは、マイモン、フィヒテ、シェリング、ヘーゲルである。とりわけ、「カントの批判という理念を実現しようと望んだ」(Deleuze 2015 : 137) ものとしてフィヒテとマイモンについてドゥルーズは多く言及している。マイモンが提起した微分概念が、とりわけ『差異と反復』におけるドゥルーズの哲学にもたらした寄与については、すでにいくつかの研究において指摘されている。たとえば Smith (2006) が明言するように、「ドゥルーズの初期著作の戦略は、カント自身に立ち返り、(マイモンによって公式化されたような)ポスト・カント派の伝統を引き起こした問題を再び取り上げることであったが、それは、ヘーゲルへと至る解決とはまったく異なる諸問題に対する解決を展開させることであった」(44)。*67 ドゥルーズによるカント理解の独自性を理解するためには、こうした哲学史的文脈に対する彼の微妙な位置取りを明確にしておく必要があるだろう。講義内で論じられているフィヒテとマイモンによるカント批判を手がかりにしてまとめておこう。

ポスト・カント派によるカント批判に共通しているのは、経験の可能性の条件を問うカントの超越論哲学は、形式という観点からは正しいとしても、質料 (matière) という観点からは不十分ではないかというものだ。要点は次の二点に絞られる。

第一に、これはフィヒテに即して言われていることであるが、カントの超越論哲学には発生という観点が欠けている。カントは、すでに成立している数学と物理学に依拠し（数学における構成、ア・プリオリな総合的判断）、また、認

＊66　ただし、付け加えておくべきは、講義内においてドゥルーズは、必ずしもハイデガーの超越の議論を全面的に肯定しているわけではないということだ。むしろ、ドゥルーズは、カントとハイデガーのあいだの類似性よりも、その決定的な差異が重要であると考えている。すなわち、ハイデガーにとって、存在者の超越を可能にするのは、有限である現存在そのものである。ならば、超越論的なものとは、世界内存在である現存在の経験的主観性の構造のことであり、現存在が超越する運動そのものとなる。つまり、ハイデガーにおいて、「超越論的なものは、超越すること、乗り越えることに還元される」（Deleuze 2015: 40）のであって、そこでは超越論的なものと超越とのあいだに差異はなくなる。「それら〔超越と超越論的なもの〕は、基礎づけるものと、基礎づけられるものがもはや区別されないという点において同一化される」（Deleuze 2015: 40-41）。このとき、「超越論的主観性はおそらくその重要性を失う」（Deleuze 2015: 40）とドゥルーズは危惧する。カントにおいて、経験や認識といった基礎づけられるもの（ce qui est fondé）は、感性的対象を人間の認識に従わせる超越論的主観性によって可能となる。しかし、注意しなければならないのは、この超越論的主観性は基礎（fondement）であって、あくまでも基礎づける（fonder）のは、有限者である経験的主体に他ならない。ドゥルーズは、基礎づけの問題を、基礎づけられるもの（経験）、基礎（超越論的主観性）、基礎づけるもの（有限者）という、このような三つ組によってモデル化している。これは『差異と反復』に至って、解、問題、問いの三項関係によって規定し直される論点であるように思われる。これについては、小林（2019）において、『差異と反復』の出版を翌年に控えた一九六七年一月二八日、ジャン・ヴァールをはじめとする教授陣らを前に発表された「ドラマ化の方法」と連関づけて詳細に論じた。

＊67　Smith（2006）に加えて、ドゥルーズ哲学に対するドイツ観念論の影響関係について特に参考にされるべきものを年代順に列挙しておくと、Simont（1997）、Smith（2000）、Kerslake（2009）、Voss（2011）、Somers-Hall（2012）が挙げられる。近年公刊されたLundy & Voss（2015）は、ドゥルーズ哲学へのポスト・カント派の影響に焦点を絞った論集（とりわけマイモンへの言及が多く見られる）であるが、そこでは、⑴総合的・構成的方法、⑵理念ないし絶対者、⑶感性論（Aesthetics）が両者の共通点として挙げられている（5）。

識や道徳といった条件づけられるべきものの実在（l'existence du conditionnel）をあらかじめ仮定している。しかし、超越論哲学がわれわれの経験の根本的条件を探求するものであるならば、あらかじめそのような経験的事実を想定するのではなく、むしろ、その発生を問わなければならないのではないか。すなわち、認識主体と客体（質料）がともにそこから発生しうる、根源的な事実性（事行 Tathandlung）から始めるべきではないかということだ。ドゥルーズはこうまとめる。

カントには、超越論的なものを発見するという功績があったが、その本性を理解しなかった。フィヒテにとっては超越論的な発生がなければならない。超越論的なものとは、単に、前提された諸事実の条件を探求するのではなく、条件づけられるものを既成のものとする代わりに、条件づけられるものの発生とならなければならない。（Deleuze 2015 : 138）

ポスト・カント派は、したがって、カントの超越論的分析（演繹、論理学）という「事物を認識するための方法」（la méthode de la connaissance des choses）に代えて、総合的で発生的な（synthétique et génétique）方法を提起することで、「カントが発展させえなかった体系性を実現するという仕事」（Deleuze 2015 : 148）を行うことを企図している。

第二に、カントの超越論哲学がその方法として採用するのは、直観の形式やカテゴリーによる分析（analyse）であって、これによっては、質料や物質、経験的な個別的対象に関する総合的認識（synthèse）は得られないというものだ。たとえば因果性というカテゴリーは、あらゆる現象がわれわれの認識に従う普遍的法則性である。しかし、それは、あくまでも、われわれの経験的認識が可能となる条件であって、それによっては、具体的にどのような現象が与えられ、それがどのような個別的法則に従うのかについては決して知りえない。すなわち、「カントの諸概念は、経験のあらゆる変様（toutes les variations）を規定」（Deleuze 2015 : 160）することができない。こうした問題点は、分析と総合、主観と客観、概念と（感性的）直観といったカント哲学に固有の二元性に由来する。カントの超越論哲学においては、いわば、そのような二元性を、超越論的統覚、直観の形式、構想力による図式が媒介することで、われわれの経験的対象の認識が成立するとされる。すなわち、これは、対立する二項を、それらに外在的な原理によって条件付けているにすぎない。Voss（2011）が手際よくまとめているように、これに対してマイモンが提起するのは、「彼が〝悟性の理念〟として定義した〝微分〟（differentials）という概念に基づいた内的発生（internal genesis）のモデル」（63）である。マイモンにおける微分とは、そこから外延量としての空間だけでなく、われわれの意識に対して与えられる感性的直観（内包量）をも生じさせる発生的要素（genetic elements）である。これによって、「概念と直観のあいだのカント的な二元性」を乗り越えようとするのがマイモンの企図であるといえるだろう。

ポスト・カント派からのカント哲学のとらえ返し――有限性と発生

ドゥルーズは、ポスト・カント派によるカント批判を以上のように整理している。しかし、先に指摘したとおり、ドゥルーズは、このようなポスト・カント派による批判の妥当性を認めながらも、あくまでもカント哲学に固執し、その内部に留まろうとする。こうした姿勢は、『差異と反復』における次の言明からも理解することができるだろう。

> カント以前とカント以後に生じたことよりも（それらは結局同じことである）、むしろ、カント主義というものの的確な契機にわれわれは関心を持つべきである。それは、カントのなかで進展されることさえなく、ましてポスト・カント派のなかでも進展されない、閃光を放つ密かな瞬間である。（DR : 81–82）

では、ポスト・カント派による批判を踏まえた上で、それでもなおカントの哲学に見出されるべきものとは何なのか。端的に言えば、それは、先に述べたカント哲学における二元性、すなわち、その超越論哲学における概念と直観の二元性である。すなわち、シェリングの知的直観やフィヒテの事行、あるいはマイモンの微分と内的発生という考えが、カント哲学における二元性を克服しようと企図されていたのに対し、ドゥルーズは、この概念と直観の二元性こそがカントの超越論哲学の根幹にあるものだと考えている。

概念と直観の二元性とは何なのか、またそれは、カント哲学においてどのような意義を持つのだろうか。講義内でドゥルーズは、カントの『プロレゴメナ』における「非対称的な対象のパラドクス」に触れている。鏡像内の手と実際の手は、幾何学的には互いにまったく相似であるにもかかわらず、両者を互いに重ね合わせることができない。このパラドクスが示しているのは、(感性的)直観において与えられるものを、われわれは完全に概念へと還元することができないということであり、したがって、感性的直観(その形式としての空間と時間)と概念がつねに区別されてあるということだ。

この二元性が〔カント哲学における意味での〕批判において展開される。すなわち、概念は空間と時間を参照し、直観はそれらカテゴリーを参照する。無限悟性という考えはまったく意味を失う。受容性(réceptivité)と能動性(spontanéité)。(Deleuze 2015 : 157)

概念と直観の二元性こそがわれわれ人間の有限性を規定している。この世界において身体を持つわれわれ人間は、世界を創造する神のような知的直観や純粋悟性(無限悟性)を持たない。しかし、これは、われわれが身体という物質性を備えるがゆえに、あるいは、神的力能と対比されることによって規定される、偶然的・経験的な有限性ではない。ドゥルーズが、ハイデガーとカントのあいだに見出した有限性は、それ自体が存在や客体についての問いを立てうる構成的な有限性であることは、すでに指摘したとおりである。したがってドゥルーズが次のように問うことは、当然であると言えるだろう。

われわれに残された問題はこうだ。すなわちカントが、概念と直観の二元性を有限性と結びつけたのは正しかったのだろうか（est-ce que Kant avait raison de lier la finitude à une dualité du concept et de l'intuition ?）。構成的なものとしての悟性の有限性をまったく保持したまま、概念において、概念と直観の統一を説明する手段があるのではないだろうか。

（Deleuze 2015 : 158–159）〔強調は引用者による〕

ハイデガーにおいて人間の有限性は、世界や存在への超越を可能にする構成的有限性として「正しく」理解されていた。そして、ハイデガーとカントの共通性をさらに押し進めるならば、ハイデガーにおいて有限性を規定しているのが超越論的構想力であるのに対し、カントにおいてそれを規定するのは、概念と直観の二元性である。ならば、この二元性が、カント哲学において人間悟性の有限性に構成的な役割を与えることができるのでなければならない。だからこそドゥルーズは、「どのように超越論的な有限の自我は、構成的な力能を獲得しうるのか」と問い、「受容性について言えば、それは自我の偶然的な特徴ではなく、その本質的特徴でなければならない」（Deleuze 2015 : 159）と主張するのである。この問いこそが『カントの批判哲学』へと結実するドゥルーズのカント読解を牽引するものとなる。

　概念と直観の二元性が超越を可能にする原理であり、われわれの有限性に構成的力能を与えるものであるならば、それを経験的・偶然的なものとして理解することはできないし、まして、経験的に成立しているわれわれの諸能力の区別をそのまま踏襲するわけにはいかない。むしろ問われるべきなのは、この概念と直観の二元性そのものがいかにして発生するのかということであり、ここでポスト・カント派の議論が要請されることになる。

　もちろん、カント哲学には、主観と客観の発生を問うフィヒテが言う意味での発生の議論はない。しかし、概念と直観の区別を経験的な区別によって理解するのではなく、それら諸能力の区別そのものの発生を問うことは、人間の構成的な有限性の発生を問うことと同義であり、この意味での発生の議論は、カント哲学のなかに十分見出されるのではないだろうか。ハイデガーによる人間の有限性の議論を踏まえ、また、ポスト・カント派による発生の欠如という批判を引き受けながらも、それでもあえてドゥルーズがカント哲学そのものに留まる理由はここにある。すなわちドゥルーズは、ポスト・カント派が提起した発生という論点を、カントによる『判断力批判』における合目的性の議論のなかに積極的に探求することになる。『カントの批判哲学』は、諸能力の区別とその各々に固有の役割、それら諸能力の協働によってカント哲学を特徴づけるのだが、それを下支えしているのは、カント哲学そのもののなかに見出される概念と直観の二元性、つまりは、超越論的な構成的力能を持つ有限性を発生させる論理に他ならない。

第三節　カントの超越論哲学の可能性——カント哲学における合目的性と能力限界論

したがって、ドゥルーズのカント読解の要諦は、カント哲学のなかに発生の論理を見出す点にある。この発生の論理をより具体的に明らかにすべく参照すべきは、『カントの批判哲学』に加え、同年の一九六三年に発表されたもう一編のカント論である。本節では、ドゥルーズがカント哲学から抽出した発生の論理を両者の検討を通して明らかにする。

『美学雑誌』(*Revue d'esthétique*)誌上に掲載された「カント美学における発生の観念」(以下「美学論文」と略記)は、『カントの批判哲学』の第三章「判断力批判における諸能力の関係」に内容上ほぼ対応しているが、とりわけ、カントの『判断力批判』における美的判断の部分を焦点化し、そこにおける悟性、構想力、理性の関連を集中的に論じている。

「美学論文」と『カントの批判哲学』を共通して牽引しているのが、われわれが前節において論じてきた、ハイデガーから引き出された超越と有限性をめぐる問題、およびポスト・カント派から継承された発生の問題である。あらためて確認しておけば、ここでの超越が意味するのは、ヒュームによって提起された認識の基礎づけという文脈で言えば、単なる所与のコレクションが、当の所与を越えて（dépasser）自ら主体というシステムになることであり、ハイデガーの存在論で言えば、経験的主観（現存在）を越えて、世界と存在へと向かう有限な存在者の運動そのものを意味している。ドゥルーズのカント読解は、このような主体というシステムへと向かう超越と、主観から客観へと向かう超越という二つの問題を軸に構成されている。

こうした観点からすると、美的判断における悟性、理性、構想力の関係を論じる「美学論文」は、主体の側における超越の問題を論じているといえるだろう。これに対し、『カントの批判哲学』には、「美学論文」において意図的に論じられなかった論点が見出される。すなわちそれは、『判断力批判』における目的論的判断についての議論である。目的論的判断において問題となるのは、主体における諸能力間の関係ではなく、主観的な諸能力と外的な自然との関係であり、まさにこれは、主観から客観へと向かう超越を論じたものだと考えられる。

このように、超越の問題を念頭に置いて『カントの批判哲学』と「美学論文」を見た場合、ドゥルーズが、とりわけカントの『判断力批判』に強い関心を示しているということに気づかれるだろう。特に、美的判断力と目的論的判断力について論じられている部分には、ドゥルーズがカント哲学の根幹として見出してきた議論が集約されているように思われる。ではドゥルーズはカントの『判断力批判』にどのような意義を見出したのだろうか。

『判断力批判』における美的判断と目的論的判断

すでに述べたように、ドゥルーズの『カントの批判哲学』は、三批判書（『純粋理性批判』、『実践理性批判』、『判断力批判』）において、悟性、理性、構想力が果たす機能、および、それら諸能力のあいだの連関性という観点からカント哲学の体系性を論じたものだ。すなわち、『純粋理性批判』では認識能力の上位能力である悟性が、『実践理性批判』では欲求能力に対応する理性がそれぞれ立法者として機能する。これによって各々の著作は、認識と道徳という固有の領域と、現象と理念という固有の対象をもつ。そして、これら固有の対象に対して、他の諸能力が協働するように各著作は体系づけられている。

これら両著作に対し、『判断力批判』は固有の領域および対象を持たない。そこにおいて論じられるのは、美的感覚というもっぱら快と不快にのみ関わる主観的感情である。美的感覚は対象に対して立法することもなければ、思弁的関心も実践的関心も持たない。一般に『判断力批判』は、『純粋理性批判』の主題である認識可能な感性界と、『実践理性批判』における叡知界というカント的な二元論を架橋するものと理解されている。[*68] しかし、ドゥルーズはそれ以上の議論を『判断力批判』のなかに読み取っている。それが、われわれが一九五六年の講義のなかに見出したポスト・カント派の議論であり、とりわけその発生の議論である。「美学論文」では明示的にこう述べられている。

> ポスト・カント派たち、とりわけマイモンとフィヒテは、カントに根本的な反論を向けていた。すなわち、カントは発生的方法の諸要請に無知であったというものだ。この反論は客観的と主観的な二つの方向を持つ。すなわち、カントは諸事実を拠り所とするが、その条件を探求するだけである。しかしまた、彼はまったく既成の諸能力を援用し、それら諸能力が何かしら調和することができることをすでに前提することで、そのしかじかの関係や割合を規定する。（中略）初めの二つの「批判」〔『純粋理性批判』、『実践理性批判』〕は事実を援用し、それら諸事実の条件を探求し、その条件をすでに形成された諸能力のなかに見出していた。そのため、初めの二つの「批判」は、それらが保障しえない発生を参照させられていた。しかし、美に関する『判断力批判』において、カントは、諸能力の自由な根本的一致のなかで、それら諸能力の発生の問題を提起する。彼はそのとき、他の二つの「批判」には依然として欠けていた究極の基礎（l'ultime fondement）を発見する。
>
> （ID : 86）〔強調は引用者による〕

ドゥルーズは明らかに、カントの『判断力批判』のなかに発生の議論を読み込もうとしている。前節で述べたことをもう一度定式化しておけば、ドゥルーズのカント読解の要諦は、ポスト・カント派によるカント批判の要であった発生という論点を、カント哲学そのもののなかに見出すことにある。ドゥルーズにとって『判断力批判』は、『純粋理性批判』から『実践理性批判』への移行を可能にするものである以上に、カントの超越論哲学そのものを基礎づける（fonder）ものと解されている。では、その究極の基礎とは何なのか。『カントの批判哲学』では、次のように明確に述べられる。

> 最初の二つの『批判』はしたがって、諸能力のうちのひとつの能力によって規定された能力間の関係を述べている。最後の批判〔『判断力批判』〕がより深奥に発見するのは、あらゆる規定された関係の可能性の条件としての、諸能力の自由で未規定的な一致（un accord libre et indéterminé des facultés）である。
>
> （PCK : 97）〔強調は引用者による〕

カントの超越論哲学の特性は諸能力の協働にある。ドゥルーズは、このすでに規定された諸能力の協働関係それ自体の「可能性の条件」を『判断力批判』における「諸能力の自由な根本的一致」、「諸能力の自由で未規定的な一致」に見出しているということだ。

ここで、「諸能力の自由で未規定的な一致」という表現に見出される「自由で」と「未規定的な」という形容に注意しておこう。悟性と構想力の関係に限って言えば、『純粋理性批判』において構想力は、悟性概念に従って振る舞うように規定されている（déterminée）。だからこそ、構想力は、感性的直観と悟性概念を結ぶ図式化という役割を発揮しうるし、これによって悟性自身もまた、つねに感性的直観と協働するからこそ、現象を対象として持つことが可

＊68　Cf. 宮崎（2009 : 31–35）。

能となる。ならば、ここでの「諸能力の自由で未規定的な一致」とは、構想力と悟性がこのような協働から解放されていることを意味する。構想力が悟性概念への従属から解放され、また、悟性が現象に対して立法を行わないという意味での「自由」であり、このとき、構想力は図式化を行わず、また悟性は認識対象に規定的に振る舞うことがない。そのため、悟性と構想力の対象は「未規定」となるということである。ドゥルーズが主張しているのは、カント哲学において諸能力が協働するためには、あらかじめ、そうした諸能力の協働から「自由」となった諸能力（悟性、理性、構想力）の未規定的な一致が前提とされなければならないということである。

したがって、『判断力批判』に対するドゥルーズの根本的な問いは次のようになる。すなわち、カントの超越論哲学を条件づけているそのような諸能力の自由で未規定的な一致は、はたしてどのように発生するのかということである。『判断力批判』では、対象認識に対していかなる関心も持たない判断のことが「反省的判断」（jugement réfléchissant）と呼ばれる。反省的判断は、『純粋理性批判』と『実践理性批判』のように、あらかじめその適応範囲（認識、道徳）と対象（現象、理念）が限定され、悟性や理性によってあらかじめ与えられた普遍的法則のもとに個別的事例や個別的対象を包摂する「規定的判断」（jugement déterminant）から区別される。反省的判断は、悟性概念を個別の対象へと適用する規定的判断とは対照的に、個別や特殊が与えられたうえで、それに対する普遍を見出そうとする判断である。諸能力の自由で未規定的な一致が発生するのは、規定的判断もなく、適用すべき対象もない反省的判断においてである。

さらに反省的判断は、主観における美的感覚の発生に関わる美的判断と、客観（自然）を対象とする目的論的判断に区分される。ドゥルーズの「美学論文」と『カントの批判哲学』第三章「判断力批判における諸能力の関係」との違いは、美的判断と目的論的判断のどちらに重点を置くかに存している。すなわち、「美学論文」が論じるのは、趣味判断における悟性と構想力の一致、崇高の分析論における理性と構想力の一致、さらに、美の演繹論と天才論における構想力と悟性の一致という、主観的な美的感覚における諸能力の関係である。これに対し、『カントの批判哲学』

第三章では、崇高、天才に加え象徴が論じられているが、さらにそこには、目的論的判断の議論が付け加えられている。「美学論文」は、目的論の存在には言及するものの、「われわれはこの最後の様態を分析する必要はない」(ID：94)としてその説明を放棄する。これは、目的論的判断において問題となるのが、諸能力と自然との偶然的な一致であり、主観における諸能力の一致の発生を論じる「美学論文」の範囲を超えるものであるからであろう。しかし、美的判断と目的論的判断は緊密に連携しており、『判断力批判』を他の『批判』を根拠づけるものとして理解するためには、むしろ目的論がそこにおいて持つ意義が重要となる。事実、『カントの批判哲学』では、崇高、象徴、天才が理性理念を否定的、間接的にしか表示しえないのに対し、「自然が諸目的の体系として理解されることで、もっとも完全な四つ目の表示の様態」(PCK：83)が可能となると述べ、目的論的判断の重要性が示唆されることになる。

崇高論における諸能力の一致の発生

したがって、われわれの課題は、カントの目的論的判断の議論に、ドゥルーズがどのような発生の論理を読み取ったのかを掬いだすことに絞られる。しかし、その検討に移る前に、まずは、「美学論文」を参考に、美的判断における崇高の議論を概説しておこう。というのも、崇高の議論は目的論的判断が前提とする、理性理念の発生のメカニズムを明らかにしているからである。

美的判断における崇高の議論は、趣味判断の分析、自然美と芸術美における美的感覚の発生を支える論点を提示する。なぜなら、「これは美しい」という趣味判断は、そこですでに生じている美的感覚から、想定されている悟性と構想力の一致を分析的に引き出すことしかできないが、崇高の議論は、そうした諸能力のア・プリオリな一致を保証する演繹的なモデルを提示しているからだ。「崇高の分析論は、われわれに美の分析論が理解しえなかった結果を与える。すなわち、崇高の事例において、現前する諸能力の一致は真の発生の対象である」(ID：88–89)とドゥルーズは言う。

周知のように『判断力批判』においてカントは、崇高を「一切の比較を絶して大であるところのもの」(Kant 1985: 186〔カント 1992: 150〕)、「それと比較すれば他の一切のものはすべて小であるようなもの」(Kant 1985: 189〔カント 1992: 154〕)と定義する(数学的崇高)。しかし、自然における感性的な対象は、それがなんであれ必ず部分と限界を持つ。ならば、一切の比較を絶して大である崇高とは、実在する「自然の事物において求められるのではなくて、我々の理念のうちにのみ求められねばならないということが判る」(Kant 1985: 189〔カント 1992: 154〕)。つまり、「これは崇高である」という判断は、そこで感じられている主観的な崇高の感情にすぎないということだ。

こうした崇高の感情において問題となるのは構想力と理性である。構想力は感性的な自然のなかで、把捉(appréhension)を無際限に進める傾向がある。これに対して理性の側には「絶対的全体性を実在的理念と見なし、かかる全体性を達得しようとする要求がある」(Kant 1985: 189〔カント 1995: 155〕)。このため、崇高の感情において構想力は、この理性の要求によって、その把捉を最大限にまで押し進めるよう強制される。しかし、言うまでもなく、構想力が感性的自然において把捉をいくら推し進めたところで、その全体の包括的な把捉に至ることは不可能である。このとき、崇高の感情において感覚されているのは、この構想力自身の限界に他ならない。「構想力は、したがって、理性との不均衡を発見し、みずからの力能全体が理性的理念に較べれば無だということを承認するように強いられる」(ID: 87–88)。崇高の感情における構想力と理性は、このように苦痛や不快を伴った「不一致」(désaccord)の状態に置かれることになる。

しかし、こうした不一致の只中においてこそ、構想力と理性の一致ないし調和が生じるとドゥルーズは言う。どういうことか。理性によって強制的に自らの限界に直面させられた構想力は、「逆に、この感性的な世界の無際限性に対する、超感性的な基体を思考しうる能力として理性を呼び覚ます(mais inversement, l'imagination éveille la raison comme la faculté capable de penser un substrat suprasensible pour l'infinité de ce monde sensible)」(ID: 88)ことになる。ここでは構想力と理性のそれぞれにおいて変化が生じている。すなわち、まず、構想力は、崇高の感情において、図式化を行うよう従属させられていた悟性から解放され、理性理念へ向けて自らの限界を乗り越えていく。

〔理性の要求という〕暴力を受け、構想力はその自由を失うように思われる。しかし、まさに構想力は、自らに固有の限界を対象とすることによって、自らを超越的行使（un exercice transcendant）へと高める。理性的理念への接近不可能性を表象し、この接近不可能性を感性的自然において現前するなにかと見なすことによって、否定的な方法であることは確かだが、構想力は自分自身でみずからの境界を乗り越える。（ID：88）

すなわち、認識可能な現象にのみ適応するよう規定されていた構想力は、崇高の感情において自らの限界に直面するとともに、それによって図式化という規定的な役割から解放されることで、自らを乗り越えることになる。さらに、その適応範囲を超えて行使されるという意味での構想力の超越的行使によって、理性もまた変化を被る。すなわち、構想力が自らの限界を超えるとき、理性は自らの理念を思考し、その理念の表示を感性的自然のなかに求める能力となる。もはや、理性は、『純粋理性批判』におけるように、悟性と直観による認識を統制するものではない。つまり、崇高の感情において、構想力と理性は、それらの間の不一致という不快の只中において、前者は理性理念に向けて自らの限界を乗り越えると同時に、後者は統制的機能から解放され、自らの理念の無限性を思考しうる能力となる。ここにおいて構想力と理性は一致、調和し、崇高的感情としての快が生じることになる。

構想力と理性の一致は、実際に不一致のなかで引き起こされる。快は苦痛のなかで引き起こされるのだ。さらに、すべてはまるで、これら二つの能力が相互に豊かにし合い、それらの発生の原理を見出すかのように起きる。一方〔構想力〕はその限界に隣接し、他方〔理性〕は感性的なものを超えて、その両方が、すべての能力の超感性的統一として魂の最深部を定義する「濃縮点」（point de concentration）にあるようだ。（ID：88）

ドゥルーズが崇高の議論に見出すのは、こうした構想力と理性のあいだの（不一致的な）一致の発生に他ならない。さらに、ここにはより重要な論点が含まれていることに気づかれるべきであろう。すなわちそれは、こうした諸能力の一致の発生を、ドゥルーズは、まさに、能力間における「限界の発生」として理解しているということである。

限界と超越の同時的発生

カントが論じる崇高における諸能力の一致は、それら諸能力間の限界の発生によって生じる。これは、ドゥルーズによるカント読解に固有のものであり、きわめて重要な論点を含んでいるように思われる。

まず、崇高における構想力と理性という諸能力の（不一致的）一致の発生が、理性に対する構想力自身の限界の発生と厳密に同時であるということに注目されるべきである。この構想力の限界は、何か外的な存在者に頼るのではなく、能力それ自身が他の能力との関係において自ら発生させるものと解されている。すなわち構想力は、理性理念に対する自らの限界を、諸能力の内部に生じさせることによって、自らの適応範囲を超越する。こうした一種の能力限界論は、カント読解という枠組みを超えて、『差異と反復』における能力論へと延長される議論の原型となるだろう。*69

さらに、この限界と超越の同時発生という論点は、次に検討する『カントの批判哲学』における目的論的判断の議論にも持ち越されることになるが、そこにおける限界は、美的判断とは異なる位置づけがなされていることが後に明らかとなるだろう。

ところで、すでに指摘したように、「美学論文」は、理性が自らの理念を感性的自然に見出す様態として崇高のほかに象徴、天才、目的論を挙げ、最後の目的論を分析しないとし、これを『カントの批判哲学』に送り返していた。加えてドゥルーズは、崇高、象徴、天才が、目的論に対して劣った様態であり、理念を表示するには不十分であると考えている。というのも、崇高において、感性的自然における理性理念の表示は、「投射によってなされる直接的表示であるが、否定的に留まる」（ID：93）からである。これは、宮﨑（2009）によれば、崇高による理念の表示は「主観のうちの理性理念に対する感情を、自然の客観的対象への感情と取り違える詐取（Subreption）によって成立する表出」であり、あくまでもそれは、構想力による理性理念への到達不可能性という「否定の論理に基づいた表出」（86）であるからだ。[*70] これに対して、目的論的な理念の表示は、「肯定的、一次的、直接的な表示」（ID：94）であるとされる。そしてドゥルーズは、『カントの批判哲学』においてより明確に、「理念は、自然が諸目的の体系として理解されることで、もっとも完全な四つ目の表示の様態を受け入れることができる」（PCK：83）と主張する。では、どのような意味において目的論は肯定的であり、直接的な理念の表示を行うのだろうか。

＊69　『差異と反復』第三章では、共通感覚のもとに協働している場合には到達不可能な対象によって、感性、記憶、思考の各々が、超越的に行使するよう強制され、自らの限界を超え、これによって諸能力が互いに連絡されるという議論が展開される。これが諸能力の超越的行使と呼ばれ、超越論的経験論を構成する議論のひとつであるが、それがカントの崇高の議論に見出された、諸能力の不一致的一致を原型としていることはドゥルーズ自身が明言している。

> 諸能力の超越的行使（l'usage transcendant des facultés）は、実のところ逆説的な使用であり、共通感覚の規則のもとでの（sous la règle d'un sens commun）それら諸能力の行使に対立する。したがって、諸能力の一致は不一致的一致としてしか生み出されえない。というのも、能力の各々は、すべての能力に対するその差異や分岐に直面させられる暴力しか、他の能力に連絡しないからである。カントこそ、崇高において行使される構想力と思考との関係を事例に、こうした不一致による一致の例を示した最初の人物である。（DR：190）〔強調は引用者による〕

ただし『差異と反復』では、カントにおける構想力と理性が、記憶と思考に変更されている。

＊70　象徴と天才が不十分なのは、前者における理念の表示が、類比を媒介とし、直観的対象の形式を反省したものであるため「肯定的であるが間接的」であり、また、後者は芸術作品による「別の自然の創造によってなされる」（PCK：83）ため「肯定的であるが二次的」であることによる。

美的判断の問題点と目的論的判断

感性的自然における理念の表示が、肯定的、否定的、直接的、間接的とさまざまに言われるのは、崇高における構想力と理性のような主観的な能力の協働と、客観である感性的自然との間に乖離があるためだ。美的判断力は、対象の形式を反省するのであって、対象の実在やその目的原因の認識に関わるものではない。美的判断とは「あらゆる規定された物質的な目的を排除した、合目的性の主観的な純粋形式」（PCK：92）にすぎない。美的判断における「目的なき合目的性」とは、このような主観における諸能力間の調和、一致に見出される快の感覚である。したがって、こうした主観に含まれる理性理念が、感性的自然のなかにおいて見出されるためには、投射（崇高）、類比・反省（象徴）、作品の創造（天才）が必要となり、当然そこには、否定性や間接性が含まれることになる。

ところでここで問題が生じる。すでに述べておいたように、カントの『判断力批判』が『純粋理性批判』と『実践理性批判』を根拠づけるべく企図されたものであるならば、はたして「我々自身の内で経験される「気分」と感情との統一の反照以外の何ものでもあろうとせず、また何ものでもありえない」（カッシーラー 2009：355）主観的な美的判断が、はたして、現象の客観的認識を可能にする原理たりうるだろうか。これは前節で検討したドゥルーズの講義において述べられていた、ポスト・カント派によるカント批判の論点にも重なる。認識論に限定して言えば、ここで問題となっているのは、普遍的な規則性である悟性概念や統制的な理性理念と、感性的直観において与えられる多様の個別性、特殊な経験的法則との間に必然的に齟齬が生じるということである。『純粋理性批判』において悟性は、あくまでも、現象一般が必然的にわれわれの認識に従属するための可能性の条件にかかわるものであるとされていた。こうした悟性概念と直観の形式といった普遍的法則性があらゆる経験に先立って前提とされなければ、そもそも自然に関する認識それ自体が不可能となる。しかし、『判断力批判』においてカントは、とはいえ、「経験的認識の対象は、時間という形式的条件によるばかりではなく、ほかにもいろいろな仕方で規定されている、或いは、われわれがそれをア・プリオリに判断し得る限りでは、多くの仕方で規定されうる」（Kant 1985: 110〔カント 1992: 42-43〕）と主張する。悟性は、経験的に与えられる個別的な対象の多様性や、それらが従う特殊的な自然法則についてはいかなる関与もなしえない。「悟性は決して諸現象の内容、現実的な経験の詳細、あるいはしかじかの対象についての個別的な法則をア・プリオリに規定することはない。これらは、経験的にしか知られることはなく、われわれの悟性に対しては、偶然的なものにとどまる」（PCK: 89）。

ならば、「われわれは、別のタイプの反省的判断がないかどうか、あるいは、主観的な能力の自由な一致が、美的判断におけるのとは別の仕方で現れないかどうかを問わなければならない」（PCK: 88）とドゥルーズは議論を進める。ここで目的論的判断が要請される。

経験的に知られる現象の質料性、特殊的な自然法則や偶然もまた、それがひとつの経験であるためには、何らかの統一性を持っていなければならない。ならば、自然を認識するためには、自然そのものが、「我々には究明できないが、しかし考えられはするような法則的統一を含んでいる」（Kant 1985: 111〔カント 1992: 44〕）と想定する必要がある。これが自然における合目的性と呼ばれる。「合目的性へのこの判断なくしては、そもそも悟性の客観的認識の前提となるはずの自然の認識可能な秩序全体がバラバラになってしまう」（宮﨑 2009: 54）。自然の合目的性それ自体は規定的でも統制的でもなく、自然概念からも自由概念からも区別される「判断力の主観的原理（格律）」にすぎない。しかしそれは、自然の認識的探求を進めるために従わなければならない原理なのである。

では、自然の合目的性はどのようにして客観的認識の基盤となりうるのか。ここに再び、ドゥルーズは、カントの能力限界論を読み込むことになる。

自然認識における悟性の有限性の発生

カント哲学において統制的理念とは、認識において悟性が適用される範囲を確定し、その「体系的な統一性」を与える役割を果たす。しかし理念が、悟性概念に対して最大限の体系的な統一性を与えるためには、「その内容あるいはその個別性において考察された諸現象に対しても、似たような統一性」(PCK : 88) を準備しなければならない。この自然に内属する統一性が、合目的的統一性 (unité finale) と呼ばれる。この意味で理念は、主観的な統制原理としてだけでなく、客観的にも価値を持つとドゥルーズは言う。

しかし、われわれの悟性は、経験一般の可能性にしか関わりえないのだから、物質やその個別性が従うべき合目的的統一性をア・プリオリに与えることはできない。ならば、その統一は「われわれのものとは別の悟性だけが必然的に諸現象に対して与えることができるような統一として思考されるべきである」(PCK : 89) と推論される。つまりそれは、「この統一にとっての原理や基体として役立ちうる悟性」(PCK : 89) であり、それ自体が原因でありかつ結果である自己原因のような「原型的悟性」である。

原型的悟性は、われわれの悟性に固有の特性を表現している。すなわち、それは、われわれ自身では個別的なものを規定することができないというわれわれの無力であり、最上の原因という意図的な因果性とは別の原理に従って、諸現象の合目的的統一性を考えることができないというわれわれの無力である。(PCK : 89–90)

この原型的悟性が示しているのは、まさに、「われわれの悟性に固有の特性」であるとドゥルーズは述べている。すなわち、この原型的悟性が示す無力さこそが、われわれ人間の悟性に固有の有限性に他ならない。原型的悟性によって示されている有限性は、身体を持つ経験的な存在者である人間が、事実上備えている能力の有限性によって理解されてはいない。まして、この悟性の限界は、形而上学的な神や無限実体を持ち出し、その対比によって規定されるものとはまったく異なっている。なぜなら、ここに見出される人間悟性の有限性とは、原型的悟性によって規定されるものであるとはいえ、当の原型的悟性それ自身が前提としている自然の合目的性を生み出したのは、われわれ人間の理性理念に他ならないからだ。すなわち、悟性の限界、つまりは人間の有限性を発生させ、これを確定するのは、自然の合目的性、理性、悟性という主観的諸能力間の関係性以外の何ものでもない。「原型的悟性が無限において表現しているのは、もはやわれわれの悟性に固有の限界（limite）でしかなく、それは、われわれの思弁的関心それ自身のなかで、また諸現象に関して、悟性が立法者であることをやめる地点である」（PCK : 90）。逆に言えば、悟性が有限であるということによってこそ、厳密に諸能力の内部において、自らの適応範囲が限界づけられることが可能となるということである。このように、自然の客観的認識において前提とされる自然の合目的性は、悟性における限界の発生の議論を経て、ドゥルーズが超越論哲学の条件であるとした悟性認識の有限性の議論へと結びついているのが分かるだろう。

さらに、ここで注目すべきは、このように見出される悟性の限界と、崇高の議論における能力限界論との違いである。原型的悟性によって示された限界において、悟性は立法者であることを放棄する。これは、崇高の議論において、構想力が理性の強制によって限界に直面し、その図式作用を放棄するのと同様である。しかし、より重要なことに、自然目的における悟性の限界とは、単に悟性の外部に存するのではない。それは、「完全に思弁的関心の部分をなし、認識能力の領域に含まれたまま」（PCK : 94）であるという点をドゥルーズは強調する。崇高における構想力の限界は、構想力には接近不可能な理性理念の否定によって理解されていた。これはいわば、構想力の限界が、構想力によっては決して到達しえない絶対的な外部として措定されているということである。これに対して、自然認識における悟性の有限性は、悟性が立法する自然認識という領域の内部において見出される悟性自身の限界であると同時に、その適応範囲の確定である。それは、われわれの諸能力の内部において発生するとともに、悟性が立法する認識能力に内在化される極限であるということである。

ドゥルーズは、カントの能力論の独自性は、「諸能力の上位の形態が、それら諸能力を決してその人間的な有限性から切り離すことがなく、またそれらの本性上の差異を消し去ることもない」（PCK : 98）点にあるということを強調する。カントにおいて悟性、理性、感性の差異は、認識、欲求、感情といった経験的な諸能力の区別という事実上の差異に基づいて規定されているのではない。そうではなく、経験的な諸能力間の事実上の区別は、経験的な諸能力間の関係において、それぞれの能力が固有の限界を発生させることによって必然的に生じる本性上の差異によって規定される。そして、ここで述べられている目的論的判断における悟性の有限性が意味するのは、主観的能力において、悟性の能動性と、感性の受容性が必然的に区別されているということである。「感性と悟性は本性上異なり、一方が直観の能力として、他方が概念の能力としてある」（PCK : 34）。

目的論的判断において見出されるこの悟性と感性の区別が、超越論哲学において重視されるのは、それが主観的能力に対して実在する世界や自然の客観性を保障する条件となるからである。本章第二節においてわれわれは、ドゥルーズが、カント哲学における基礎づけの原理を、空間と時間（直観の形式）という可能性の条件による認識領域（現象）への局所化、認識可能な範囲の限界づけとして理解していたことを指摘しておいた。悟性と感性の区別は、感性的直観に対するその形式が、われわれの主観の側にあること、そして、われわれに対して与えられる現象が、悟性と感性が一体となった知的直観にではなく、まさに、われわれの有限的な認識の範囲に局所化され限界づけられることを意味する。Vaysse（1999）が言うように、「もし、その下で事物が対象に対するわれわれの認識の対象となることのできるア・プリオリな条件のことを超越論的原理と呼ぶならば、自然の合目的性の原理は超越論的原理である」(33) と言えるだろう。すなわち、目的論的判断に見出される自然の合目的性、そして、そこにおいて、悟性（概念）と直観（感性）を区別する悟性の有限性の発生とは、まさに、カント哲学における超越論的原理の発生を意味するということである。

こうしてわれわれは、ドゥルーズがポスト・カント派によるカント批判をどのように継承したのかを理解することができる。ドゥルーズが明確に引き受けるのは発生をめぐる議論である。しかしながら、それは、認識主体の発生や、物質的対象ないし事物の発生ではない。そうではなく、ドゥルーズは、発生の議論を、諸能力間の本性上の差異の発生として引き受ける。同時に、その発生の論理をカント哲学そのもののなかに見出そうとする。より正確に言えば、カント哲学のなかに見出されるのは、各々の能力に固有の限界、各々の能力の極限の発生の論理であり、これこそが経験的な諸能力の差異を生じさせる。自然の合目的性の議論に見出された悟性の有限性の議論は、悟性の限界を発生させることによって、悟性概念の能動性が適応される領域と、受容性の能力としての感性との本性上の差異が生じることを示している。ドゥルーズがハイデガーから引き出す人間の有限性、そして、ポスト・カント派から継承する発生の議論は、このようなカント哲学内部における限界の発生に基づいた能力間の本性上の差異の発生という論点に集約されると言えるだろう。ドゥルーズが見出すカントの超越論哲学の根幹はここにある。

結　論

本章の課題は、ドゥルーズのカント読解の根幹がどこにあるのかを特定することであった。ドゥルーズが理解する限りにおける超越論哲学において問題となるのは、ヒュームの経験論に見られるような、事実的な合目的性に応じて、所与である自然へと適応する人間本性（human nature）ではなく、反対に、主体に対して自然が必然的に従属し、その結果生じる人間的自然（nature humaine）である。そのような人間的自然が、現象としてわれわれに経験されるにはいかなる条件が必要なのか、これをドゥルーズは超越論哲学の根本的問題に設定する。

『経験論と主体性』以来、ドゥルーズは、カントが提起した超越論哲学を精査することで、繰り返しこの問いに取り組んでいる。その際、ドゥルーズは、カント哲学における問題点を批判することを通してその超越論哲学を完遂するという課題を実行した、カント以降のポスト・カント派を経てドイツ観念論へと連なる問題意識に準拠する。本章では、一九五六—五七年の講義「基礎づけるとは何か」を参照し、ドゥルーズが、ポスト・カント派の議論から発生という論点を、ハイデガーからは超越という論点を引き出していることを確認した。発生と超越というこれらの論点が、『カントの批判哲学』と「カント美学における発生の観念」で提示されたドゥルーズのカント読解を方向づけ牽引している。そこにおいてドゥルーズは、とりわけカントの『判断力批判』に重点を置き、理性と悟性による諸能力の限界によって規定される人間の有限性がいかに発生するのか、その論理を掬い出そうと試みる。つまりドゥルーズは、有限な人間に対する自然の従属という問題設定、そして、そうした人間の有限性としての能力（悟性と感性）の発生という論点に、カントの超越論哲学の根幹を見ているということだ。人間の能力（の協働）に着目するこのようなドゥルーズのカント読解は、カント哲学をいわば、一種の「人間主義」（anthropocentrisme）として理解していると言うことができるだろう。そして、あらかじめ指摘しておけば、翻って、この人間主義こそ、ドゥルーズがカントを根本的に批判する際の最大の論点となる。これについては次章以降で詳述しよう。

これまでの議論から理解されるように、ドゥルーズにとってカント哲学は単なる敵対者ではない。あくまでもドゥルーズの企図は、カント哲学の問題点を見出し、その哲学的な体系性を換骨奪胎することによって、本来の意味での超越論哲学を作り上げることにある。こうしたカント哲学に対する両義的な姿勢は、ドゥルーズが幾度となくカント哲学の用語や構図を援用していることからも理解される。そしてとりわけ、ドゥルーズがカント哲学の能力論のなかに見出した超越と発生という論点は、カント読解という枠組みを越えて、ドゥルーズの哲学そのものに組み込まれることになるという点においても重要な意味を持つ。本章までにわれわれが論じてきた論点と関連づけて、この点を最後に確認しておきたい。

カントの崇高論に見出される構想力と理性の超越的行使が、『差異と反復』における感性、記憶、思考の強制的な発生のモデルであることはすでに指摘した（本書一三六頁）。これに加え、われわれが第一章において論じた『意味の論理学』における精神分析家メラニー・クラインに対するドゥルーズの読みにおいても、われわれが指摘したカントの議論が顕著に見出される。

再度確認しておけば、クラインによる幼児の発達段階論が論じていたのは、部分対象のみによって構成される分裂病態勢から、不安と罪責感による自己形成がなされる抑鬱態勢への移行であった。分裂病態勢に対して「高所（en hauteur）」に位置する善き対象との拮抗関係のなかで、不安と罪責感が生じることで、エディプス的な幼児の自己が形成される。こうしたクラインの構図が、カントの『実践理性批判』のそれと類似、対応していることは一見して明らかである。事実、ドゥルーズは『カントの批判哲学』において、「最も高いもの（*Le plus haut*）、それは理性の実践的関心であり、それは欲求能力に対応し、認識能力あるいは思弁的関心それ自体を下位に含みこんでいる」（PCK : 98）と述べているが、クラインにおいて幼児の道徳感情を高所において規定する「完備な善き対象」とは、『実践理性批判』が対象とする理性に対応するといえるだろう。

　しかし、ここにはさらに重要な論点が見出されるべきである。第一章において指摘したように、ドゥルーズがクラインの発達段階論に着目するのは、それが、その「完備な善き対象」の超越性を発生させる論理を提示しているからであった。クラインにおいて、善き対象の超越性は、あくまでも分裂病態勢内部における部分対象と器官なき身体との対立を通して発生する。これは、カントの崇高の議論において、理性による構想力への強制的な限界づけによって当の構想力が理性理念へと自らを超越し、それによって理性理念の超感性的な超越性が表示されるという論理と同型である。すなわち、クラインによる精神分析的議論の採用を動機づけているのはカント哲学における能力論であり、むしろそれはカント哲学の議論をモディファイしたものであると考えられる。

　ここから、とりわけ六〇年代のドゥルーズ哲学の一般的特徴を理解することができる。カントとクラインの議論に共通して見出されるのは、異なる領域間の移行（カントにおいては自然認識から道徳、クラインにおいては分裂病態勢から抑鬱態勢への移行）は、ある種の超越的対象（理性理念、善き対象）によって可能となるということ、そして、その超越性を発生させる論理の存在である。ドゥルーズの関心は、あらゆる超越性を排除することにあるのではなく、むしろ、その発生を問うことによって、超越性そのものがいかにして領域間の移行のプロセスのなかに内在的に組み込まれるのかということに向けられている。超越の内在化、ないし内在的な超越を思考すること、そして、それを思考しうる哲学体系を構築することが六〇年代のドゥルーズ哲学を特徴づける問題意識である。そしてドゥルーズは、この超越と発生、およびそれらの内在化という論点を、まさにカント哲学の読解から引き出している。この意味で、カント哲学はドゥルーズ哲学の議論構成において重大な位置を占めているということができる。

このように、カント哲学はドゥルーズの議論を方向づけ、その要となる論点の大部分を提示している。しかし、当然のことながら、ドゥルーズの目的は、カント哲学に追随することではない。本章冒頭で述べたように、『差異と反復』の主題はこうしたカント哲学を決定的に批判することであり、これによって、超越論的経験論というドゥルーズに固有の超越論哲学を構成することにある。では、いったいドゥルーズは、カント哲学のどこに問題を見出し、それをどのように解消しようとしたのだろうか。

第四章
超越論的経験論とは何か（2）——カント批判としてのベルクソン的直観

序論

カント哲学は、とりわけ六〇年代のドゥルーズが自らの方向性を見定める上でもっとも重要な参照項であった。前章で指摘したとおり、ドゥルーズは、ポスト・カント派からドイツ観念論に至るカント批判という哲学史的文脈を念頭に置いた上で、あくまでもカント哲学の内部に超越論哲学の可能性を見出そうとしている。すなわちドゥルーズは、フィヒテとマイモンによるカント批判の要点であった発生の議論を、悟性と感性、理性と構想力という諸能力の分離の発生という形でカント哲学そのもののなかに見出している。言うまでもなくそれは、主観に外在する客観の実在そのものの発生ではない。しかし、カント哲学において、諸能力の有限性を確定することが、主観に対する客観の従属を可能にする条件であったことを考えれば、当の有限性を規定する諸能力間の区別の発生は、現象としての実在そのものの発生を意味する。適切に言えば、われわれ人間の直観が有限であり、またそれが、能動的能力としての概念から区別される、受容的能力としての感性的直観であるということが、人間の直観や悟性を、知的直観や神的な原型的悟性から区別し、さらにわれわれの主観の外部にある客観の実在を現象として許容しうる可能性を担保する条件となるということである。このようにドゥルーズは、カント哲学のなかに、人間の有限性の発生、すなわち、悟性と感性的直観の区別の発生の議論を読み取り、これをカントの超越論哲学の要諦であると解している。

『差異と反復』で展開されるドゥルーズの哲学が、カント哲学を伝統的な哲学的思考の典型とし、明確にこれを批判するものであることは事実である。しかし同時に、『差異と反復』で論じられる議論の多くが、『純粋理性批判』の超越論的感性論と分析論の概念と構図に依拠していることは明らかである。重要なことは、ドゥルーズがカントの哲学のどの論点を批判し、どの論点を継承したのかを特定することである。これによって、ドゥルーズの超越論的経験論の根本的な企図が何であるのかを明らかにすることが本章の目的である。

第一節　カント哲学の問題点——概念と直観の分離

カント哲学における諸能力の協働

では、カントの超越論哲学のどこにドゥルーズは問題点を見出したのだろうか。前章で確認したように、『カントの批判哲学』においてドゥルーズがカントを評価するのは、その三つの『批判』書において、諸能力の区別と役割が明確に規定され、それらのあいだに厳密な連関が打ち立てられるように体系づけられていたことである。ところが、『差異と反復』では、カント哲学におけるこの諸能力が協働する「真なる置換の体系」(PCK : 97) そのものが明示的に批判されることになる。なぜだろうか。

そもそも『差異と反復』が、従来の伝統的な哲学的思考を批判するのは、それが暗黙的に、「概念における同一性、概念による規定作用 (détermination) における対立、判断における類比、対象における類似」(DR : 179–180) によって定義される表象 (représentation) に従って認識や思考を行ってきたからである。表象的思考と呼ばれるそれら伝統的思考においては、対象とされる存在や時間、個体や普遍といったものはそれ自体として思考されず、「われわれの生の実用的な要請から、多くの場合隠蔽され、われわれにとって見慣れた何かにすり替えられ、われわれの見慣れた世界を形成する同じものの概念の枠組みへと回収されてしまう」（鈴木 2002 : 133）。

カント哲学は一見すると、デカルトのコギト、神学的な実体概念、主観から独立した客観的世界の実在といった従来のドグマを批判し、通俗的な常識や良識を適切に排除することによって、伝統的な哲学の思考法を転倒させたかのように見える。しかし、ドゥルーズは、カント哲学においても「構想力、理性、悟性が再認において協働」（DR : 178）することによって、共通感覚（sens commun）が形成され、実在的な経験を思考することが徹底的に阻害されていると指摘する。諸能力が同一の対象に対して協働して働くという共通感覚は、われわれの経験においてすでに成立している事実にすぎず、カントはそれを暗黙的に前提とし、それを単に自然認識、道徳、美といった領域に適用しただけである。すなわち、カント哲学は、「共通感覚の形式を転倒させるどころか、反対にそれを多様化しただけである」（DR : 179）とドゥルーズは批判する。ドゥルーズの批判の矛先は、カント哲学における共通感覚、すなわち、諸能力の協働という論点に向けられているということである。

概念と直観の対立と齟齬

ではカント哲学において、諸能力の協働という論点がなぜ批判されるのかをより詳しく見ていこう。問題はまさに、ドゥルーズが、カントの超越論哲学の根幹に見出していた、悟性と感性的直観の区別において顕著に現れる。カント哲学においては、自然認識の場面において、悟性概念は立法を行う能動的能力であり、感性的直観は、それに従う受容的能力であるとされる。しかし、このように能動的能力としての悟性概念と、受容的能力としての感性的直観が厳密に区別されている限り、概念と直観の二元性は、構想力による図式化という外的な条件によって結びつけられ、埋め合わせられることを必要とする。前章で指摘したように、カント哲学における概念と直観の二元性は、とりわけ、マイモンが微分概念によって乗り越えようとした問題点であったが、『差異と反復』におけるドゥルーズのカント批判もまた、こうしたポスト・カント派によるカント批判の論点と軌を一にしている。ドゥルーズは次のように述べる。

このような〔カント哲学の〕二元性は、構成可能性という外在的な基準にわれわれを送り返し、規定可能なもの（純粋所与としてのカント的空間）と規定作用（思考である限りの概念）とのあいだの外的な関係のなかにわれわれを置き去りにしていた。（中略）ここから超越論的な審理（l'instance）を単なる条件づけへと還元し、あらゆる発生の要求を断念することになる。したがって、カントにおいて、差異は外在的なものに留まり、そのため不純で経験的であって、規定されうる直観（l'intuition déterminable）と規定する概念（le concept déterminant）との「あいだ」で、構成という外在性に依存させられることになる。（DR : 224–225）

ここで言われている構成可能性とは、直観の形式、悟性概念（カテゴリー）といったア・プリオリな超越論的原理から成る経験一般の可能性である。前章でも指摘したように、ポスト・カント派によるカント批判に共通の論点は、カントが提起するのは経験一般が可能となる形式的条件にすぎないのであって、それによっては感性的直観において与えられる質料や個別性を捉えることができないというものであった。これが、カント哲学における概念と直観の二元性と、そこに生じる齟齬に他ならない。[*71]『差異と反復』のカント批判も、こうしたポスト・カント派の議論を踏襲している。[*72] すなわち、ドゥルーズの表象批判を端的にいえば、経験的個別や感性的多様を、概念、論理、形式といったものに還元することの不当さに対し、それら形式的思考にとっては到達不可能な、あるいはそれらにとってつねに過剰とならざるをえない実在性や存在を要請することであるといえるだろう。そして、ドゥルーズの企図は、こうした経験一般の可能性によっては直接的に捉えることができない、質料性や個別的な所与を、まさに経験において直接的に捉えることにある。

『差異と反復』における表象や同一性批判については、これまでさまざまに論じられてきたが、哲学史上のさまざまな論点が混在し、議論が錯綜しているため、その理路を正しく読み解くのは困難である。そこで、以下では、概念と直観の二元性に対するドゥルーズのカント批判に焦点を絞り、そこからドゥルーズの議論の要点を取り出す作業を行いたい。これによって、第三章の冒頭で指摘したドゥルーズの超越論的経験論の主たる論点である感覚しうるものの存在そのものに関する議論が、このカント批判から肯定的に導き出されていることを確認する。これが本章の課題となる。

＊71　『差異と反復』ではこうしたカント哲学の二元性を克服するものとして、マイモン、ロンスキ、ボルダス＝ドゥムーランによる微分法を挙げ、その検討が行われている。近藤和敬（2008）によれば、ドゥムーランの微分法において普遍を表す記号 dx、マイモンにおける微分比 dx/dy、ロンスキの微分係数の解釈が、『差異と反復』で提示される理念の未規定性、規定可能性、規定作用という三つの特徴の例証となっている。ただし、いずれの微分法解釈も「現在の教条的な解釈」（98）からは支持しえないものであり、これらの微分解釈の採用自体が、ドゥルーズに固有の理念理解をあらかじめ想定した上でなければ評価されえないというのが近藤の判断である。

＊72　Bryant（2008）はこれについて次のように述べている。「つまり、カントは概念が諸直観に対して適用される事実上の問いを設定することはできるが、どのように概念が諸直観に対して適用されるのかという権利上の問いを設定することができない」（52）。しかし、カント哲学に公平を期するならば、知覚における感性の多様が現象として与えられるのを保障しているのが構想力における再現の総合であり、概念における再認の総合であって、カント自身は、直観に対する悟性の適用を問題とする権利上の問いを十分に設定している。「純粋悟性概念の演繹」に見出される三つの総合の議論はそれに対する回答として解するべきであろう。これについては第六章で検討する。

第二節　カント哲学に対抗するベルクソン哲学

て度々繰り返されることになる。

「実在的なもの」の曖昧さ

カントにおける悟性概念が、現実に与えられる対象や、それが従っている個別的な法則性を規定することができないという論点は、『カントの批判哲学』においては、あくまでも『判断力批判』を肯定的に位置づけるための問いとして設定されていた。しかし、『差異と反復』においてこの論点は、まさにカント哲学そのものを批判する論点として度々繰り返されることになる。

表象の基礎となる概念とは、可能的な経験の諸条件として定義されたカテゴリーである。しかし、このようなカテゴリーは、実在的なもの（réel）に対してはあまりにも一般的で、広すぎるものである。（DR: 93–94）

すでに述べたように、『差異と反復』は、カント哲学における悟性概念やカテゴリーがその典型であるように、表象や概念の同一性に準拠する哲学を批判する。そして、そのような表象や概念の同一性に準拠することなく思考されるべき差異や反復、存在の概念を構成し、それらを論じうる哲学的方法を構築することが『差異と反復』の企図であるということができるだろう。だからこそドゥルーズは、カント哲学が、経験的に与えられる現実の個別性や多様性を、悟性概念やカテゴリーといった形式的原理に還元してしまうことを批判するのである。しかしながら、こちらもすでに指摘したように、カントにとっては、現実に与えられる個別的な所与や法則性は、認識主観における悟性概念や直観の形式、あるいは超越論的主観の統覚といった超越論的原理にあらかじめ従っていない限り、そもそも現象としてわれわれに対して与えられることはない。[*73] つまりカントは、現実的な個別性が経験となりうる条件を提起しているのである。ならば、そもそもカントの超越論的主観や経験的個別の形式的原理への還元を批判したとしても、それはカント批判としては不十分であり、的外れではないだろうか。

ここでの問題は、ドゥルーズが、カントの悟性概念やカテゴリーに抗して、それらによっては捉えられないと主張する「実在的なもの（réel）」が明示的に確定されていないことにある。もちろん、ドゥルーズの哲学が、表象と同一性に基づいた思考に抗するものであるという点にのみ固執し、「実在的なもの」を概念なき差異、一般性なき反復、ヒエラルキーなき存在であると指定することは容易い。しかし、一見して明らかなように、これは表象的思考と呼ばれるものの対象を単に否定的に表現しているにすぎない。問われるべきは、はたして、カント的な意味での概念のない差異といったものが一体何であるのか、またそれをどのように思考しうるのかということであり、これに肯定的に答えることができない限り、これらの表現は何の意味もなさないだろう。重要なことは、ドゥルーズが「実在的なもの」と形容している当のものの内実を明らかにすることである。

実在的な経験の条件を捉える方法としてのベルクソンの直観

では「実在的なもの」とは何か。この問いに答えるためにわれわれが参照しなければならないのは、ドゥルーズがもっとも重要視する哲学者のひとりであるベルクソンである。言い換えると、ベルクソンの哲学は、カント哲学における悟性概念と感性的直観のあいだの齟齬を批判し、経験の可能性の条件ではなく、「実在的な経験の条件」を提起

＊73　この議論は、経験的対象の個別性のみならず、物自体にも適用可能である。物自体は感性的対象ではなく、認識不可能であるにもかかわらず、思惟することは可能である。この意味で、久呉（1997）によれば、「物自体は、感性から独立なものとして思惟されるが、そう思惟される以上、我々の悟性から独立でない。（中略）それ〔物自体〕は、人間の心の能力としての悟性の現実性に依存しない物として思惟されることはできるが、概念を含む一切の表象の外なるものとして思惟されることはできないだろう」（11–12）。

するためにドゥルーズが参照するものである。第三章で指摘したように、ヒュームの哲学がカントにおける超越論哲学という枠組みの内部で読まれていたとするならば、ドゥルーズにとってベルクソンの哲学は、カントの超越論哲学という枠組みそれ自体を解体し、それを克服する視点と手段を提供するものであったといえる。ドゥルーズが主題的にベルクソンを論じた『ベルクソニズム』（一九六六）は、『カントの批判哲学』（一九六三）と『差異と反復』（一九六八）のほぼ中間に位置しているが、そこには、カント哲学への疑義という問題意識がいたるところに現れている。

　ドゥルーズがベルクソン哲学において最大限に評価するのは、直観という着想である。『ベルクソニズム』においてドゥルーズは、カント哲学と対比させながら、ベルクソンの直観概念の根本的意義をこう述べている。

> 分割の方法としての直観は、それでもなお、超越論的分析と似ていなくはない。すなわち、混合されたものが事実を表象するならば、それを権利上（*en droit*）しか存在しない傾向性や純粋な現前へと分割しなければならない。われわれは経験の諸条件へ向かって経験を乗り越える（しかし、経験の条件とは、カントのような、あらゆる可能的な経験の条件ではなく、実在的な経験の条件（les conditions de l'expérience réelle）である）。
> (B: 13)〔強調は原文による〕

『差異と反復』では、カントにおける可能的な経験の条件が、「実在的なもの」に対して一般的すぎる、ないし広すぎることが批判されていたが、それが『ベルクソニズム』から引き継がれている論点であることが引用部から分かる。ここでは、ベルクソン哲学における直観が見出すのは、カント的な可能的経験の条件ではなく、実在的な経験の条件であることが明示されている。すなわち、ドゥルーズはベルクソンの直観を、カントのように悟性概念と協働して現象を構成することになる感性的直観として位置づけるのではなく、直観そのものを、経験の実在的な条件を見出す方法へと仕立て上げようとしているということである。

ベルクソンによれば、事実上の経験においてわれわれに与えられるのは、つねに、さまざまに異質な要素が混合した事物である。ベルクソンの哲学にとって重要なことは、こうした事実上与えられる経験的所与の混合のなかに、時間と空間、質と量、異質性と等質性、連続性と非連続性といった分割を見出すことである。この分割は、経験的な事実においては与えられないという意味で、「権利上においてしか実在しない傾向性や純粋な現前」と呼ばれる。そして、この分割によって見出される時間や質といった一方の傾向性が、純粋で本性的に異なるもの（ce qui diffère en nature）であるとされ、単なる空間化された持続や量化された質から対比的に区別される。ドゥルーズは、カントとベルクソンを対比させ、実在的な経験の条件として、カントの可能的な経験の条件に対置させる。ドゥルーズはこれを、実在的な経験の条件として、カントの可能的な経験の条件に対置させる。

しかし、この〔人間の条件を越えて、実在的な経験の条件に向かう〕拡大や、この乗り越えでさえ、概念の方へと経験を乗り越えることにあるのではない。というのも、概念は、カントのように、一般的に可能なあらゆる経験の条件を定義するだけだからである。ここ〔ベルクソンの哲学〕では反対に、あらゆるその個別性における実在的な経験が問題となる。経験を拡大し、経験をさえ乗り越えるべきならば、それは、これら個別性が依存しているもろもろの分節化を見つけ出すために他ならない。（B：19）

ベルクソンは、経験的な所与を越えてその条件を探求するという点で、カント的な超越論的分析を実行しているといえる。そのうえでここでは二つのことが言われている。ひとつは、ベルクソンにおいて経験的な所与を越えるのは、経験に先立ってこれを可能にしている概念ではなく、むしろ概念に対照される個別的な実在的経験に向けてであるということ、もうひとつは、ベルクソンがそこに見出す原理は、経験に先立つ悟性概念やカテゴリーではなく、この経験において与えられる個別的な事物が従っている分節化であるということである。Sauvagnargues（2009b）の適確な表現によれば、「ベルクソンとカントを逆説的な仕方で結び合わせることによって、ドゥルーズは、超越論的な様態において思考と物質の関係の問いを論じ、ベルクソンを「反カント」（anti-Kant）に仕立て上げる」（111）[*74]。ドゥルーズにとってベルクソンは、反カント的な哲学として理解されているのだが、より重要なことは、ベルクソンとカントは単純に対立するのではなく、ベルクソンもまた一種の超越論哲学を実行しているのであって（「分割の方法としての直観は、それでもなお、超越論的分析と似ていなくはない」）、その内実を肯定的に規定することが企図されているということである。

これまでの議論を整理しつつ、ドゥルーズがベルクソン哲学に読み取ろうとした「反カント」的な側面を確認しておこう。第一に、ドゥルーズがベルクソンを介して実在的な経験の条件と呼ぶ持続や純粋な差異とは、われわれが対象を認識するために前提とされるべき可能性の条件ではなく、現実において与えられる物質や事物それ自体が従っている条件であるということである。すなわち、持続とは、何かを経験し認識する主観の側に見出される認識論的な原理ではない。むしろ、ここではそのような認識論的な図式自体が問いに付されているのであり、したがって、ベルクソンにおける悟性や概念は、受容的能力としての感性的直観や、感官において与えられる多様を総合する形式的原理ではないことになる。これについては後で検討しよう。また、ベルクソンにおける直観は、概念に対して感性的な素材を与える役割を果たすものではない。ドゥルーズのベルクソン読解が目指すのは、ベルクソンの哲学をカント哲学の対立項として位置づけ、これによって、カント哲学が保持する、悟性と感性、概念と直観、能動と受容という二元論的構図を解体するとともに、ベルクソンの哲学を徹底して一種の存在論として理解することにある。そして、ドゥルーズは、ベルクソンの直観を、カント哲学を克服し、それとは異なる超越論哲学を構築するための手段として理解しようとしている。では、ドゥルーズは、どのような意味においてベルクソンの直観概念をカント哲学に対抗するものとして位置づけるのか。

第三節　ベルクソン哲学における直観概念

ベルクソンにおける持続と直観

本節では、ベルクソン哲学における直観概念の意義を明らかにするために、ドゥルーズが一九五〇年代に発表した二編のベルクソン論と、『ベルクソニズム』（一九六六）を相互に比較検討する。

まず、『ベルクソニズム』の冒頭からドゥルーズが強調しているのは、ベルクソンの直観は持続を前提とし、持続もまた哲学的方法としての直観なしには、「通常の意味において、単に直観的なままに留まる」（B: 2）ということである。重要なのは、直観と持続の入り組んだ関係を理解することである。

では、端的に、持続（durée）とは何なのか。これに関して、ドゥルーズの理解はほぼ一貫している。一九五六年に同時に発表された二編のベルクソン論のひとつである「ベルクソン、1859–1941」において、ドゥルーズはすでに、「持続とは、異なるもの、あるいは本性を変化させるものであり、すなわち質、異質性、自己とは異なるものである」（ID: 34）と定義している。さらに持続は、程度の差異や、差異を含まない反復としての物質に対立すると言われるのだが、その典型はまさに、「とりわけ心理的な実在」（ID: 57）や主観的な意識の持続として理解される。ここから、ドゥルーズに特徴的な、以下の文言が導かれる。

『意識に直接与えられたものについての試論』以来、持続は潜在的なもの、あるいは主観的なものとして定義

*74　また Sauvagnargues（2004）においても同様の指摘を見ることができる。すなわち、「(中略) ベルクソンはドゥルーズによって、カントの分析論を再編するものとして、すなわち「反カント」として読まれる」（155）。

されていた。なぜなら、持続は分割されることがないものであること以上に、分割されることによって本性を変えるものであるからだ（parce qu'elle était moins ce qui ne se laisse pas diviser que ce qui change de nature en se divisant）。（ID : 38）〔強調は引用者による〕

持続とは、主観的なものであり、分割されず、また分割された場合、その本性を変えるものであると言われている。これがドゥルーズによる持続の定義である。持続と本性上の変化を結びつけたこの定義は、一九五六年の時点ですでに、はっきりと述べられており、これは『ベルクソニズム』に至っても継続される。

しかし、よく注意しなければならない。というのも、ドゥルーズは、この持続の定義を大枠において継承しながらも、『ベルクソニズム』に至って、その強調点を若干変更しているように思われるからだ。『ベルクソニズム』では次のように述べられている。

> ……持続はベルクソンにとって単に分割不可能なもの（l'indivisible）や、測定不可能なものではなく、むしろ、本性を変化させることによってのみ分割されるもの（ce qui ne se divisait qu'en changent de nature）、分割の各々の段階において、測定の原則を変えることなしには測定されないものであった。（B : 32）〔強調は引用者による〕

一見すると、これは、一九五六年時点での持続の定義と変わっていないようにも見える。しかし、両者を比べてみれば、違いは歴然である。すなわち、「ベルクソン、1859–1941」においてドゥルーズは、劣等比較（moins… que…）を用いることによって、あくまでも持続の分割不可能性に議論の余地を与えている。すなわち、「持続は分割されることがないもの」であること、持続の分割不可能性それ自体は否定されていない。持続が分割不可能であること、これは持続が、主観的な意識の連続性をその典型としていることからも当然導かれることである。しかし、『ベルクソニズム』は、まさに、この持続の分割不可能性、ないしそれが測定不可能性であることとそれ自体を明示的に否定している（「持続はベルクソンにとって単に分割不可能なもの（中略）ではない」）。

さらに、より重要なことに、一九五六年の時点において、持続が潜在的、主観的であるのは、持続が分割されることによって本性を変化させるからだと述べられてはいるが、それはあくまでも、持続が分割されることと、その本性が変化することが同時である（ce qui change de nature en se divisant）か、あるいは、両者のあいだに相関があるということが指摘されているにすぎない。これは、再び、持続が分割不可能性によって定義されていたことを考慮すれば理解できる。すなわち、持続は本来、主観的な意識の連続性のように分割不可能なものである。しかし、もし分割を容れたとすれば、それはもはや空間化された持続にすぎず、それは、等質的な分割や尺度によっては測定不可能な本来の持続とは異なるものだ、というわけである。持続は分割不可能であって、分割されるのは、本来的な持続から区別される等質的で空間化された持続である。これに対して『ベルクソニズム』でドゥルーズが強調しているのは、持続は分割可能であるということであり、さらに言えば、持続は、本性を変化させることによってのみ分割される（se divisait *qu'*en changent de nature）ということである。すなわち、持続の本性的変化は、持続の分割によって結果的にもたらされるのではなく、むしろ持続の本性的変化こそが、その分割可能性の条件として理解されているということだ。持続は分割不可能なものではない。持続とは、いくらでも分割されるものであり、その定義上、本性的な変化による分割可能性を含んでいる。ドゥルーズはこのように、持続が自らに対して異なるものであるという定義を維持しながらも、『ベルクソニズム』に至って、持続の分割不可能性からその分割可能性およびその条件としての本性上の変化へとその強調点を移動させているということである。

ここからわれわれは何を読み取るべきだろうか。これは、単なる表現上の変化ではなく、明らかにドゥルーズのベルクソン読解の変動を示すとともに、『ベルクソニズム』におけるベルクソン解釈に重大な帰結をもたらすことになる。『ベルクソニズム』が試みるのは、『意識に直接与えられたものについての試論』〔以下では『試論』と表記〕から『創造的進化』へ至るベルクソンの思想的変遷を、前者において、意識の連続性や心理的緊張をモデルとして理解されていた持続の観念が、そのような主観性から区別され、当の主観の外部に見出されることになる過程として記述することである。ドゥルーズの意図は、ベルクソンの持続の観念を、主観的・心理的な連続性や実在性の側から切り離すことに向けられる。そして、持続が主観的・心理的な持続から切り離されるとともに、それを対象とする直観もまた、これにともなって変容をこうむることになる。

直観とは持続そのものではない。直観とはむしろ、それによってわれわれが、われわれに固有の持続から出発する運動、われわれの上方や下方にある他の持続の存在を直接的に肯定し、認識するために、われわれが自らの持続を用いる運動のことである。（B : 24–25）

通常の意味において直観は、科学的認識によって与えられるような明晰で判明な客観的知識に対し、直接的に把握されるが、それ自体は不分明で曖昧な認識として理解される傾向にある。だからこそ、通常の意味において直観が直接的に把捉するのは、主観における内的な質や心的持続となるだろう。しかし、ベルクソンにおける直観はこれとは異なる。むしろドゥルーズは、ベルクソンとともに、直観が、科学的認識と同程度、ないしそれ以上の厳密さを備えていることを繰り返し述べている。「実際は、ベルクソンが直観という方法を当てにするのは、絶対的に《厳密な》(précise) 学として、すなわち、科学の領域におけるのと同じだけ、自らの領域において厳密な、科学そのものと同じだけ拡張可能で伝達可能な (transmissible) 学としての哲学を打ち立てるためであった」(B : 2)。ベルクソンの直観は、直観でありながらも、われわれに固有の主観的な持続を超克させ、われわれとは異なる持続を見出すことを可能にする点に、その哲学的な方法としての意義がある。まさに「方法としての直観なしには、持続は単なる心理学的経験に留まっているだろう」(B : 25)。そのためには、直観の対象である持続概念の刷新が必要であるということだ。

これをSauvagnargues（2009b）に倣って、持続と直観の「脱心理化」（depsychologisation）と呼ぶことができるだろう。「ベルクソンの直観は、したがって、単なる心理的特徴、すなわち、ドグマ的で、内省的な、そして最終的には、カント的な主観における通常の表象に合わせて鋳造されるような心理的特徴に対する対抗措置としての役目を果たす」（Sauvagnargues 2009b : 116）。むろん、ソヴァニャルグのように、カントの超越論的統覚や覚知といったものを、安直に心理主義的なものに落とし込むことは問題である。しかし、ドゥルーズが、こうした持続と直観の脱心理化をカント哲学に対抗させ、そこにベルクソン哲学の重要性を見出していることは事実である。ベルクソン哲学は、持続と直観によって、本節冒頭において指摘した、カント哲学における悟性と感性の二元性を解体し、克服するものとして要請されている。ならば、見定めるべきは、持続概念がどのように主観的な持続から切り離され、これによって直観が、どのようにしてカント哲学を解体することになるのかということである。

『ベルクソニズム』における持続の脱心理化

主観的な持続から他の持続へと超克するという論点は、厳密な意味においては、『ベルクソニズム』以前には見出されない。もちろん、一九五六年時点での二編のベルクソン論のいずれにおいても、『試論』から『物質と記憶』を経て『創造的進化』へ至るベルクソン哲学の推移、すなわち、主観的持続から進化論的な生命的持続（エラン・ヴィタル）へと至るその持続概念の変化にドゥルーズが着目していたことはすでに指摘したとおりである。『ベルクソニズム』以前に欠けていた論点とは、厳密には、主観的な持続と、それとは異なる物質や生命といった全体的な持続とのあいだの関係性である。

まず「ベルクソン、1859–1941」においてドゥルーズは、初期のベルクソンにおける持続が心理的なものであることを強調しつつ次のように述べていた。

ベルクソンの初期の著作において、持続はとりわけ心理的な実在性として現れた。しかし、心理的なものは、単にわれわれの持続であり、すなわち、よく限定された一定の度合いである。（ID：40）〔強調は原文による〕

われわれは、自らの主観的な感情や意識の推移を内省することで、そのなかに諸要素が浸透し合った連続性を見出す。この意識的な連続性が持続と呼ばれるのであるが、それは、ベルクソンの有名な逆円錐のモデル*75に見られるように、そのなかに、もろもろの個別的な過去や記憶内容といったいくつもの異なる度合いが共存するひとつの持続の運動として理解される。すなわち、現在的なわれわれの意識的な持続とは、その対極に弛緩として位置する純粋過去や純粋記憶（**図1**の面AB）、さらには生命全体を駆動する発動性（エラン・ヴィタル）に対して、もっとも限定され、収縮した部分（**図1**の点S）であるということだ。ベルクソンによれば、持続とは、このように、弛緩と収縮という二つの極のあいだに、無限な緊張と多様の度合いを共存させたひとつの運動性として理解される。これが、一九五六年時点での持続についてのドゥルーズの理解である。すなわち、そこにおいてドゥルーズは、少なくとも、われわれの意識的な持続以外の持続（純粋過去、記憶、生命）について言及してはいるものの、それはあくまでも、われわれの主観的で意識的な持続をその内に含む、ひとつの全体としての持続にすぎないと解している。つまり、ドゥルーズは、ひとつの持続の弛緩（物質）と収縮（知性）、ひとつの生命の自己差異化（différentiation）とそこから派生する種の分化（différenciation）という一種の一元論的なモデルによって持続を理解しているということである。しかし、この一元論的な持続が主観的な持続をその内に含むものであるならば、それが、主観的な持続の外部に達するものであるということはできないだろう。この一元論的な持続には当然外部はない。『ベルクソニズム』以前には、厳密な意味において、主観的な持続から他の持続への超克という論点がないというのはこのためである。

こうした持続理解に対応するように、それを把捉する直観もまた『ベルクソニズム』以前においては異なっている。『ベルクソニズム』以前においてドゥルーズは、直観とは、持続の最も規定された（収縮した）部分である主観的・

心理的な主観のなかに、質的な差異や傾向性を見出し、その持続における異質な諸要素の潜在的な共存に身を置くことであると理解している。[*76] しかし、『ベルクソニズム』に至ってドゥルーズは、一九五六年時点での自らを問いただすようにこう述べている。すなわち、「心理的経験という観点からは、「外在する事物は持続するのか」という問いが

＊75 **図1**：ベルクソン『物質と記憶』より、逆円錐の図。Cf. Bergson (2004: 181).

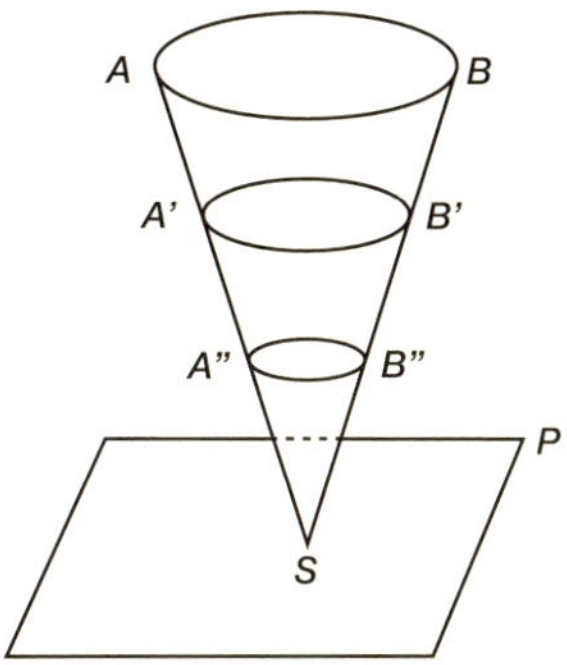

＊76 論文「ベルクソンにおける差異の概念」（一九五六）においてはこう述べられている。「要するに、心的な度合いとは、緊張の諸水準と同程度に存在する収縮の潜在的な平面のことである。（中略）直観に委ねられた持続は、可能な無数の緊張を受容しうるものとして、すなわち、弛緩と収縮の無際限な多様性を受容しうるものとして現れる」(ID: 67)。また、「ベルクソン、1859–1941」では、直観によって持続のなかに身を置くことで、無数の持続のうちから特定の水準が現実化されることが、持続を潜在的共存にすると述べられている。「『物質と記憶』から『創造的進化』のなかに」われわれが見出すのは、共存する度合いは、持続を潜在的な何かとするものであると同時に、持続がそれにもかかわらず各瞬間において自らを現実化するように仕向けるものである。なぜなら、共存する度合いが示しているのは、同等に多くの諸平面と諸水準であり、これらが可能なあらゆる分化の線を規定するからである。要するに、現実的に分岐する系列が生じるのは、持続において、すなわち、共存する潜在的な度合いにおいてである」(ID: 40)。

未規定なままに留まる」(B: 43) のではないか。

これは、『ベルクソニズム』第二章「直接与えられたものとしての持続」の最終節に至って、ゼノンによるアキレスと亀のパラドクスに言及しながら述べられる問いである。周知のように、ゼノンのパラドクスとは、運動や変化を数学的な連続性や非連続性によって捉える限り、いずれにしても運動や変化そのものの実在が否定されるというものである。[*77] すなわち、アキレスの運動を物理的な事実や経験と捉える場合、それは無際限に分割可能であり、そこにはいかなる質的な変化もない。そこに見出されるのは、相互外在的に区別される部分の並置でしかなく、いかなる運動も継起もそこには見出されえない。しかし、ベルクソンは、こうした物理的な運動は、アキレスという主観の側からすれば、そのひとつひとつの歩みに分割される度ごとに、その本性が変化すると言う。物理的な運動のもとに見出されるこうした質的な変化こそ、動体としてのアキレスにおける主観的で心理的な運動の経験である。「外側から見れば、［アキレスが辿る］その道のりを構成する数的な部分として現れるものは、内側から経験されれば (vécu du dedans)、今度は障害となって現れる」(B: 43)。

いうまでもなく、ベルクソンの哲学において、物理的な運動として分割されたアキレスの運動が、客観的に外在し、無限に分割可能な等質的空間であり、これに対して、アキレスの主観的な運動の経験が、分割不可能であり、あるいは分割されるごとに質的に変化する連続的時間 (持続) であるとされる。そして、運動や変化、あるいは継起が生じうるのは、われわれの主観的で心理的な持続においてであり、持続の外部には、等質的な諸部分の同時性しかなく、そこにはいかなる継起も変化もないということになる。たとえ、外在する事物や瞬間に運動や継起が見られたとしても、それは、並列する諸部分を想起する意識に対して現れる変化や継起にすぎない。主観的な持続に対して外在する等質的空間には運動も継起も含まれない。主観的な持続にとって、外在する持続や運動は、端的に実在しないと同時に、少なくとも説明できない障害となる。

しかし、これでは、われわれは、自らの主観的・心理的な持続や運動性しか理解しえないということになる。主観的な持続は、客観的な持続や運動を説明しえない。結果的に、主観的な持続以外の持続や運動は、錯覚として解消されるか、等質的空間と真なる運動としての持続を混同した偽なるものとして排除されることになる。持続を主観的・心理的な継起や連続性とし、その外部を客観的・現実的な空間や非連続性と解する限り、われわれの外に持続があるのか、あるいは、外在的な事物が持続するのかという問いを解消するどころか、そうした問いを発することがそもそも不可能となる。

そこでドゥルーズは、ベルクソンにおける持続の脱心理化を要請する。そして、主観的な持続の外部にある持続を見出す手段を、まさにベルクソンの哲学自身のなかに見出そうと試みる。

> 意識のなかにおいてと同様に事物のなかにも諸々の質があるならば、私の外にも質を伴った運動があるならば、事物は、事物なりの仕方で持続するのでなければならない。心理的な持続は、よく規定されたひとつの事例でしかなく、存在論的な持続を理解する手がかり (une ouverture sur une durée ontologique) でなければならない。存在論が可能でなくてはならない。 (B : 44)

ここでドゥルーズが企図しているのはこうである。すなわち、カントのように、持続（時間）と空間を、対象を認識する際の直観の形式という主観的な原理にするのでもなければ、また、逆説的ではあるが、ベルクソンのように、持続を主観に、空間を客観に振り分けるのでもない仕方で持続と直観を理解する仕方と論理を当のベルクソンの哲学それ自身のなかに探し求めることである。問われているのは、主観と客観のあらたな分節の仕方である。

＊77　三宅（2012）の第一章を参照のこと。三宅は、ベルクソンがゼノンのパラドクスの議論に取り組むこととなる時代的文脈として、ルヌヴィエ、カントール、ラッセル、パース（ジェイムズ）らによる連続性概念に関する議論を挙げている。

数的多様体と質的多様体

主観に持続を、客観に空間を割り振ることは、これらを主観的な原理に還元するカント哲学とさほど変わらない。いずれも、主観と客観の分節化をあらかじめ前提としているからである。ベルクソンに限って言えば、主観が持続である理由がその分割不可能性にあり、客観が空間に割り振られる理由がその分割可能性にあるならば、それは、事実上経験するわれわれの主観的な意識的持続の連続性を単に引き写したものにすぎないのではないだろうか。ベルクソンにおいて持続概念が、権利上においてのみ実在する経験の条件であり、カント哲学における超越論的原理に対応するものであるならば、そこに経験的な事実としての分節化を持ち込むことは避けなければならない。

ここで再び、『ベルクソニズム』に、それ以前のベルクソン論には見出されなかった論点が差し挟まれていることに注目すべきである。それはすなわち、数的多様体ないし離散的多様体（multiplicités numériques ou discrètes）と、質的多様体ないし連続的多様体（multiplicités qualitatives ou continues）という二つのタイプの多様体の区別である。ドゥルーズはこれらを次のように定義している。

> 重要なことは、混合を分割することは、《多様体》（multiplicité）の二つのタイプをわれわれに明らかにするということである。一方は、空間によって表象される（est représentée）（あるいはむしろ、そのあらゆるニュアンスを考慮するならば、等質的な時間の不純な混同によって表象される）。これが、外在性、同時性、並置、順序、量的区別（différenciation quantitative）、程度の差異としての多様体、すなわち、非連続的で現実的な（*discontinue et actuelle*）数的多様体（multiplicité numérique）である。そして、他方は、純粋な持続のなかに現れる（se présente）。これが、継起、融合、有機化、異質性、質的識別化（discrimination qualitative）、あるいは本性上の差異としての内的な多様体（multiplicité interne）、すなわち、数に還元不可能な、潜在的で連続的な多様体

（multiplicité *virtuelle et continue*）である。　　（B: 30–31）〔強調は原文による〕

二つの多様体を特徴づける上で、ドゥルーズが慎重に言葉を選んでいることに注意しなければならないが（数的多様体は表象されるが、質的多様体は持続において現れる。前者は量的な区別であるが、後者は質的な識別である）、ここでは議論の大枠を押さえておきたい。すでに確認したように、ベルクソンの哲学の本質は、経験的な混合として与えられる所与を、時間と空間、持続と物質のように本性上の差異ないし傾向性に分割することにある。そのような権利上の差異や分割を見出すことがベルクソンの直観に与えられた第一の役割であった。これを先のゼノンのパラドクスに当てはめれば、無際限に分割可能な物理的運動としてのアキレスの歩みは数的多様体に対応し、アキレスの主観的な運動の経験は質的多様体に対応するといえる。歩みが分割されるごとに質的に変化するアキレスの主観的持続は、離散的な数によって表象されうる空間の量的区別には還元しえない。しかし、ここで疑問が生じる。アキレスの主観的な運動の経験、その心理的な持続を、なぜ多様体と呼ぶことができるのだろうか。主観的で心理的な持続である限り、それはアキレスというひとりの人物の連続的な意識であり、それは必然的に一なるものではないのか。たとえ持続が分割可能であるということを認めたとしても、分割された持続とは空間であって、分割される前の主観的持続とは異なるものである。この意味で、主観的な持続とはつねに一なるものでしかありえない。

もし、『ベルクソニズム』において導入されたこの論点が、あらかじめ前提とされている主観と客観の区別、すなわち、分割不可能な（あるいは分割されることで本性的に変化する）主観的な持続と、それに外在する客観的な空間を、二つのタイプの多様体に言い換えたものにすぎないのであれば、直ちにこうした問題に直面することは明らかである。ドゥルーズの意図は別のところにある。すなわち、空間と持続が二つの多様体に言い換えられることによって、まさに、客観と主観の定義そのものの刷新が目指されているのである。

二つの多様体による主観と客観の改鋳

ドゥルーズは、連続的な持続として理解される質的多様体と、等質的な空間として理解される数的多様体を対照させ、その違いを再び分析している。まず、度々繰り返すことになるが、空間は無際限に分割可能であり、たとえどれだけ分割されても、その性質や本性を変えることはない。そこにあるのは、つねに、相互に外在的な部分でしかなく、それらの間の量的区別や程度の差異でしかない。これが数的多様体と呼ばれるものの定義であった。ここでドゥルーズは指摘する。ならば、この数的多様体は、たとえそれが分割されていようがされていまいが、あるいはその分割が何かしらの主体によって認識され、知覚されていようがされていまいが、いかなる場合においてもその性質や本性を変えることはない。つまり、数的多様体は、「その分割が実行される以前でさえも、その分割は、その対象の全体的な側面においていかなる変化もすることなく、可能的なもの（possibles）として思考によって把握される」（B：33）ということである。すなわち、「ベルクソンは、客観的なものとは、潜在性を持たないものであると言いたいのだ。すなわち、それが実現されていようがいまいが、可能的だろうが実在的であろうが（possible ou réel）、客観的なものにおいては、すべてが現実的（actuel）なのである」（B：34）とドゥルーズは主張する。客観とはここではもはや、主観における悟性や知性に外在し、その認識作用によって総合されるものとしては理解されていない。なぜなら、数的多様体は、分割が実行されるかどうかにかかわらず質的に変化しないがゆえに、そのすべての可能的な状態が、事物のうちにすでに、あるいは事物としてすでに現前しているからである。ドゥルーズが『ベルクソニズム』に至って、自覚的にベルクソンの「イマージュ」概念の重要性に着目する理由もここにある。周知のように、イマージュとは、観念論と実在論に対抗し、また、唯物論を論駁するものとして『物質と記憶』において提起された概念であるが、ベルクソンによれば、イマージュは、「私が自然法則と呼ぶ恒常的な法則に従って、それらすべての要素的部分において、互いに作用し反作用しあっている」（Bergson 2004：11〔ベルクソン 2001：19〕）。この物質の総体であるイマージュは、たとえわれわれの身体という特権的なイマージュによって知覚されることが可能であるとしても、このイマージュそれ自体は「実のところ、知覚されることなしに存在しうるし、表象されることなしに現前することができる」（Bergson 2004: 32〔ベルクソン 2001: 40〕）。すなわち、イマージュ概念が端的に示しているのは、悟性や知性による認識作用、すなわち主観的な原理やカテゴリーとはまったく独立した客観や現実の在り方である。

さらにドゥルーズは、こうした数的多様体として理解された客観と対照的に、質的多様性としての主観や心理的持続を定義しようと試みる。予想されるとおり、数的多様体が分割されてもその本性が変化しないという意味で潜在性を持たないものであるのに対し、質的多様体はまさにそれが潜在性を持つということによって特徴づけられることになる。正しく理解されるべきは、さまざまな含意を必然的に帯びてしまうこの潜在性（virtualité）ないし潜在的（virtuel）という語の意味である。ドゥルーズはここで、ベルクソンの『試論』からの次の一節を参照する。

> 実際、注意を促しておくと、われわれは、全面的かつ十全に知られるように見えるものを主観的なものと呼び、たえず増大する多数のあらたな印象が、それについてわれわれが実際に持っている観念に置換されうるような仕方で知られるものを客観的と呼ぶ。たとえば、ある複合感情はきわめて多数のより単純な要素を含んでいるだろう。しかし、これらの要素が完璧な鮮明さを持って引き出されない限り、それらが全面的に実現されたとは言えないだろうし、また、意識がそれらについて判明な知覚を有するやいなや、その意識的な総合から帰結する心理的状態はまさにそのことで変化してしまっていることであろう。
>
> （Bergson 2011: 62〔ベルクソン 2002: 98〕）

ドゥルーズは、この部分で言われている主観と客観の記述は、むしろ逆のように思えると指摘する。確かに、ここではわれわれにとって十全に知られるものが主観であると言われているが、むしろ、あらゆる可能性が現前している客観こそ、潜在性を持たないがゆえに十全に認識されるはずではないだろうか。主観は、連続的に変化する質や部分からなる絶えざる変化ゆえに、一挙にその全体を知りえないという意味で潜在的であるからである（B: 37, note）。しかし、これは別の視点から正当化されるとドゥルーズはいう。すなわち、引用文の後半部分を引き受けつつドゥルーズが強調するのは、「主観的な持続の場合、分割が価値を持つのは、その分割が実行される限りにおいてであり、すなわち、現実化（actualisées）される限りにおいてである」（B: 37, note）という点である。どういうことか。

経験的に与えられる主観的な感情や情動といったものは、複数の要素が混合したものとして与えられる。しかし、この複合的な感情は、意識によってその要素に分割することができるし、むしろ、諸要素が分割され、その各々の要素が明確に知られることによって、その感情についての判明な知覚を持つことができる。ドゥルーズが例に挙げるように、愛憎入り交じった複合的な感情が意識的に知覚されるためには、その要素である愛と憎という感情が意識化されなければならない。しかしそのためには、そもそもこの感情が、今意識されていない別の感情から区別されていなければならないし、また、愛と憎という感情のあいだにも本性上の差異が見出されなければならない。ところが、こうして知覚された心的状態は、その要素が明確に知られているがゆえに十分に知覚されているが、分割される以前の複合的な感情とは必ず質的に変化している。同様に、複合的な所与として与えられる持続の知覚は、その諸要素における質的な差異の分割と、その判明な知覚によって十全に知られるとともに、それによってつねに、分割以前の持続とは質的に変化するということである。これが、すべての可能性がすでに事物として現前している客観とは区別される、持続の潜在性の意味である。主観的な意識の変化は、その現実化、すなわち、それを構成している要素の判明な知覚によってのみ十全に知られる。潜在性はその現実化から決して切り離すことができない。つまり、主観が潜在性を持つ限り、そこには定義上、必然的に分割可能性が含まれているということである。だからこそ、主観をその分割不可能性によって規定することは端的に誤りなのである。

実のところ、持続は分割されるし、分割されることをやめない。このために、持続は多様体なのである。しか

し、持続は本性を変えることなしには分割されず、分割されることによって本性を変化する。(B : 36)

もはや、持続に分割不可能性という論点が入り込む余地は一切ない。持続は分割可能であるどころか、絶えず分割されるものである。分割によって本性を変化することが潜在性の意味であるならば、持続は、分割による本性的な変化を必然的に含むことになる。だからこそ、潜在性によって理解される主観とは、つねにその諸要素の現実化を必然的に含みこんでいるがゆえに十全に知られるものであり、なおかつ多様体であるといわれるのである。

したがって、ドゥルーズは、すべての状態が客観として現前している数的多様体について言われる可能性と、質的多様体における潜在性とが混同されることに幾度となく注意を促す。理解されるべきは、数的多様体における可能性が、その分割の実行の有無にかかわらず、事物のイマージュの現在としてすでに現れているのに対し、質的多様体の変化は、分割によるその要素の現実化によって差異化(分化)され判明となることではじめて理解されるということだ。「言い換えれば、主観的なもの、あるいは持続とは、潜在的なものである。より厳密に言えば、現実化される限りにおいて、現実化されつつあるなかで、その現実化の運動と分離しえないものである限りにおいて潜在的なものである」(B : 36)。ここではもはや、主観は、客観として与えられる多様を総合する知的作用として理解されてはいない。さらにより重要なことに、主観がその現実化によって知覚される潜在性によって理解されるならば、それを、単なる内的で心理的な意識の連続性としてさえも理解するべきではない。つまり、ここでは、従来の主観と客観の区別、すなわち、客観に対し認識作用を行い、それを総合する主観という図式自体がもはや成り立たなくなっているのである。

これまでの議論を簡潔にまとめつつ、理解されるべき論点を強調しておこう。アキレスの運動は、等質的空間としての客観と、質的持続としての主観に区別される。しかしドゥルーズは、これを、分割しても(あるいは分割しなくても)本性を変えない数的多様体と、分割されるごとに本性を変える質的多様体に置き換える。そして、数的多様体とはその分割の実現の有無にかかわらず、いかなる場合においてもその本性を変えないということから、それは、事物として現前しているイマージュにおいて、そのあらゆる可能性がすでに含みこまれているものとして理解される。この意味で、数的多様体は潜在性を含んでいないのであり、これが現実性、客観の意味として定義された。これに対し、質的多様体とは、分割されるごとにその本性を変えるという意味で潜在性を持つ。しかし、分割によって生じる変化というだけでは、それは単なる可能性から区別することができず、質的多様体における潜在性を、数的多様体における可能性から区別することはできない。潜在性を可能性から区別するためにここでドゥルーズが強調するのは、主観的な感情や意識の質的変化が、それを諸要素に区別し、各要素の判明な知覚を意識化することによってのみ理解されるように、潜在性と現実化が必然的に結びついているという点である。潜在性として理解される質的変化や質的差異は、可能性のようにすでに客観としてあらかじめ現前していない。潜在性はその諸要素の現実化によってはじめて、本性的な変化や差異として見出されるものである。だからこそ、主観は潜在性によって規定されるにもかかわらず、われわれによって完全に知りうるものであると言えるのである。ドゥルーズは潜在性のなかに、予見不可能性や偶然性、出会いなどといった曖昧模糊とした概念を持ち込むことを避けている。

そして、ここからすでに明らかなように、分節化されるべきはもはや、客観としての空間と、主観としての持続ではない。そうではなく、数的多様体と質的多様体の対照を通して改鋳された客観と主観のあいだに、あらたな分節化が見出されるべきである。客観とは現前する事物としてすでに与えられている可能性としての現実のことであり、主観とは分割されることによってのみ本性上の差異が生じるという意味での潜在性である。

これをカント哲学の批判として引き受けてみよう。カント哲学は、実在的な経験の条件ではなく可能的な経験の条件しか問題としていないということによって批判されていた。ならば、ここで、等質的空間、可能性、現実という語で理解される数的多様体は、カント哲学における直観の形式ないし形式的直観に対応している。[*78]空間とは、数的多様体における可能性として理解される客観であり、十分に逆説的ではあるが、ベルクソンの哲学においてそれは、主観的な知性の形式として理解されるものである。すなわち、数的多様体とは、可能的な現実としてすでに与えられているイマージュ、そのあらかじめ規定されている量的区別（différenciation quantitative）を、思考が空間表象によって捉えているにすぎない。ならば、無際限に分割可能で、分割されることによってその本性を変えないのは、外的事物や物質そのものではなく、それを現前する可能性として捉える思考の形式に他ならない。この意味で、空間は、諸要素の現実化による質的識別化（discrimination qualitative）と切り離しえない潜在性としての質的多様体とは区別されることになる。

このように、ドゥルーズは、ベルクソンにおける空間と時間を、数的多様体と質的多様体に置き換えることで、それらを主観における直観の形式としていたカント哲学に「ひねり」を加えている。ベルクソンにとって空間は思考の形式であるが、それは主観的な持続についても、外的事物についても、いかなる総合作用を行うこともなく、むしろ質的多様体を把握する際に混入する不純物でしかない。ドゥルーズは、ベルクソンのなかに見出された数的多様体と質的多様体の区別によって、知性（ないし悟性）による感性的対象の総合というカント哲学の構図を乗り越える。それだけではない。ドゥルーズは、ベルクソンの哲学のなかに、カントが明確に規定した、悟性と感性の区別をも解消する論点を見出している。あらかじめ述べておけば、ドゥルーズは、ベルクソンにおける持続と物質の共存、および、そこから派生する知性と物質の同時的な発生という論点のなかに、カント的な悟性と感性の非連続性を解消する議論を読み込むことになる。そして、そこからドゥルーズは、独自の存在論へと向かうことになるだろう。『ベルクソニズム』の最大の意義はここに見出される。

＊78　杉山（2006b）は、『試論』においてベルクソンが批判する等質的空間が、カントの「形式的直観」に対応すると指摘している（64）。

物質における最小限の収縮と持続における最大限の弛緩

先にわれわれは、一九五六年の二編のベルクソン論は、持続を、ひとつの全体的な持続の収縮と弛緩から成る一種の一元論として理解していたと指摘した。すなわち、われわれの主観的な持続は、持続のもっとも収縮した部分（先端）であり、その対極には持続のもっとも弛緩したものとして純粋記憶がある。これら収縮と弛緩のあいだには、無際限の度合いが共存している。ドゥルーズは、ベルクソンが見出した、知覚と記憶、現在と過去、知性と物質、生命と種、質と延長といった二元性は、それらが共存するひとつの持続の収縮と弛緩という一元論によって回収されると想定していたし、その二元性を、潜在的な質的多様体としての持続から分化したものとして理解していた。これを端的に示す一節を「ベルクソン、1859–1941」から引いておく。

ベルクソンがまず『試論』においてわれわれに示すのは、過去と現在、記憶内容と知覚、持続と物質のあいだに本性上の差異があるということである。（中略）彼が次に『物質と記憶』において示すのは、物質と持続、現在と過去のあいだの本性上の差異について語るだけでは十分ではないということだ。というのも、すべての問題は、本性上の差異とは何なのかを知ることであるからだ。すなわち、彼が示すのは、持続そのものがこの差異であるということ、すなわち、持続が差異の本性であり、その結果、持続は自らのもっとも低い度合、もっとも弛緩したその度合いとして、すなわち、無限に膨張した過去として物質を含み、また、持続は、極度に圧縮され、緊張した現在として自らを収縮することによって、自らに含みこまれる。最後に『創造的進化』において彼がわれわれに示すのは、もろもろの持続がこの持続のなかで共存するならば、持続は各々の瞬間において自らを分化するものであり、過去と現在に分化する、あるいはこう言った方がよければ、現在は、一方が過去に、他方が未来へと、二つの方向に二重化されるということである。これら三つの段階に対応しているのが、ベルクソンの著作全体における、持続、記憶、エラン・ヴィタルという概念である。

（ID：42）

ここから理解されるように、ベルクソンの差異概念は、異なる著作ごとにさまざまな意味に変動するものとドゥルーズは考えている。少なくともそれは、持続と空間をはじめとする本性的（質的）差異として（『試論』）、次いで収縮と弛緩が共存するひとつの持続である質的多様体として（『物質と記憶』）、さらに、質的多様体における潜在的な差異化の運動（différentiation）から発生する類や種、物質と知性の分化（différenciation）として（『創造的進化』）理解されている。一九五六年時点でのドゥルーズは、『試論』から『創造的進化』に至るベルクソンの哲学の変遷を、このような差異概念の変化に沿って、すなわち、二元論から一元論へと向かうものとして整理していたということである。

『ベルクソニズム』においてもこの構図は踏襲されている。しかし、ここでドゥルーズは、あらためて次のように疑義を呈する。すなわち、『物質と記憶』に見出される、物質と持続が弛緩と収縮として共存するという論点は、『試論』において批判され排除された等質的空間や程度の差異を、ひとつの純粋な質的持続のなかに導入することにはならないのか、また、質的多様体の潜在性が、その現実化（分化）によってのみ理解される本性的な変化であるならば、「持続は、持続を装う（affectent）度合、強度、弛緩、収縮といったこれらあらゆる差異のなかに消散してしまうので、われわれはむしろ一種の量的多元論に陥る」（B: 75）のではないかということである。端的に言って、ドゥルーズの問題意識は、ベルクソンの持続概念における一と多をめぐる問題に向けられている。そして、この疑問を解消すべく、ドゥルーズは、『物質と記憶』における持続と物質の共存という論点をより詳細に検討することを試みる。

物質と持続の共存という論点を理解する上で、まずドゥルーズが指摘するのは、われわれが数的多様体として見出した空間の位置づけである。空間とは、われわれの主観的な思考の形式にすぎない。それは、すべての可能性が事物（イマージュ）として現前している客観であり、分割されることでその質的変化が判明なものとなる潜在性としての持続から明確に区別される。この意味において空間とは、思考の形式であるが、主観的な持続からは絶対的に区別されるものとして位置づけられる。より正確にいえば、空間は、質的多様体としての持続に決して属することがないゆえに、その絶対的な外部に位置づけられることになるということである。ドゥルーズは次のように主張する。

> すべてが共存する、弛緩と収縮のもろもろの度合いを考えてみよう。弛緩の極限に（à la limite de la détente）、われわれは物質を持つことになる。そしておそらく、物質はまだ空間ではないが、物質はすでに延長である。（中略）空間を得るためには、この弛緩の運動をその末端にまで（jusqu'au bout）推し進めるだけで十分であろう。（しかし、厳密に言えば、そのとき空間は、分化する線の末端において、もはや持続とは合一されない（*ne* se combine *plus* avec la durée）最末端の項として見出されるだろう。）
>
> （B: 88–89）〔強調は原文による〕

主観的な持続の緊張を徐々に弛緩していくと物質へと近づいていく。しかし、ここでドゥルーズが主張しているのは、持続がたとえどれだけ弛緩したとしても、それは決して空間に達することはないということである。すなわち、空間は、持続の運動が決して到達しえない極限の項として位置づけられる。ドゥルーズがこの論点を導く際に、注において参照を指示している（B: 89, note）『創造的進化』の次の一節を見てみよう。

> 精神が、この空間についての暗黙的な表象を持つのは、精神が自らの身に起こりうるであろう弛緩から、すなわち、自らの可能な延長から取り出した感情そのもののなかにおいてである。（中略）精神が形成する純粋空間の表象は、この〔精神が自らの緊張を物質的な弛緩へと向かわせる〕運動が到達するであろう（aboutirait）項の図式にすぎない。
>
> （Bergson 2009: 203〔ベルクソン 2001: 242–243〕）〔強調は原文による〕

ベルクソンは、条件法を用いて、持続が物質的弛緩へと向かう運動が、純粋空間に到達するであろうと述べているだけで、持続と空間が連続しているのか不連続であるかについてはこの部分からは断定できない。しかし、『創造的進化』における空間概念（理念）の理論的位置づけを検討した杉山（2006b）によれば、ベルクソンにおいて空間は、「緊密な相互浸透が相互外在的関係へと弛緩し言わばほぐれることで、発生する」、あるいは「「空間」の発生は自動的（automatique）である。弛緩は自ずと、自然に、空間へと至る」（89）とされる。ならば、この引用部においてもまた、空間と持続とのあいだに何らかの連続性が想定されていると解することができるだろう。しかし、ドゥルーズは、あえてこの部分を積極的に読み替え、空間とは、持続が弛緩し、物質へと向かう運動が限りなくそこへと漸近的に接近するが、決して到達しえない極限であると解釈しているということである。

空間を持続の極限として理解するところにドゥルーズ独自の読みがある。したがって、そこに込められている意図をわれわれは読み取らなければならない。ドゥルーズが主張したいのは、空間を持続の極限として、その絶対的な外部に位置づけることがもたらす当然の帰結として、空間から区別されるあらゆるもの、すなわち、物質と延長がつねに持続の運動のなかに含まれることになるということだ。持続は弛緩していくことによって、物質や延長に近づいていくが、極限である空間には決して到達しえない。ならば、逆に言えば、物質や延長がたとえ最大限に弛緩したとしてもそれは必ず持続に含まれることになる。

つまり、物質と延長は、必然的に最小限の持続を持つ。ドゥルーズは、引用部のベルクソンの表現を引き受けつつ、「実のところ、空間とは物質や延長ではなく、物質の《図式》」（B: 89）であると主張する。空間は、そこにおいてあらゆる可能な物質が展開されうるものの表象であり、「この意味で、空間のなかにあるのは物質ではないし、延長でもない、まさに反対である」（B: 89）、すなわち、物質や延長のなかに、空間があるということである。[*79] これをより

---

*79　また、杉山（2006a）によれば、ベルクソンにおいて、数理的物理学の成立条件としての法則的秩序は、プラグマティズムが考えるように恣意的な規約でもなければ、観念論のように主観における幾何学的数学的な法則性でもなく、「実在としての物質によって用意されていなければならない」（85）とされる点に、その独自性があるとする。空間は、物質と延長の図式であるどころか、物質や延長こそが、空間という形式的秩序を構成するものであるということである。

積極的に言い換えれば、空間を持続の極限として位置づけることによってはじめて、そこへ向けて漸近的に、持続が物質や延長へと弛緩するという運動的表象が可能となるということである。*80

ここに至って、空間は単に、質的多様体としての持続に混入する不純物ではないことが理解される。むしろ、空間は、持続の弛緩の外部にある極限として位置づけられることで、物質と延長は、最小限の持続を持ち、質的多様体のなかにそれらが含まれることを可能にするからである。同時にもはや物質は、主観に対して外在する客観ではない。なぜなら、等質的空間がわれわれの主観的な思考の形式に限定されるのであれば、たとえいかなる物質であっても、それは分割されることによって差異が生じる質的多様体として理解されなければならないからだ。こうして、物質と延長の意味もまた刷新されることになる。ドゥルーズは、持続と物質の関係をこう述べている。「われわれが知覚するとき、われわれは感覚された質のなかに、無数の要素的な振動（vibrations）や震動（ébranlements）を収縮させる。しかし、われわれがこうして収縮させているもの、われわれが《緊張させている》ものとは、物質であり、延長なのである」（B : 90）。これは、持続と物質がひとつの持続の収縮と弛緩であることからある程度予想される論点ではある。しかしドゥルーズは、ここに驚くべき論点を読み込む。すなわち、物質がわれわれの持続の弛緩したものであり、われわれの持続が収縮させるものが弛緩した物質であるならば、同様に、われわれの主観的な持続もまた、物質のなかに含まれるとドゥルーズは主張するのである。

> 倒立した円錐のイメージに戻ろう。その頂点（われわれの現在）は、われわれの持続の最も収縮した点を示している。しかし、それはまた、最も収縮されていないもの、すなわち、無限に弛緩した物質のなかにわれわれが組み込まれていること（insertion）をも示している。　（B : 90）〔強調は引用者による〕

物質が持続に含まれるがゆえに、必然的に最小限の持続を持つのと同様に、われわれの持続もまた、物質を弛緩とする持続の収縮であるがゆえに、最大限の弛緩のなかに組み込まれている。もはや、一方に物質としての弛緩した持続、他方に、現在としての収縮した持続を示す逆円錐によってこれを理解することは適当ではない。持続の最大限の弛緩は最小限の持続を持ち、持続の最大限の収縮は最大限の弛緩に含まれる。これは、いわば、逆円錐の知覚面Pを軸に、対称的に投影された円錐の両頂点を合わせたものによって表象されるべき事態であろう[*81]（**図２**）。

＊80　微分における極限の概念について小泉（2003）はこう表現している。「無限級数を限りなく続けても絶対に到達できないもの、しかしそれが予め存在するからこそ限りなく無限級数を続けられるものを、極限と呼ぶ。いまの場合、無限級数0.999…は、極限値1に収束すると考えたい」(41)、そして微分は、「無限級数の各項の差異の極限として、また、差異と差異の関係の極限として定義される」(42)。ここでわれわれが極限と呼んでいるのは、このように、微分計算において無限級数に意味を付与するために想定されるという意味での極限（limite）であり、到達可能な単なる限界（bout）とは区別される。

＊81　**図２**：マラーキーによるベルクソンの逆円錐の改変図。Cf. Mullarkey (2006 : 31).

ベルクソンの逆円錐において、円錐の頂点が、知覚的世界Pへ介入する唯一の現在を示すのであれば、底面ＡＢのみが潜在的な内在平面であり、それ以外は内在の外部に置かれてしまうとマラーキーは指摘する。そこで、「われわれの軸である平面Pを用いた軸対称を通して、逆回転した円錐を投影する」ことによって、現実世界Pの一面ではなく、P, P', P'' という異なる種類の現実性を示し、円錐全体が潜在的であることを表象するために改変されたものがこの図である。この図は、われわれが述べてきた持続の弛緩と収縮の関係を適切に表現するように思われる。すなわち、底面ＡＢが持続のもっとも弛緩した部分（純粋記憶、物質）であるならば、たとえそれが最大限に収縮したとしても（P, P', P''）、それは、投影された円錐の底面（純粋記憶、物質）に含まれるであろうし、また、持続がどれだけ弛緩し、底面ＡＢに近づこうとも、それは、投影された（すなわち頂点を上にした）円錐における最小限の持続である頂点を含むことになる。図が静止画であるがゆえの限界はあるが、逆さ円錐の頂点が下方に向かって伸

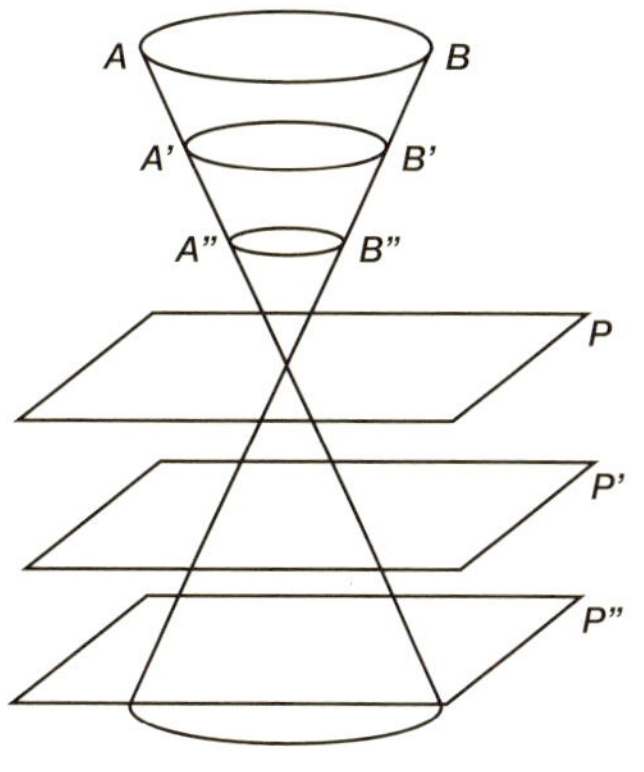

知性と物質の同時的発生

こうして、われわれの感覚や知覚は、つねに程度の異なる物質の弛緩を含んでおり、つねに延長を持つことになる。その結果、そこで感覚されている質や特性はもはや、われわれの主観的な感覚にのみ帰属する第二次性質などではなく、物質と延長にも同様に帰属することになるだろう。物質や延長を欠いた感覚や質がないのと同様に、質を欠いた物質や延長など存在しないということだ。

延長はしたがって、そのなかで弛緩するもろもろの収縮から分離することができないため、まだ質を伴っている（qualifiées）。そして、物質は、（中略）それによって物質が持続に参加し、それによって持続に属するこの最小限の収縮を持つことをやめるほどには、決して十分に弛緩することはない。（B : 90）

すなわち、質や感覚は、主観的な持続の収縮と、物質と延長における弛緩が交わる地点に位置することになる。そして、こうした質と延長、感覚と物質の共存する持続の運動において見出されるものがわれわれの知性である。「知性とは、物質の認識であり、物質へのわれわれの適応を示し、物質に合わせて鋳造される（se mouler）」（B : 90–91）。知性は形式を持つ。ドゥルーズは、ここでは単に知性の形式（forme）と呼んでいるにすぎないが、知性が持つ形式とは、すなわち等質的空間であり、さらに言えば悟性概念であり、カテゴリーであるだろう。ドゥルーズは、必ずしもわれわれが、空間をはじめとする知性の形式を持つことそれ自体を否定しているわけではない。ドゥルーズ（およびベルクソン）が主張しているのは、「知性はその形式を物質のなかで持ち、その形式を物質とともに、すなわち、もっとも弛緩したもののなかに見出す」（B : 91）ということである。批判されているのは、知性と物質のいずれかが一方向的に他方を形成し総合するという、まさにカント哲学に見出される、悟性と感性の構図に他ならない。知性の形式（空間、概念、カテゴリー）は物質から決して切り離しえない。むしろ、「物質と知性の同時的な発生しかありえない」（B：91）のであり、ここにドゥルーズはベルクソンの議論の要点を見出している。[*82]

張するときには、下の円錐の頂点もまた、自らの底面へ向かって弛緩する運動（逆もまた同様）を想像されたい。

＊82　ドゥルーズは、一九六〇年にリヨンのサン＝クルー高等師範学校において、『創造的進化』第三章についての講義を行っている（日程は、三月一四日、二一日、二八日、四月二五日、五月二日、九日の計六回）。そこでの主題のひとつが、われわれが主張している、ベルクソンの哲学のなかに知性と物質の同時的発生という論点を読み取ることであった。ドゥルーズは、われわれが前章にて検討した一九五六—五七年の講義と同様、この講義においても、ポスト・カント派という文脈からベルクソンの哲学を検討し、そこにベルクソン固有の発生の議論を読み込むことによって、カント哲学の問題点を克服するものとして位置づけることを企図している。ドゥルーズは、再び、マイモンとフィヒテの名を挙げ、彼らはカント以後、「超越論哲学から発生的哲学（une philosophie génétique）に移行しなければならない」（Deleuze 2004：166）と要求したが、ベルクソンにとっては、彼らの言う発生の議論は成功していないと指摘する。なぜなら、それはいずれも物質の側からの知性の発生か、知性の側からの物質の発生を論じているにすぎないからである。これに対し、知性と物質の同時的発生という論点こそが、ベルクソンの発生的哲学に固有のものであるとドゥルーズは主張する。「ベルクソンがわれわれに言うのは、発生は二重でなければならないということである。すなわちそれは、発生が、物質の発生であると同時に、知性の発生であり、したがって、それらの相互性の発生でなければならないという意味である」（Deleuze 2004：167）。

　こうした観点からすると、一九五六年の二編のベルクソン論では、知性が物質の形式を持ち、また、「物質のなかに持続の最後のニュアンスを見出すまでに」（ID：52）至らなければならないとは言われているものの、あくまでもそこで強調されているのは、知性と物質の質的差異であって、それらの同時発生という論点ではない。これらを考慮すれば、『カントの批判哲学』から『ベルクソニズム』へと連なる発生という論点をドゥルーズが自覚したのは、やはり一九五六—五七年の講義以降であると言えるだろう。したがって、それ以前のベルクソン論（発表されたのが五六年であれば執筆時期はそれ以前であることは自明である）やヒューム論には、少なくともポスト・カント派という文脈における発生の議論が含まれておらず、そこにドゥルーズの思想的変遷における発展が見出されるべきである（「ベルクソン、1859–1941」では、シェリングの名に言

そして、知性と物質が同時的に発生するのは、持続と物質が一致する地点、すなわち、物質における最小限の持続と持続における最大限の弛緩が交わる点においてである。「知性は、もっとも収縮したもののなかにその感覚（sens）を見出し、それによって物質を支配し、利用する」（B：91）。そして、主観的な持続に帰属するのではなく、延長と共存する質（qualité）、すなわち、物質のなかに知性の形式（空間）の感覚（sens）を見出すことが、経験的な所与をその質的差異に分割する直観の役割に他ならない。「したがって、知性の形式は、知性をその感覚から分離するが、この感覚は知性においてつねに現前しており、それは直観によって見出されるべきであると言えるだろう」（B：90）。直観は感覚（sens）を見出すが、そこで見出される感覚はもはや、主観的・心理的なものではない。なぜなら、直観が持続のなかに見出すのは、物質のなかにある知性の形式の感覚や、知性のなかにある物質であり、つまりそれは、持続のなかに見出される本性上の差異や異質性であるからだ。

「持続のなかに何らかの空間を組み入れ、持続のなかに延長の充足理由を見出すという『物質と記憶』の野心」（B：88）を追求することによってドゥルーズは、ベルクソンの持続概念をめぐる問題の解決という枠を超えて、独自の存在論的観点を引き出している。ドゥルーズがベルクソンとともに強調するように、直観はそれが対象とする持続を前提としている。しかし、持続が質的多様体であり、これによって物質と持続がひとつの持続の弛緩と収縮の運動として理解されることによって、直観は物質のなかに、主観に依存しない感覚や質が、物質や延長と共に厳密に共存しているのを見出すことになる。もはや直観は、主観的な心理的持続を見出す認識能力ではない。むしろ、それは、知性と物質の同時発生を捉えうる存在論的な手段となるだろう。まさに、こうした論点こそ、ドゥルーズがベルクソンの直観概念に見出した意義である。そして、これが、『差異と反復』に持ち越され、そこにおいて展開されるカント批判を理解するためのきわめて重要な論点となる。

第四節　『差異と反復』における強度概念と超越論的経験論

質的多様体としての強度

これまでの議論を整理しつつ問われるべき問題を焦点化しておこう。ドゥルーズがベルクソン哲学において第一に着目するのは直観という着想であった。直観は持続を前提とする。ただし、ここで言われる持続とは、単に分割不可能な主観的意識の連続性のことではない。質的多様体と言い換えられる持続とは、むしろ、いくらでも分割可能であり、分割されるたびに本性を変化させる潜在性として定義されるものである。これに対し、たとえどれだけ分割されたとしても（また分割されなかったとしても）その本性を決して変化させず、あらゆる可能性がすでに現前しているものをドゥルーズは現実性と呼んでいた。ここで注意すべきは、この現実性が適用されうるのは、われわれの知性の形式である数的多様体としての空間（概念）のみであるということだ。そしてここから、知性の形式である空間から区別されるもの、すなわち、主観的持続だけでなく、空間を占める物質や延長もまた、潜在性としての質的多様体の側に含まれることになる。すなわち、質的多様体としての持続とは、そのなかに、物質と主観的持続を共に含み、それらがひとつの持続の弛緩と収縮として共存する潜在的な多様体として理解される。物質と知性、質と延長は、その持続における収縮と弛緩の運動から発生するものである。

及されているにすぎない）。

また、『創造的進化』講義には、「カントは悟性の発生を行おうとしている。確かに、『批判』においては明示的に行われていないが、その人生の終わりにかけて、彼はこの発生の必要性を強く感じた」（Deleuze 2004: 173）と述べられているように、ドゥルーズは、われわれが前章で論じた『カントの批判哲学』における『判断力批判』の評価と「カント美学における発生の問題」における諸能力の発生の議論に結実する論点についてすでに言及していることを付け加えておきたい。

このような持続を前提とし、それを対象とするのがベルクソンの直観である。ならば、直観が、経験的な所与における本性上の差異、質的持続を見出すと言われるとき、もはやそれは、曖昧で不明瞭な主観的感情を対象としているわけではないことは明らかである。直観が見出す本性上の差異とは、質的多様体としての持続のなかに収縮した物質であり、物質のなかに弛緩した持続である。さらに、そこに見出された物質のなかには弛緩した持続が、持続のなかには収縮した物質が見出されることになる。すなわち、直観とは、質的多様体としての持続における弛緩と収縮の運動のただなかにおいて、物質と主観的持続、質と延長を際限なく分割し、そこに本性上の差異や異質性（hétérogénéité）といった「外在性を見出す方法」（Sauvagnargues 2009b : 101）として理解される。[*83] 直観とそれによって見出される持続は、もはや単なる心的能力や、主観的・個人的な意識の連続性でもない。この意味で、ドゥルーズのベルクソン読解は、直観と持続の「脱心理化」を企図しているといえる。そして、われわれは、ドゥルーズにとってベルクソンの哲学は、カント哲学の問題点を乗り越えるために要請されたものだと述べた。では、はたしてそれはどのような意味においてであろうか。

質的多様体としての持続は、それによって物質や知性、あるいは質や延長といった、われわれの経験的所与を発生させる超越論的な原理として理解される。同様に、持続を見出す直観もまた、個人的で主観的な持続を超えたその外部にある固有の持続において、もっとも弛緩したもの（物質、純粋記憶）から、もっとも緊張したもの（知覚、現在）のあいだにある無際限の度合いを見出す存在論的な方法となるだろう。「われわれに非人間的なものと超人間的なもの（われわれの持続よりも劣っている持続、あるいは優れている持続）を開くこと、人間的条件を超克すること、これが哲学の意味である」（B : 19）。直観を哲学的方法とするベルクソンの哲学は、経験的所与を超えてその条件へと向かう。しかし、そこで見出されるのは、カントのように、経験の可能性の条件（空間ないし概念）ではない。ドゥルーズはベルクソンの哲学を、われわれの主観的な原理を超えて、物質や知性そのものの発生原理である質的多様体としての持続を見出す存在論であり、超越論哲学であると理解している。

しかしながら、あるいは、だからこそドゥルーズは、『ベルクソニズム』において、ベルクソンの『試論』に見出される強度についての議論を疑問視する。『試論』においてベルクソンは、痛みや感情、情念や努力といった意識的な諸状態について、なぜそれが「より大きい」や「より少ない」と言うことができるのか、なぜそれが量を持つものとして捉えられるのか

＊83　Riquier（2008）は、ドゥルーズのように、差異の概念や異質性に優先性を与え、「持続や本性的な差異のただなかに、それが創設する空間や程度の差異を、持続や本性的な差異が分化した最後の度合いとして統合する」（362）ことに批判的である。なぜなら、「ベルクソン自身がそれを認めていたように、ラディカルな異質性は、連続性や継起を導くどころか、反対に、それらを排除するように思われる」（Riquier 2008：362-363）からだ。むしろ、ベルクソンにおいては、われわれの内的な生に見られるような連続性の概念こそが実在的であると考えられるべきであり、優先性が与えられるべきであるとリキエは主張する。そして、「連続性がまさに異質性を生み出すのであれば、量はもはや質の最終項として理解されるべきではなく、〔そこから質が生み出される〕質の起動相（inchoation）として理解されるべきである」（Riquier 2008：363）と提案する。リキエによるベルクソンの側からのこうした指摘はもっともであるが、ドゥルーズのベルクソン解釈として修正されるべき部分を指摘しておきたい。第一に、ここでリキエが引用している「持続とは、自らに対して異なるものである」という定義が、一九五六年の「ベルクソンにおける差異の概念」からのものであり、本文においてわれわれが指摘したように、『ベルクソニズム』へ至るあいだに概念上の変化があること、第二に、こちらも本文において述べたように、『ベルクソニズム』においてドゥルーズが空間概念を、持続の極限としてその外部に位置づけていることをリキエの見解は考慮していない。持続の収縮のなかに物質の弛緩を、また、物質の弛緩のなかに持続の収縮を見ることは、もちろん、異質性を見出すことであるが、それは、持続の連続性を質的変化として、すなわち、つねにその内部に異質性を無際限に含む運動性として理解しているのであって、異質性と連続性のいずれかに優先性を与えているわけではない。ドゥルーズは、異質性（差異）と連続性のあいだにいかなる矛盾も認めていない。これがドゥルーズによるベルクソンの持続概念の理解である。むしろ、空間を持続の起動相として捉えるリキエが提示するモデルは、ドゥルーズの主張と相違はないし、少なくとも対立するものではないように思われる。

として表象されるのかと問う。そして、ベルクソンによれば、そうした意識的・心理的状態における強度（intensité）や内包量（quantité intensive）といったものは、客観的に外在する計測可能な原因の外延量と習慣的に結びつくことで量として表象される。また、たとえそれが、外的原因を持たず、それ自体で自足した意識状態（感情、情念）について言われる強度であっても、そこに見出されるべきさまざまな心的事象の複合からなるその多様性は、離散的で数的な多様性と習慣的に取り違えられてしまう（cf. 杉山 2006b: 29-30）。「強度の観念はしたがって、二つの流れの合流点に位置している。すなわち、一方は、外部から外延量という観念をわれわれにもたらす流れと、他方は、内的な多様性のイメージを表面へともたらすべく、それを意識の深みのなかに探しにゆくよう仕向けられる流れである」（Bergson 2011: 54）。だから強度とは、外延量によっても数的多様体によっても、決して表象されえないものであるとベルクソンは結論づける。しかし、ドゥルーズは、このベルクソンの議論について、はたして「それは強度量という概念そのものに批判を向けているのか、あるいは単に、心理的状態の強度という観念に批判を向けているだけなのか」（B: 93）と問いただし、強度を論じるベルクソンの意図が曖昧だと指摘するのである。

では、強度や内包量とは、連続的な主観的持続に数的多様体としての空間表象を持ち込んだ単なる錯覚なのか、あるいは、ベルクソンにおいては、そもそも心的状態は量として表象されるのかと問うこと自体が偽なる問い立てなのであろうか。しかし、強度というものが単なる錯覚や偽なる問題であるならば、われわれがある感覚について、それが「より大きい」や「より小さい」と言うとき、まさにそのときに、われわれはいったい何を感覚しているのだろうか。もちろん、ベルクソンにとっては、そこで感覚されているのは、有機的で連続的な主観的持続であるということになる。しかし、ドゥルーズが主張するように、「強度が純粋な経験においては決して与えられないというのが本当ならば、強度こそ、われわれがそれを経験とするあらゆる質を与えるものではないだろうか（n'est-ce pas elle qui *donne* toutes les qualités dont nous faisons l'expérience）」（B: 93）〔強調は原文による〕。ドゥルーズはまさに、ベルクソン自身が曖昧なままに残した強度概念、より適切に言えば、ベルクソンにおいて、いつのまにか純粋持続や質的多様体と結びつけられてしまった強度や内包量といった概念を肯定的に取り出すことを自らの課題として引き受ける。これが『差異と反復』において引き継がれる主題のひとつとなる。

『差異と反復』においてドゥルーズはこう述べている。「要するに、われわれは、すでに延長のなかに展開され、もろもろの質によって覆われた強度しか認識しない」。ここから、強度量を、経験的な概念や、依然としてよく基礎づけられていない概念として、すなわち、感覚的な質と延長、あるいは物理的な質と外延量さえもが不純に混同された概念としての不純な混同として考える傾向を持つことになる」(DR : 288)。このように言われるとき、それがベルクソンの強度理解へ向けられていることは明らかだろう。『差異と反復』のドゥルーズは、こうした「不純に混同された概念」としての強度概念を退け、それによってわれわれの経験的な質や量、延長が与えられるような純粋な概念としての強度を探索することとなる。すなわちドゥルーズは、『ベルクソニズム』においてすでに、ベルクソンの哲学を論じながらも、ベルクソンの哲学自体を超え出てしまっている。ならばここにドゥルーズ自身の哲学が志向するものが読み取られるべきである。

強度とは潜在性としての質的多様体である

これまでの議論から容易に想像されるように、『差異と反復』においてドゥルーズは、ベルクソン哲学の脱心理化を推し進めることによって、自らの強度概念あるいは内包量の概念を彫琢することを試みる。これは『差異と反復』第五章「感覚されうるものの非対称的総合」において明示的に実行される。そこでドゥルーズは、強度を次のように定義する。

「強度の差異」という表現は同語反復である。強度とは感覚しうるものの理由(raison du sensible)としての差異の形式である。あらゆる強度は微分的であり、それ自身における差異である(différence en elle-même)。(中略）われわれは、無限に二分化され、限りなく共鳴するこの差異の状態を、齟齬（*disparité*）と呼ぶ。齟齬、すなわち差異あるいは強度（強度の差異）は、現象の充足理由であり、現れるものの条件である。電気石を用いるノヴァーリスの方が、空間と時間を用いるカントよりも感覚しうるものの条件により接近している。感覚しうるものの理由、すなわち、現れるものの条件とは、空間と時間ではなく、即自的に不等なものであり、それは強度の差異のなかに、差異としての強度のなかに包含され、そこで規定されるような齟齬を作ること（*disparation*）である。（DR：287）〔強調は原文による〕*84

強度が差異やそれ自身における差異と言い換えられ、それが無限に二分化される現象の充足理由であると言われていることからも分かるように、ここで述べられている強度とは、まさに、われわれがベルクソンの哲学において詳しく見てきた、あの潜在性としての質的多様体に他ならない。強度とは差異のことに他ならず、だからこそ、強度の差異という表現は冗長なのである。ドゥルーズが『差異と反復』第五章の冒頭において強調しているのは、差異は決して経験的な所与（雑多なもの）ではないということ、感覚されうる当のものではないということである。潜在性としての質的多様体である持続が、物質と知性を発生させる経験の実在的な条件であったのと同様に、差異とは、われわれにとって経験的に与えられる「所与がそれによって与えられるもの」（DR：286）である。ドゥルーズがベルクソンを批判するのは、ベルクソンが、あらかじめ質と延長を明確に切り分け、本性上の差異を質の側に、程度の差異を延長の側に振り分けるという観点からしか強度を理解していないからである。「この観点からすると、強度はもはや不純な混合物のようにしか見えないということにならざるを得ない。しかし、ベルクソンは、すでに、強度量に帰するすべてのものを、質のなかに置いてしまった」（DR：308）ということである。

つまり、ベルクソンのように、強度概念を延長に対立する質として理解するのではなく、むしろ、そうした延長と質を生み出す質的多様体として理解すべきであったとドゥルーズは考えているということだ。こうした観点からすると、ベルクソン以上に、強度あるいは内包量を、現象を生み出す超越論的原理として理解していたのは、逆説的なことに、カント哲学に他ならない。したがって、『差異と反復』では再び、カント哲学に対する両義的な読みが加えられることになる。

ドゥルーズの強度（内包量）理解――「直観の公理」と「知覚の先取」批判

『ベルクソニズム』を執筆していた時点でどこまで意識していたのかは確定できないが、ドゥルーズが強度に着目する理由のひとつがカント哲学の批判的読解にあることは容易に想像できる。強度概念は、理念とともに、『差異と反復』におけるドゥルーズ哲学（超越論的経験論）が対象とするもののひとつであるが、ドゥルーズはとりわけ、『純粋理性批判』の「直観の公理」と「知覚の先取」に見出される強度（内包量）の議論について言及している。そこに読み取られるべきなのは、ドゥルーズが強度概念を（理念とともに）自らの超越論的経験論の必要条件として掬い出そうとしていることである。

『純粋理性批判』における強度に関するカント自身の論述に含まれる問題点や矛盾点などについて、あるいは、とりわけヘルマン・コーエン（Hermann Cohen 1842–1918）を始めとする新カント派によるその解釈史の蓄積などを考慮しなければならないことは言うまでもない。*85 ここでは、われわれがベルクソンの直観と持続の議論に見出した論点が、

＊84　ここで言われている齟齬（disparité）という概念や、共鳴する差異といったものについては、おそらくジルベール・シモンドンの用語が念頭に置かれている。米虫によれば、シモンドンの個体化論において、そこから個体を生じさせる前－個体的なポテンシャルエネルギーは、それを構成する諸要素間の異質性を本質的に含みながらも、準安定的な状態を保っている。この異質性によって関係しあう諸要素が「齟齬」と呼ばれ、これを解消すべく行われる自己構造化こそが個体化であり、これら諸要素と構造全体との関係が「内的共鳴」と呼ばれる（cf. 米虫 2008 : 500）。

＊85　新カント派によるカント解釈を踏まえた「知覚の先取」をめぐる議論に関しては、Simont（1997）の第四章、および原

どのような意味でカントにおける強度概念の読み替えを可能にするのかということだけに焦点を絞って論じたい。

「直観の公理」には、われわれがカント哲学の最大の問題点として指摘してきた、悟性と感性の協働という論点が明瞭に現れている。より適切に言えば、『純粋理性批判』における直観の公理とは、悟性概念および直観の形式（空間と時間）という形式的規則が、いかにして感性的多様に適用され、客観を構成しうるのかを証明した部分である。超越論的感性論において述べられていたように、すべての現象は、その形式から見ると、つねに時間と空間という直観の形式を含んでいるとカントは言う。すなわち、感性的直観において与えられる多様は、それら直観の形式による総合的統一、つまり、量として経験的意識に取り入れられる。そして直観において現象は、カントが外延量と呼ぶ量の概念によって思考される。「外延量と私が名づけるのは、部分の表象がそこでは全体の表象を可能ならしめる（それゆえ部分の表象が必然的に全体の表象に先行する）ような、そうした量に他ならない」（Kant 1980: 903〔カント 2012: 365〕）。どれほど短い線であっても、ひとつの点からそのすべての部分を順次生み出すことによって、それを直観において表象しなければならず、また、時間についても、瞬間が順次添加され、継起的に進行するのを表象することによって、それは時間量として思考されることが可能となる。「直観としてのあらゆる現象は把捉における継起的総合（部分から部分への）によってのみ認識されうる」（Kant 1980: 903〔カント 2012: 365–366〕）。したがって、「純粋悟性の原則とは、すなわち、すべての現象はその直観からみれば外延量である」（Kant 1980: 902, note〔カント 2012: 364〕）とカントは主張する。

ところで、量の概念とは、われわれが何らかの対象を比較し、そこから分離するものでもなければ、色や音の感覚のようにわれわれに与えられている単純な感覚でもない。カッシーラー（Ernst Cassirer 1874–1945）の解説を参照すれば、量概念は、「それによって単なる知覚の多様性が規則化され編成された多様性となり、かくして初めて知覚の多様性が客観の秩序となるような総合」であり、それによって「「自然」を諸現象の普遍的法則的秩序として組み立てる」（カッシーラー 2009: 186）ものである。したがって「経験的直観は純粋直観（空間と時間）によってのみ可能である」（Kant 1980: 905〔カント 2012: 368〕）。ゆえに、純粋直観である空間および時間の総合について言われる純粋数学や幾何学的証明は、「必然的に外的経験の諸対象すべての認識にも妥当する」（Kant 1980: 905〔カント 2012: 369〕）ということである。これが直観の公理と呼ばれる。

直観の公理に引き続くのが「知覚の先取」である。直観の公理で示されたように、すべての現象は純粋直観による総合を前提とする。しかし、われわれの経験的直観は感覚を含んでおり、そうしたア・ポステリオリにのみ知られる感覚や質に関しては、純粋直観によってこれをあらかじめ知ることはできない。このような「つねに、ア・ポステリオリに経験において与えられうる」感覚に関して、その「感覚一般としての各々の感覚において（或る特殊な感覚が与えられていないとしても）ア・プリオリに認識しうる何か」（Kant 1980: 907〔カント 2012: 371–372〕）を当の知覚や感覚の経験に先立って確定することが「知覚の先取」の課題となる。

カントの主張はこうである。「すべての知覚そのものを先取する原則とは、次のことを言う。すなわち、すべての現象において、感覚と、その対象においてその感覚と対応する実在的なもの（フェノメノン的実在性 realitas phaenomenon）は、内包量を、言い換えれば、度をもつということがそれである」（Kant 1980: 906〔カント 2012: 369〕）。これは次のように証明される。われわれの知覚における経験的意識には感覚が含まれているが、そこから純粋直観（形式的な直観、形式としての時間と空間）へと至れば、感覚的な実在が一切消滅する。この過程を逆にたどれば、経験された感覚に至る。すなわち、「感覚の量の産出の総合もまた、最初は純粋直観＝0というところから始まって、感覚の任意の量にまで達する」（Kant 1980: 906〔カント 2012: 370〕）ことになるだろう。ところで、感覚的な質（物体の速さ、温度、電位など）を思惟する場合、感覚それ自体には時間も空間も見出されないからには、そこにはいかなる外延量も

（2013）がとりわけ詳細に論じている。前者は、感性的実在性＝1から、それが失われる感覚＝0とのあいだにカントが前提とする可逆性を批判している。また、ケンプ・スミスは、カントが論理的質としての肯定と否定（この場合で言えば、感覚＝1と0）と、感性的質である力学的内包性との連関を恣意的に結びつけている点を指摘している（スミス 2001: 528–529）。

帰せられない。しかし、カントはそれでも感覚には、外延量とは異なる量が帰せられると言う。それが内包量（intensité）である。ある感覚的な質はつねに単一性として、一瞬間のみを充たすものとして感覚される。さらに、その感覚が欠如したその一瞬間は空虚として、「したがって＝0として表示」（Kant 1980: 908〔カント 2012: 372〕）されるだろう。「ところで、経験的直観において感覚と対応するところのものは、実在性（フェノメノン的実在性 realitas phaenomenon）であり、そうした感覚の欠如に対応するところのものは、否定性＝0である」（Kant 1980: 908〔カント 2012: 372〕）。すでに述べたように、この実在性に対応する感覚は、その欠如に至るまで徐々に減少し、消滅する。「だから現象における実在性と否定性とのあいだには多くの可能的な中間感覚の一つの連続的な脈絡がある」（Kant 1980: 908〔カント 2012: 372〕）ということだ。このように、単一性として把捉され、そこから否定性＝0への接近によって表象されるような量をカントは内包量と呼ぶ。ならば、現象におけるあらゆる実在性は、たとえそれがどれだけ小さなものであろうとも、その感覚を持つ限り、ある内包量、すなわちある度を持っていることになる。「したがって、すべての現象一般は、その直観からみれば外延量として、あるいはたんなる知覚（感覚、したがって実在性）からみれば内包量として、いずれにしても連続的な量である」（Kant 1980: 910〔カント 2012: 375〕）ということができる。経験的直観における感覚は、ア・ポステリオリにしか与えられないが、「しかし、感覚が度をもち、そしてさらにこの度が変化を蒙る限り連続的に変化しなければならないこのような感覚の性質は、必然的としてア・プリオリに洞察されうる。それゆえこの意味において経験的なものの性質、知覚そのものの固有の規定性は「先取」される」（カッシーラー 2009: 191）と証明される。

ドゥルーズはこうしたカントの内包量の議論に独自の読解を加えるのだが、『差異と反復』においてカントの「直観の公理」と「知覚の先取」について言明されている箇所はわずか一頁（DR: 298–299）に満たないうえに、その記述はあまりに簡略であるため、われわれの側でその含意を引き出さざるをえない。そのためには、先に述べたように、ドゥルーズが想定している強度概念が、ベルクソン哲学に見出される質的多様体に対応しているということを念頭に置かなければならないとわれわれは考える。したがって以下では、カントの内包量の議論を、ベルクソンの質的多様体の議論から照射し、それと対応づけながら、ドゥルーズによる強度、内包量読解の含意を析出することを試みたい。

まず、ドゥルーズが端的に指摘しているのは、「カントはすべての直観を外延量として、すなわち、諸部分の表象が全体の表象を可能にし、必然的に全体の表象に先行するような外延量として定義した」（DR：298）ということである。これをドゥルーズは次のように批判する。

しかし、空間と時間は、それらが表象されるようには現前しない。反対に、諸部分は潜在的でしかなく、経験的な直観によって規定される価値のなかにおいてのみ現実化されるのであるから、諸部分の可能性を根拠づけるのは全体が現前していることである。（DR：298）

カントにとって、ある線分や時間が量として表象されるには、それを構成するすべての部分がひとつずつ順次継起されるものとして、その全体が直観されなければならない。これが外延量の定義であった。しかし、すぐに気づかれるように、諸部分によって全体を構成するためには、諸部分間は連続していなければならず、また、諸部分の総和がその全体と厳密に等しくなければならない。すなわちこの場合、分割されても決してその本性を変えることのない全体があらかじめ前提とされ、その分割された部分によって全体を構成しようとしているということである。つまり、カントが外延量について述べているのは、われわれがベルクソン哲学に認めた等質的空間、数的多様体のことであるということだ。それは、すでにあらゆる可能性が事物として現前している現在、そのあらゆる量的区別（différenciation quantitative）を空間として表象しているにすぎず、それによって時間や継起といった連続性を構成することはできない。つまり、カントが直観の公理として提示する「外延的なものとは、経験的直観」（DR：298）であり、決して現象の現れを経験に先立って規定する純粋直観ではないということだ。

「知覚の先取」に対するドゥルーズの批判はより複雑である。というのもドゥルーズは、カントの強度（内包量）理解自体を拒否するのではなく、そこに見出されるべき含意を汲み取り、それをカントの超越論哲学から自らの超越論的経験論へと持ち込もうとしているからである。したがって、カントの知覚の先取において肯定されるべき点と否定されるべき点を見定める必要がある。

まず、直観の公理において述べられていたように、外延量がその部分から全体を構成するためには、部分間が継起的に連続していなければならないが、これを可能にするのは、知覚の先取で示された内包量の連続性である。すなわち、外延量は内包量を前提として構成されるのであり、言うなれば、カントが主張する「純粋直観としての空間、すなわちスパティウムは、内包量〔強度量〕なのである」（DR : 298）とドゥルーズは主張する。この点に関して、ドゥルーズとカントの企図は、必ずしも対立するものではない（cf. 原 2012 : 109）。なぜなら、ドゥルーズが、強度をベルクソンにおける質的多様体として理解していることを考えれば、外延量として認められる現在の一瞬間において与えられる感覚や質は、当然ながら、質的多様体における無際限の差異を含んでいるからである。

しかし、ドゥルーズにとって問題は、カントによるこの内包量、強度の捉え方にある。カントにおいて内包量は、ある感覚（実在性に対応する）からその欠如（否定＝0）に至る連続的な漸減として定義されていた。しかし、なぜ感覚の欠如や消失する点が、直ちにそれに対応する実在性の否定、すなわち、強度がゼロであると言いうるのだろうか。もちろん、われわれは感覚の欠如を感覚することは文字どおりできない。しかし、われわれがベルクソンの質的多様体において理解したように、厳密な意味で強度ゼロであると言いうるのは、持続の外部に局限として位置づけられる数的多様体としての空間のみである。持続の内部にはいかなる欠如も存在しない。すなわち、感覚が欠如する点は、カントがいうような実在性の欠如、否定＝0ではない。むしろそれは、経験的な「感性の極限（limitation）」であり、すなわち、外延量において知覚し感覚する経験的な感性によっては感覚されない無際限の強度が存立する場として理解されるべきである。Simont（1997）はこれを次のように述べている。

感性のゼロ、すなわち、諸々の微小知覚のこの感覚しえないもの、このざわめき、この陶酔、無限小のこの螺旋、世界のこの粉塵、それは、漸進的に可算され、あるいは全体化されることで、客観的に知覚される実在性の一（le 1 de la réalité）を構成する「実在的な」最小限の部分として理解されるべきではない。感性のゼロ、それは理念的な極限であり、発生の必要条件、形而上学的な点なのである。（Simont 1997 : 201）

感性の欠如として理解される強度ゼロとは、むしろそこにおいて感性が、経験的な感性（的直観）によっては感覚しえないものに直面し、直観の形式との協働が破綻する契機として肯定的にとらえられるべきである。それは、実在の否定＝0ではなく、感性がカント哲学における諸能力の協働から解放される肯定的な極限として理解されるべきであるとドゥルーズは考えるのである。

感性の超越的行使

ここからドゥルーズの強度理解にとって重要な論点がいくつか引き出されることになる。第一に、強度それ自体は経験的な感性にとっては感覚しえないもの、言い換えれば、それは、経験的な感性に対する超越である。しかし、重要なことは、この超越としての強度自身が、質と延長として経験される外延量の内部に含まれているということである。それが覆われ展開される「質の下で、かつ延長のなかで、強度はさかさまに現れ、その特徴をなす差異は否定的なもの（限定あるいは対立）の形態をとる」（DR : 303）とドゥルーズは言う。カントが感性の欠如に対応させた実在性ゼロは、強度的差異が経験的感性の側から見られたことによる錯覚、ないし否定であり、質や延長（外延量）を裏返したものにすぎない。むしろ、『差異と反復』のいたるところで述べられているように、強度はつねに質と延長において取り消される傾向を持つのであり、そうした否定的なものの錯覚の下に、当の質と延長という感覚しうるものを構成する原理である強度の実在を認めるべきであるとドゥルーズは主張するのである。

第二に、強度が、直観の形式を介しては知りえず、また、経験的な感覚が欠如する点において見出されるのであるならば、まさにそこにおいて感性や知覚は「それらに固有の総合において、感覚されることしか可能でないもの、あるいは知覚されるしか可能でないものに直面している」(DR : 296) と言うことができる。言い換えると、感性の経験的使用の限界としての強度は、まさに経験的な感性を他の諸能力との協働から解放するとともに、経験的な質や延長を生み出す超越論的な原理へと感性を向かわせることになるということである。すなわち、「感覚されるしか可能でないもの(と同時に、感覚されえないもの)の現前において、感性は、それ自身の限界に直面し、超越的な行使へと高められる」(DR : 182) とドゥルーズは主張する。『純粋理性批判』において、可能的経験の領域を超え、理性が認識の領域において立法を行うことは「超越的使用」と呼ばれていた (PCK : 37–38)。これに倣いドゥルーズは、感性が、強度という自らの限界を固有の対象として行使されることを「超越的行使」と呼び、これをカントのように能力の不当な使用として退けるのではなく、「超越的」という語に独自の意味を与え、これを自らの超越論哲学の条件として内在化することになる。

能力の超越論的な形態は、その離接的で、高次の、あるいは超越的な行使と一体となる。超越的とは、能力が世界の外にある対象に差し向けられることをまったく意味せず、反対に、能力が世界のなかにおいてその能力だけに関わるもの、世界のなかにその能力を生じさせるものを把捉することを意味する。(DR : 186)

第三章においてわれわれが指摘したように、ドゥルーズはカントにおける諸能力の発生の議論を高く評価していた。それは崇高の議論に見出される、理性と構想力のあいだに生じる限界の発生によってそれら諸能力が区別され、その役割が確定されるというものであった。しかし、それは、あくまでも理性と構想力というあらかじめ区別された能力間のあいだに見出される限界であったのに対し、感性の超越的行使において見出される限界は、まさに、ひとつの受動的能力である感性が、諸能力の経験的使用においては感覚されえないものに直面し、これを対象とすることで、それ自身が自らの限界を感覚するというものである。

感性は、他の諸能力（とりわけここでは純粋直観）から切り離されることで、質や延長を伴った外延量のなかに、そこに巻き込まれた強度を見出し、さらには、強度それ自体を感覚することになる。すなわち、強度は、経験的感性にとって感覚しえない超越であるが、強度に直面することで、感性の超越的行使において感性は、まさに経験的感性のなかにその超越を感覚する感覚に生成するということである。つまり、これは、実在的な経験の条件を経験そのもののなかにおいて経験するという意味において、まさに、超越論的経験と呼ぶことができるだろう。

このような超越論的経験においては、その定義上、諸能力の協働や共通感覚が解体ないし破綻している。それはドゥルーズが言うように、ある種の薬物効果、めまいや錯乱といったものに近似する経験となるだろう。

> 強度がそこで展開される延長から独立して、あるいは質に先立って強度を把捉すること、これは諸感官のある歪みの対象である。諸感官の教育学は、この目的に向けられており、「超越論主義」（transcendantalisme）の構成的な部分を成している。薬理学的経験、あるいは、めまいの経験のような物理的経験はこれに近づいている。そうした経験がわれわれに示すのは、もはや質化も延長化もされていない原初的な瞬間における即自的な差異、即自的な深さ、即自的な強度である。このとき、強度の苛酷な特徴が、たとえその度合いがどれほど弱くとも、強度のその真の意味を復元する。それは、知覚の先取だけではなく、超越的行使という観点から見た感性（sensibilité）に固有の極限である。（DR：305）

このように、カントの直観の公理と知覚の先取は、ドゥルーズがベルクソンに見出した持続と直観の議論を踏まえることによって、カント自身の超越論哲学の枠組みを解体し、感性にその超越的行使を可能にすることになる。そして、そこに見出される強度を、経験のただなかにおいて感覚しうるような能力としての感性を生じさせることこそ、ドゥルーズが超越論的経験論と呼ぶものが企図することに他ならない。

結論

われわれは前章と本章にわたって、一九六〇年代におけるドゥルーズ哲学を形容する超越論的経験論の内実を探求してきた。言うまでもなく、これによって超越論的経験論の全貌が明るみとなったと主張するつもりはない。われわれはカントとベルクソンの哲学のごく一部に検討を加えたにすぎず、ドゥルーズが論じた他の哲学者（ニーチェ、スピノザ）の寄与や論点の多くを取り残している。[*86] しかし、これまでの議論から明らかなように、超越論的経験論の根本的な企図は、カント哲学を完全に拒絶するのではなく、その内部から批判的に変更を加え、それによってある意味、その超越論哲学を継承し延長することにある。少なくともドゥルーズは、カント哲学に見出される、限界を介した能力の発生の議論、強度（内包量）、超越的行使といった論点を、独自の観点から読み解き、自らの超越論的経験論へと持ち込んでいることが理解されるだろう。

最後に、前章において、われわれが、ドゥルーズの超越論的経験論を端的に示すものとして引用した部分を再び確認し、その意味を明らかにしておこう。

実は、われわれが感覚されうるもののなかで、感覚されることしかできないもの、すなわち、感覚されうるもののの存在そのものを直接的に把握するとき（quand nous appréhendons directement dans le sensible ce qui ne peut être que senti, l'être même *du* sensible）、経験論は超越論的になり、感性論は必当然的な（apodictique）学となる。

（DR：79–80）〔強調は原文による〕

「感覚されうるもの」とは、感性の経験的使用において、質と延長を伴った外延量として与えられるものであり、「感覚されうるものの存在」とは、それを生じさせる強度である。事実ドゥルーズは、この引用に引き続いて、ここで言われている感覚されうるものの存在（l'être même du sensible）を「質的な雑多なものの理由としての差異、ポテンシャルの差異、強度の差異」（DR：80）であると明記している。ただし、ここで言われている強度とは、ベルクソンのように延長や空間に対立する質に帰属されるものでもなければ、カントのように感覚とその欠如のあいだに見出されるものとして理解される限りにおいての内包量でもない。それらはいずれも、主観的な経験や原理の側から強度を捉えようと（あるいは必然的に捉え損ねることを主張）しているにすぎない。ドゥルーズにとって強度は、こうした心理的観点や、諸能力の協働という人間主義的観点から明確に切り離され、そこに固有の存在論的価値、実在性が認められるべきものである。だからこそ、感性は直観の形式や悟性概念による総合から解放されなければならず、いわば脱人間化される必要があるということである。『差異と反復』は、表象や概念の同一性に従う従来の哲学を批判し、これとは異なる思考を提案しようとしているのだが、ドゥルーズはその端緒を感性の超越的行使に見出す。「思考すべきものへと導く道の上では、一切が感性から出発する。強度的なものから思考へ向かう途上において、思考がわれわれに生起するのはつねに強度によってである」（DR：188）。このように、感性に特権が与えられているのは、感性こそが、世界に存在する「思考を強制するもの」である強度をその超越的行使によって直接的に感覚するからである。ドゥルーズは感性を端緒とし、その超越的行使が想像へ、さらに思考へと強制的に連結するという議論を展開してい

＊86　超越論的経験論を主題とし、本論文が言及しなかったスピノザ、ニーチェの諸概念や問題構成からこれを検討し、「反‐実現論」という独自の論点を提起したものとして、江川（2003）が挙げられる。また、プルーストの寄与分を検討したものに山森（2013）がある。

るが、これについては、すでに指摘したカントの崇高の議論における能力限界論をなぞったものにすぎない（cf. DR：189-190）。ならばむしろ、感性を焦点化し、それを自らの存在論の端緒としたところに、ドゥルーズの超越論的経験論の固有性は見出されるべきである。そして、われわれは、この感性という論点こそが、後期ドゥルーズの自然哲学へと連なる根本的なテーマとなることを後に理解することになるだろう。

第Ⅲ部

ドゥルーズの自然哲学

第五章　前期ドゥルーズ哲学における自然の問題
——『意味の論理学』におけるエピクロス派解釈について

序論

われわれは第I部において、『意味の論理学』（一九六九）と『アンチ・オイディプス』（一九七二）とのあいだにドゥルーズ哲学における断絶が見出されること、そして、この断絶が、自然と人間の関係に対するドゥルーズの問題意識の違いに起因すると主張した。第二章で述べたように、『アンチ・オイディプス』で主張される「人間と自然の同一性」という論点を、断絶以前のドゥルーズは肯定的に採りえない。その理由は、前期ドゥルーズ哲学を特徴づける超越論的経験論という企図そのものにある。なぜなら、超越論的経験論が、非人称的で前人称的な超越論的領野から発生する、個体と世界、命題と事物といった二元性を問うものである限り、「人間と自然の同一性」は、言語的秩序が瓦解した状態か、主観と客観が分節化される以前の状態として、ある種の未分化な深淵や物理的混淆としてしか理解されえないからである。ドゥルーズ哲学において自然が明示的に主題化されるのは、少なくとも、分裂病と自然という論点が結びつけられた「離接的総合」（一九七〇）以降であると考えられる。われわれはここにドゥルーズ哲学の断絶を主張したのである。

しかし、ドゥルーズ哲学における自然というテーマは、突然、何の脈略もなく立ち現れたものではなく、それは前期ドゥルーズのなかに萌芽的に含まれていたとわれわれは考える。そして、われわれが主張したいのは、逆説的ではあるが、ドゥルーズをして自然という主題を前景化することを阻害していた当の超越論的経験論のなかにこそ、自然というテーマの対象化を動機づける要因が見出されるということである。われわれが第四章で示したように、超越論的経験論が対象とする感覚しうるものの存在や強度とは、脱人間化（脱心理化）の先に見出されるべき実在であった。それが、いかなる人間存在も前提とすることなく存在するものであるならば、そのあり方やその運動性は、当然のことながら、人間存在なき自然の内部に見出されるべきものであるからだ。本章では、後期ドゥルーズにおいて明示的に主題化される自然というテーマが、前期ドゥルーズのなかにどのように萌芽的に含まれていたのかを論じることで、ドゥルーズの思想的な断絶を超えて独自の自然哲学へと連なるであろうその連続性を明らかにしたい。

第一節　『意味の論理学』における言語の問題性

前期ドゥルーズにおいて、自然ないし自然主義についての明示的な言及があるのは、『意味の論理学』のエピクロス派の議論においてである。『意味の論理学』においてエピクロス派は、ストア派とともに、言語のひとつのあり方を提起するものとしてドゥルーズが参照しているものである。Rosanvallon & Preteseille（2009）が指摘するように、ドゥルーズがガタリと共に構築しようとしていた自然哲学は、「自然と歴史、自然と文化、より一般化すれば、存在と思考といった、外見上の分離の向こう側に身を置くことで、それらを識別しえないようにすること」（29）を企図している。このとき、彼らのインスピレーションの源泉となったものが、スピノザとニーチェに並んで、エピクロス派の自然主義に他ならない。とりわけ、前期ドゥルーズが論じるエピクロス派の自然主義は、ドゥルーズの超越論的経験論において自然という主題にもっとも接近した契機であったようにわれわれには思われる。

ところで、これまでわれわれが論じてきたように、前期ドゥルーズの関心は、カントの超越論哲学の批判的検討にあった。では、なぜドゥルーズはこの時期に、『意味の論理学』において言語を問題としたのか。当然のことながら、日常的に用いられる言語のあり方や、その本質的構造を明らかにしようなどという意図はおそらくドゥルーズにはない。むしろドゥルーズの関心は、言語における物質性や、それによって表現される出来事に固有の実在性へと向けられている。ストア派やエピクロス派の言語観、さらにはキャロル、アルトーやクロソウスキーの作品における言語が論じられるのは、それらが物質や質料といったものと言語との錯綜した関係を示し、言語によって表現される特異な存在のあり方を提示しているからである。前期ドゥルーズ哲学におけるエピクロス派の自然主義の位置づけを論じる前に、まずは、ドゥルーズが言語に見出した問題の所在を特定すべく、『意味の論理学』における言語概念がどのようなものであったのかを確認しよう。

『意味の論理学』における言語モデル——ストア派の優位性

まず『意味の論理学』第二六セリーにおいて、ドゥルーズは言語を次のように定義している。

> 言語を可能にするとは、音が、事物の音響的形質、物体の音響、物体の能動や受動と混同されないようにするということである。言語を可能にするものは、音を物体から切り離し、音を命題に組織し、音を表現機能のために解放するものである。(LS: 212)

ここで言語とは端的に、物理的な秩序から音や命題が区別される事態として理解されている。ドゥルーズの関心は、一般的な言語の成立条件とされる意味内容や対象指示、心的表象にあるのではなく、いったい何が物理的な事物から命題を区別するのかということに向けられている。ここでドゥルーズが参照するのが、ストア派とエピクロス派の言語観である。

古代の偉大な二つの体系、エピクロス派とストア派は、言語を可能にするものを事物のなかで指定しようとした。ただし、彼らはまったく異なる仕方でそれを行った。すなわち、自由だけでなく、言語とその使用を基礎づけるために、エピクロス派は原子の偏向（語尾変化 déclinaison）というモデルを、反対に、ストア派は出来事の結合（活用 conjugaison）というモデルを打ち立てた。（LS: 214）

第一章において指摘したように、『意味の論理学』が主に採用するのはストア派の言語観である。ストア派は、能動と受動の混交である物体から区別される言表可能なもの（lekton）、空虚、場、時間が客観的に存立することを主張する。ドゥルーズはなかでも、言表可能なものに着目する。命題によって表現されるこの言表可能なものは、当の命題が指示する事物の状態や心的表象に還元されない。というのも、物理的事物は他の事物に作用するのに対し、物体的事物間の能動と受動の帰結として生み出されるものは、そのような物体ではなく、「非物体的な述語、表現可能なもの、動詞、論理的あるいは弁証論的な属性」（Bowden 2005: 77）であるからだ。これらをドゥルーズは、物理的事物からも当の命題からも区別されるが、それらによって表現される「出来事」と呼ぶ。[*87] ストア派に見出されるこうした議論を言語に適用し、言語に見出される意味、「非物体的」、「中立的」、「無感動的」な出来事が、命題を雑音から区別する言語の条件であるとドゥルーズはいう。ある命題の意味は、事実上、他の命題によって指示可能であり、それはつねに単なる個別的な名にすぎない。ならば、当の命題や名から区別される意味それ自体は、命題からつねに逃れることになる。さらに、命題によって表現されるその意味は、命題の述語によって表現される主語に帰属する属性ではなく、命題が指示する事物そのものの属性である。いずれの場合においても、「意味は、意味を表現する命題とも、命題が指示する事物の状態や形質とも混じり合わない。意味は、まさしく命題と事物の境界である」（LS : 34）。したがって、出来事と意味がともに、命題と事物を区別するものである限りにおいて、「出来事とは意味そのものである。出来事は本質的に言語に帰属し、言語と本質的な関係にある」（LS : 34）とドゥルーズは主張する。

さらにドゥルーズは、こうしたストア派解釈を、単なる言語の問題としてではなく、存在論として読み替えている（近藤智彦 2008 : 44）。というのも、Beaulieu（2005）が指摘するように、出来事は、物理的事物とも、単なる妄想や虚構、抽象物とも異なる存在者であるからだ。すなわち出来事は、「第一原素、イデア－形相、不動の動者への準拠に依存することなく実在性を実験にかける模範的なモデル」（Beaulieu 2005 : 49）を示唆する。したがって、こうした出来事や意味は、プラトンの超越的なイデア論とも、ニーチェが賞賛した前ソクラテス哲学の唯物論とも異なる「第三の哲学者のイマージュ」を呈するとドゥルーズは主張する。つまり、『意味の論理学』は、こうした出来事という特異な実在性によって、観念論でも唯物論でもない仕方で、存在について語ることを企図している。ドゥルーズがストア派の議論を採用する理由はここにあるといえるだろう。

出来事は言語の条件たりうるか

しかし、ここで次の疑問が浮かぶ。すなわち、アラン・バディウ（Alain Badiou 1937– ）の批判を俟つまでもなく、こうした出来事の実在性が、ドゥルーズの意図に反して、やはり、プラトン主義的な「善」に近似するのではないかということだ。この場合、物理的事物や個別的な存在者は、一者である出来事の単なる様相や幻影にすぎず、「意味の多数性、諸存在者の持つ曖昧さはいかなる実在的ステータスも持たなくなる」（Badiou 1997 : 41）ことは明らかである。また、Smith（2009）がスラヴォイ・ジジェク（Slavoj Žižek 1949– ）の『身体なき器官』を引きながら指摘して

＊87　Cf. Bowden（2005 : 75–79）、近藤智彦（2008 : 42–46）。

いるのは、『意味の論理学』が「物理的な原因の効果としての意味と、〔物理的〕原因の原理、ないし存在者の生産原理としての意味」(82) という二つの競合する存在論によって構成されているということである。

しかし、『意味の論理学』の議論は、そもそもこうした二元論を前提としているのではなく、むしろ、中立性としての出来事が、物理的な事物と、言語によって表現可能な命題とを区別しうるような「意味の論理」を探求することにある。すなわち、ドゥルーズの意図は、出来事と物体、あるいは効果としての意味と原因としての意味といった区別をそもそも可能にする条件を探求することにあり、それが言語を論じる掛け金となっている。とはいえ、『意味の論理学』が、唯物論と観念論の二元論的な対立によって構成され、物理的事物の発生が物体間の相互作用からの出来事それ自体の発生を説明し、補完するように見えるというジジェクの批判にも一理あることは事実である (Žižek 2004: 21-22)。確かに、第一章においてわれわれが指摘した、静的発生と動的発生によって構成されている『意味の論理学』全体の構図が、ジジェクのいう二元論的対立を傍証しているともいえるだろう。では、こうした批判的な見方をあえて引き受け、なおかつ、出来事を単なる超越的な一者としないためには、少なくとも出来事と物理的事物とを結ぶ別の論理を『意味の論理学』のなかに見出さなければならない。そして、出来事の議論がストア派に対応するとすれば、もう一方の言語モデルであるエピクロス派の議論は、バディウの非難をかわす仕方で、出来事と物理的事物を再び繋ぎ合わせる論理を提示しているのではないだろうか。これがわれわれの作業仮説である。こうした仮説に従って、『意味の論理学』におけるエピクロス派の意義を特定してみよう。

第二節 『意味の論理学』におけるエピクロス派の位置づけ

『意味の論理学』におけるエピクロス派の位置づけの曖昧さ

まずは、『意味の論理学』においてエピクロス派の言語観が、ストア派のそれとは対照的に、どのような位置にあるのかを明確にする必要がある。しかしながら、『意味の論理学』本編においてエピクロス派についてのまとまった記述はなく、その評価については決して明瞭ではない。たとえば、冒頭の第二セリー「表面の効果のパラドクスについて」の注は、エピクロス派の位置の不明瞭さを端的に表している。

> エピクロス派もまたストア派にきわめて近い出来事の観念を持っていた。（中略）その出来事は厳密には非物体的ではないようだが、それでも、それだけでは実在しない、物質の運動の非情で純粋な結果、物体の能動と受動の純粋な結果として提示されている。にもかかわらず、エピクロス派は、出来事の論理を展開しなかったようである。（LS: 16, note）

ここでは、ストア派とエピクロス派のいずれもが、似たような出来事の観念を持つという点から、むしろ両者の近さが指摘されている。ドゥルーズによれば、両者の出来事の観念が類似するのは、両者における因果関係の捉え方が、他の哲学者のそれとは異なることに起因する。「［ストア派とエピクロス派］いずれの場合でも、以前のアリストテレスや以後のカントが為すごとく原因性のタイプを区別する代わりに、因果関係を解離させることから開始している」（LS: 16）。しかし、ストア派とエピクロス派の区別は、両者における原因と結果の区別の違いにおいて際立つことになる。

因果性に関するストア派とエピクロス派の差異

すでに述べたように、ストア派の出来事は、物理的事物の効果であって、他の物理的事物に対する原因とはなりえない。出来事は、他の非物体的な出来事とのみ関係を結ぶ。ドゥルーズは、一方の出来事に対して原因となる他方の出来事をストア派に倣い「準原因」（quasi-causes）と呼ぶ。ストア派においては、物理的な因果関係の連鎖と、非物体的な出来事間の因果関係が区別され、それぞれが「運命」と「必然性」として独立した単位を形成することになる。これに対しエピクロス派は、ストア派の設定するこうした因果の区別を認めない。そもそも、エピクロス派は、物理的因果性から区別される出来事の独立性を認めず、「原因と結果の同質性を保存する」(LS : 16) とドゥルーズは指摘する。というのも、エピクロス派において、すべては原子の運動と衝突、合成と解体によって一元論的に生じるからである。そして、エピクロス派は、物理的原因と非物体的効果の間にではなく、「その各々の独立性がクリナメン(*clinamen*)によって保障されている、原子の連鎖に即して原因性を切り分ける」(LS : 16)。クリナメンについては後に検討するとして、ここで理解しておくべきは、ストア派とエピクロス派の差異は、物理的な原因の結果が、当の物理的事物から独立した非物体的な出来事となるのか、あるいは、それもまた物理的な事物としての出来事となるのかという点にあるということである。両者の言語観の相違は、その因果関係の捉え方の差異に起因する。

ストア派との対立点をさらに明確にするために、ドゥルーズのエピクロス派理解が主題的に論じられている、『意味の論理学』の付録として収録された「ルクレティウスとシミュラクル」を分析しよう。

「ルクレティウスと自然主義」(一九六一)と「ルクレティウスとシミュラクル」(一九六九)

「ルクレティウスとシミュラクル」は、一九六一年の『哲学研究』(*Les Études philosophiques*)誌上に掲載された「ルクレティウスと自然主義」という論文が改題、加筆修正されたものである。当初の題名にあった自然主義がシミュラクルに変更されているという事実が、当時のドゥルーズにおける自然というテーマの後景化や、ある種の抑圧を示唆しているようにも思われるが、いずれにせよ、『意味の論理学』に再録されるにあたり、「そのテーマは存続するとともに、〔付録である「ルクレティウスとシミュラクル」に〕先立つセリー〔すなわち、『意味の論理学』本文〕において簡潔に示されるだけであった点が進展されている」(LS : 8) と述べられている。再録されるにあたり、重大な論点の変更が見られないことをあわせて考えると、少なくともその執筆時期は『意味の論理学』本編執筆と並行して行われたか、あるいはその後であったと推定される。[*88] ここでは、両論文を比較検討し、その変更点を分析することで、『意味の論理学』において見出されるべきエピクロス派の要点、ないし強調点を析出する。

まず、すでに述べたように、「ルクレティウスと自然主義」と「ルクレティウスとシミュラクル」の議論展開に、さほど大きな相違はない。簡略に確認しておこう。ドゥルーズはまず、ルクレティウスの哲学が「自然主義」(naturalisme) であることを指摘する。そして、「自然主義」の条件が列挙されるとともに、自然における諸要素(原子)の多様性を、一者(Un)、存在(Être)、全体(Tout)といったものに還元するエピクロス派以前の哲学が、「神学に浸りきった偽なる哲学の神話」(LS: 325) として退けられる。人間におけるこうした「精神の偏執狂、運命における信念の思弁的な形式、偽なる哲学の神学的な形態」に属するものを、自然に属するものから区別することが、自然主義としての哲学の実践的かつ思弁的な課題であり、この意味でエピクロス派の哲学は「肯定の哲学としての自然主義」(LS: 324) であると評価される。

当該論文が『意味の論理学』の付録として収録されるにあたり、修正ないし変更されたのは以下の二点に絞られる。第一に、自然主義の第三の条件に含まれていた因果関係の部分が第四の条件として独立したこと、第二に、「無限の理論、時間的最小と空間的最小の理論」としての時間論が新たに付け加わっていることである。以下順に確認しよう。

＊88　事実、両論文においては、『意味の論理学』本文後半部において肯定的に採用されていた精神分析における「幻想」(phantasme) の議論に否定的な評価がすでに加えられている。Lecercle (2002) も指摘しているように、一九七〇年代以降、『意味の論理学』において重要な部分を占めていた幻想という概念は、後に跡形もなく消え去った」(Lecercle 2002: 100)。ならば、『意味の論理学』本編執筆以降に、エピクロス派への価値付与がなされたと考えるのが自然であるだろう。この意味でも、「ルクレティウスとシミュラクル」は、『意味の論理学』以降顕著となる精神分析への態度変更、さらには『千のプラトー』(一九八〇) において自覚的に展開される自然主義哲学への方向性を窺いうる重要な資料であるということができる。

エピクロス派の自然主義の条件

すでに述べたように、エピクロス派の独自性は、その因果関係の捉え方にある。ドゥルーズは、その「強靭に構造化された因果原理」の条件を八つ挙げ、それらがエピクロス派の哲学を構成していると述べる。われわれの議論に関わる前半の四つだけを要約する。

(1) 原子とは思考されるべきものであり、思考されるしかないものである。これに対し、感性的対象は感覚に与えられるものである。エピクロス派においては、思考と感性が対比されると同時に、類比（analogie）によって両者間の移行が可能となる。

(2) 原子の総和、および空虚が無限であり、原子と空虚の総和も無限であること。

(3) 空虚のなかであらゆる原子は等速で落下する。原子同士が衝突するためには、原子の運動に初期方向を与える総合が必要となる。これがクリナメン（clinamen）である。そしてクリナメンによる総合は、「連続的な最小時間よりも小さな時間内で行われる」（LS : 311）。この連続的な最小時間は、思考によって把握される。クリナメンが示すのは、偶然性や未決定性ではなく「原因を全体に統一することの不可能性である」（LS : 312）。

(4) ここでストア派とエピクロス派が対比されるが、その対立点は『意味の論理学』本編と同様、因果性の分割の仕方にあるとされる。すなわち、「ストア派は物体的原因と非物体的結果の間の本性の差異を肯定」（LS : 312）し、結果はつねに結果に差し向けられて結合（conjugaison）を、原因は原因に差し向けられ統一性（unité）を形成する。これに対してエピクロス派は、原因と結果はともに物理的因果性に帰属するので、両者に本性上の差異はないとする。原因は結果に差し向けられるが、各々の因果系列に影響を与えるのは最小の時間において生じる偏角（déclinaison）であって、原因がいかなる統一性を形成することもない。

ここに見出される四番目の条件が、『意味の論理学』における「ルクレティウスとシミュラクル」において新たに付け加えられた部分である。[*89] これらの条件が相互に結びつくことによって、エピクロス派に固有の自然観が形成されることになる。すなわち、原子の運動が思考によってのみ把握可能なのは（条件1）、それが思考可能な時間の最小よりも小さな時間における総合の結果だからであり（条件3）、原子と空虚の総和が無限であるのは（条件2）、思考と感性が対比的に連関することに起因する（条件1）。「充満と空虚、存在者と非存在のそれぞれは、他方を限界づけつつ、限界づけられていないものとして自らを提示する」（LS: 308）。この絶えず対立する二つの項が相互に規定し合い、その度ごとに一方が他方に対して過剰となることで無限なる自然が構成される。ゆえに、「自然とはまさに総体であるが全体ではない」（LS: 308）。これがエピクロス派における自然の捉え方である。

そしてドゥルーズはここで、極めて重要な問いを発する。すなわち、「自然の思考は、原因を全体に統一すべきなのか」（LS: 312）というものである。エピクロス派にとって当然答えは否である。なぜなら、エピクロス派において自然とは、全体化することのない多様体であるからである。したがって、こうしたエピクロス派の自然主義的観点は、因果関係に統一性を導入するストア派と明確に対立することが理解される。Beaulieu（2005）が指摘するように、この自然主義的観点に関して「ドゥルーズは、偶然性を拒否したストア派とは一線を画するように思われる。ストア派

＊89　残りの四つの条件を列挙しておく。⑸同じ大きさと同じ形体の原子は無限にある。⑹原子はその形体が許容する限りにおいて組み合わせられる。どのような原子もあらゆるすべての原子と合成に入るわけではない。⑺原子各々の組み合わせは有限であるが、無限の組み合わせがある。原子は同じ身体のなかで自らとは異なるものの異質性を構成する。⑻雑多なものの生産から雑多なものの再生産がいかに生じるか。原子による身体と世界の構成。物体は絶えずそれを合成する要素を失うが、その物体が属している集合や、その集合が交流する別の集合が当の物体に新たな要素を与える。「身体はそれを生産する種子のような一定の元素から生まれるだけでなく、身体を再生産するに適する母のような一定の環境のなかでも生まれる」（LS: 314）。

の思想への彼の忠実さは、ここでは相対的である」(67–68)。自然の多様性を思考する「哲学における多元論」(LS : 308) は、ストア派のように出来事を「準原因」として一つの単位に統合する必要はない。そしてこの自然主義に固有の論理が明瞭に現れるのが、『意味の論理学』に収録されるにあたって加筆されたその時間論であるとドゥルーズは主張する。

自然を思考するということ——エピクロス派における時間の理論

ドゥルーズは、時間の理論こそエピクロス派の自然学において「極めて美しくかつ難解な理論」(LS : 316) であるとして最大限に評価するが、それはいったいどのようなものだろうか。

まず、原子は、われわれの身体を含む物理的対象を形成する。しかし同時に、そこからは、「特別に繊細で軽微で流体的な元素」(LS : 316) が絶えず流出している。物理的対象からは区別される「二階の合成体」を形成するそれら元素は、音、臭い、味、熱など「身体の深層から流出する」ものと、視覚によって測定される形態や色といった物理的な対象の「表面から切り離される」(LS : 316) ものとに区別される。前者が深層からの流出 (émission)、後者が表面のシミュラクル (simulacre) と呼ばれる。そして、流出とシミュラクルとして規定される性質、すなわち、「対象から離れて、また、対象のなかで認知される質として」(LS : 317) 把握される感覚的な質が、なぜ対象に帰属することができるのかとドゥルーズは問う。シミュラクルが出来事や意味と同様、物理的事物から区別される非物体的性質であるからには、これはすなわち、われわれが言語の成立条件として挙げておいた、名としての命題と物理的事物との関係と同型の問いである。

ここに時間の理論が介入する。エピクロス派は、類比によって思考と感性が架橋されることで、感覚可能な時間の最小があるのと同様に、思考可能な時間の最小もあるという。そして、クリナメンとは、思考において「それなしには原子の衝突が生じない、原子の運動に、その初期方向を与える総合」(LS : 311) であるが、この思考の総合による原子の偏角は、「思考可能な時間の最小よりも小さい時間で起こる」（LS : 317）。ならば、感性的な質であるシミュラクルの流出もまた、「感覚可能な時間の最小よりも小さい時間で起こる」（LS : 317-318）ことになる。ここでは感性から思考へ、思考から感性へと推論が推移していることが理解されるだろう。そして、原子の偏角がつねに思考可能な時間の最小よりも小さな時間において生じるならば、それは思考されうるいかなる小さな時間のなかにも遍在していることになる。したがって、シミュラクルの流出もまた、感覚されうるいかなる小さな時間のなかにもすでに存在している。その結果、物理的対象が感覚器官に到達するときには、感性的質を構成する「シミュラクルの流出はまだ対象のなかにあるとわれわれには思われる」（LS : 318）ことになる。つまり、感覚的な性質が属性として対象に帰属するのは、思考不可能な時間における総合による原子の偏角と、感覚不可能な時間におけるシミュラクルの流出という質的に異なる時間の差異とずれが、類比的に連関されることによって可能となる。[*90] 知覚対象の感覚的属性は、思考と感性の相互的な「漸増減（gradation）」によって規定される。つまり、「思考可能なものから感覚可能なものへ、また、その逆へと移行させ」（LS : 318）、両者が連接されることで、ある性質が属性として対象に帰属する。この思考と感性における時間の差異による相互規定という論点こそ、ドゥルーズがエピクロス派の自然主義のなかに見出した決定的な論点である。

第三節　存在と言語

本章第一節で指摘したように、ストア派における出来事概念の問題点は、非物体的な出来事の実在性と、その原因

＊90　したがって、ここでは四つの異なる時間が区別されている。すなわち、⑴思考可能な時間の最小よりも小さい時間（クリナメンによる原子の偏角）、⑵思考可能な連続的時間の最小（一方向での原子の速度）、⑶感覚可能な時間の最小よりも小さい時間（シミュラクル）、⑷感覚可能な連続的時間の最小（対象知覚を保障するイマージュ）である。

である物理的事物との関係性にあった。すなわち、非物体的な属性がいかにして物理的事物の属性としてそこに帰属するのかという問いに対する説明がストア派には欠如しているのである。これに対し、われわれが検討してきたエピクロス派の自然主義は、知覚対象の属性が対象に帰属するのは、知覚以前の元素であるシミュラクルが思考と感性の類比によって架橋されることに起因すると説明する。たとえ、感官に与えられる感覚的質が弱まったとしても、「対象に関係づけられているという特性はつねに存続する」(LS : 317)。ここから理解されるべきなのは、エピクロス派の自然主義は、物理的原因から出来事を区別するストア派とは異なり、出来事を物理的事物と同列に置くだけでなく、非物体的な属性を物理的事物のなかに存続させる論理を提示しているということである。このエピクロス派に見出される論点こそが、『意味の論理学』の主たる参照項であるストア派の言語概念の欠損を埋め、これを下支えしている。これを確認しておこう。

出来事としての存在すること

第二五セリー「一義性について」においてドゥルーズは、『差異と反復』においても主要なテーマのひとつであった「存在の一義性」(l'univocité de l'être) について論じている。『差異と反復』においてドゥルーズは、「存在の一義性」が意味するのは、存在は、それについて語られるあらゆるものの唯一同じ意味において語られることであると述べていた。この場合の存在とは、さまざまな命題や存在者によって表現される「唯一指示されるもの、存在論的に一なるものとしての存在」(DR : 53) である。こうした存在の一義性とは、モンテベロが述べているように、「有限と無限、創造されたものと非創造者たる神、可能的なものと必然的なものといったあらゆる区別に」先立つという意味で、「神と被造物に共通する存在の概念」(Montebello 2008 : 71) であるだろう。すなわち、ここで問題となっている一義性とは、個別者としての存在者や特殊な命題から区別される限りでの存在の一義性である。そして、この存在と命題との関係は『意味の論理学』において、唯一の出来事ともろもろの出来事との関係に読み替えられる。すなわち存在とは、「もっともさまざまな事物に生じるあらゆることに対する唯一の出来事（un événement unique）として、あらゆる出来事（les événements）に対する端的な出来事（*Eventum tantum*）として到来する」（LS: 210）とドゥルーズは主張する。ルセルクルが指摘するように、大文字で表記されたこの端的な出来事は、「〔事物として〕生じるあらゆるものへの現実化を逃れる」（Lecercle 2002: 115）。すなわちそれは、いかなる名、賓辞、命題といった個別的な事物にも還元されず、これらの水準から区別される。この存在が、ストア派における出来事、すなわち、「人称も現在形もさまざまな態もなく、限定されていない不定詞の形態」（LS: 216）として、動詞が表現する「端的な出来事」に対応する。

言語における一義性

ドゥルーズはさらに議論を進展させる。しかし、存在が一義的であるためには、存在はそれを表現する名や命題によって指示されるのみならず、「個体的様態に対して、数的に区別される指示項や表現項に対して、存在論的に同じ意味」（DR: 53）でなければならない。命題によって語られる存在の一義性と、存在について語られる命題の「偽の一義性」とを混同することは誤りである。ここでドゥルーズは、「しかし、存在が〔事物として〕到来することがなければ語られず、また、存在はあらゆる出来事が交流する唯一の出来事であるとすれば、一義性は到来するものにも、語られるものにも同時に帰せられることになる」（LS: 211）と主張する。ここではすでに、一義性の議論が、先のストア派に見出された議論とは異なる水準に移行している。ここでの一義性はもはや、命題によって表現される中立的な出来事としての存在の一義性ではない。そうではなく、これは、言語外的な事物に対して帰属可能な属性と、言語によって表現される存在との間に成立する一義性である。すなわち、ドゥルーズが要請しているのは、物体や事物の状態に帰属可能な属性と、命題によって表現可能なものとのあいだの一義性が成立することである。そして、非物体的な属性を物理的事物に帰属させる論理を提示しているのは、エピクロス派の自然主義に他ならない。言い換えると、命題によって語られる端的な唯一のストア派的な出来事は、事物や命題として到来する個体的様態としてのエピクロス派的な出来事と結ばれることによってのみ、意義、指示、表出といった言語機能の成立条件となりうるということである。

存在を語る言語

「存在の一義性」の議論に見出されるドゥルーズの意図は、ストア派における超越的な唯一の出来事としての存在と、われわれがエピクロス派に見出した命題や存在者を結びつける論理を組み立てることで、中立的な存在の水準から、言語の水準へと一義性の議論を推移させることにある。この意味で、「一義性は存在から言語へ、存在の外在性から言語の内在性へと移される」(LS : 216) ことになるとドゥルーズは言う。すなわち、言語における一義性はもはや、「存在を類比というパースペクティヴにおいて存在が持っていた曖昧な状態に存続させたままにはしておかない」(LS : 211)。むしろ、超越的な存在の持つ未規定性は、言語表現によって徐々に規定可能なものとなる。ならば、述定や名指しといった言語的行為こそが存在の属性を構成し、事物や命題の多様性は、まさに、バディウの思惑に反し、一なる存在に還元されることなく、むしろ、その内的な属性を構成するものとして全面的に肯定されることになるだろう。少なくともドゥルーズはここに、言語が真に存在論を語りうる言語となる可能性を見出しており、これこそ『意味の論理学』が言語を主題とする動機であるとわれわれには思われる。

このように『意味の論理学』の言語概念は、ストア派のように物理的秩序から非物体的な出来事の実在性(存在)へと向かう方向性に加えて、当の出来事を名や命題といった物理的事物(言語)へと内属させるという二つの異なる方向性を有しているように思われる。正確に述べれば、物理的秩序から区別される中立的・非物体的な出来事としての存在を、それを表現する存在者や個別的な命題に帰属させることにこそ言語の本質がある。「出来事は、本質的に言語に属し、言語と本質的な関係にある。しかし、言語は事物について語られるものである」(LS : 34)。そして、属性を事物に帰属させる論理が見出されるのは、まさに、エピクロス派の自然主義においてであるということである。ここに『意味の論理学』におけるエピクロス派の意義がある。

第四節　自然から見た超越論的経験論の問題

これまで述べてきたように、『意味の論理学』の言語概念には、明示的に採用されるストア派の議論に比べ、きわめて不明瞭ではありながらも、エピクロス派の議論が果たすべき役割を特定することが可能である。そして、エピクロス派の議論は、単に『意味の論理学』における言語概念を構成する要素に留まるものではない。むしろ、その自然主義によって示されている当のものに目を向ければ、それが通常の意味での思考や感性によっては捉えることのできない物質性やその微細な運動性、あるいは、自然そのものの能産性や生産性であることが分かる。そして、ドゥルーズがエピクロス派のなかに見出した時間論は、思考不可能な最小の時間と、感覚不可能な最小の感覚の類比関係における総合を論じているのであり、端的に言ってこれは、時間と空間を感性的直観の形式とするカント的な超越論的感性論の議論を、まさに自然それ自体の内部において展開していると解することができるだろう。エピクロス派の自然主義が示しているのは、いわば、思考と感性の超越的行使であり、そこから感性的対象が発生する論理に他ならない。ドゥルーズの超越論的経験論が、感性を諸能力の協働から解放し、感性に固有の対象である強度や内包量の多様を把捉するものであったからには、思考と感性の協働のあいだに、固有の時間的差異やずれを挿入することで、それぞれの能力の限界を超過させ、自然の内部における感性的対象の発生を描くエピクロス派の自然主義とは、まさに、超越論的経験論という語で形容される当のもの以外の何ものでもないということである。

にもかかわらずドゥルーズは、自らの超越論的経験論をこうした自然主義に結びつけるには至らなかった。なぜだろうか。

超越論的経験としての分裂病

これまでに指摘したように、超越論的経験論は、一九六〇年代後半に至るドゥルーズ哲学を適切に形容するものである。前章までの議論をまとめれば、超越論的経験論とは、五〇年代後半から顕著にドゥルーズが関心を向けるポスト・カント派の議論に沿いつつ、カントの超越論哲学を批判的に検討し、そこに独自のベルクソン哲学の読解が加えられることによって獲得されたものであった。ドゥルーズは、カント哲学の根幹に、諸能力の発生という論点を見出し、それをカント哲学が前提とする諸能力の協働という前提から切り離すことで、感性が自らの限界（強度）を自ら感覚する能力として発生するという論理を構築する。これによって、悟性と感性（直観）における乖離と齟齬、経験の形式的条件（悟性概念、カテゴリー、直観の形式）による実在的な経験の不当な総合といったカント哲学の問題点が乗り越えられる。ドゥルーズは、カントの超越論哲学に含まれていた問題点を克服することでこれを換骨奪胎し、同時に、発生、強度、超越的行使といった論点を引き継ぐことで、真なる意味での超越論哲学を構築することを企図していたということができるだろう。

ところで、超越論的経験論がカント哲学の批判であることを考えれば、超越論的経験論が記述する経験とは、当然のことながら、思考や感性、構想力といった諸能力が協働して機能するわれわれの常識的な経験の条件が解体した状態であることは自明である。ドゥルーズはこれを肯定的に捉え返すことによって、経験において、また経験的事物のなかに、カント的な意味での感性によっては感覚しえないものを感覚するという経験を描いている。したがって、前章で示唆しておいたように、超越論的経験論で描かれる経験が、ある種のめまいや錯乱、薬理学的な効果に近似したものとなるであろうことは想像に難くない。ドゥルーズが『意味の論理学』において論じているアルトーの分裂病的言語や、クラインによる幼児の分裂病態勢は、いうなればそうした超越論的経験の事例であるといえる。アルトーの言語は、事物と命題を区別する言語的秩序が解体した状態であり、クラインが記述するのは、部分対象の摂取と投射のみからなる自我形成が成される以前の状態であるからだ。つまりドゥルーズは、超越論的経験論を、諸能力の協働、言語的秩序、自我（人称）形成といった人間的条件が、いわば瓦解し解体したものとして理解しているということである。本書ではこれを、脱心理化、あるいは脱人間主義と呼び、前期ドゥルーズ哲学を特徴づけるものとして理解してきた。しかし、超越論的経験論を、このような脱人間主義的経験において理解することこそが、ドゥルーズ哲学において自然というテーマが主題化されることを阻害している要因であるとわれわれは考える。

最晩年における超越論的経験論との相違

われわれはこれまで、超越論的経験論を、あくまでも、思想的断絶が見られる以前の前期ドゥルーズ哲学に限定して論じてきた。しかし、ドゥルーズは、最晩年のテキストである「内在──ひとつの生……」に至ってもなお、超越論的経験論という形容を手放すことなく、これについて語っている。「超越論的経験論は、主観と客観によって世界を作り上げるあらゆるものに相反して語られるだろう」（RF：359）。ならば、われわれの主張とは異なり、超越論的経験論は、ドゥルーズの全生涯にわたって展開された、彼の哲学そのものを形容するものなのだろうか。もちろん、われわれもまた、ドゥルーズの哲学は一貫して超越論的経験論であったことに同意する。ただし、強調しておきたいのは、超越論的経験論の内実もまた、われわれが論じてきたドゥルーズ哲学における思想的断絶や変遷に伴って変化を遂げているということである。

「内在──ひとつの生……」を見てみよう。決して説明的とは言えないその短いテキストは、確かに超越論的経験論を主題的に論じている。しかし、一見して気づかれることは、そこには、分裂病やそれに類した特異な経験についての言及が一切ないということである。これは、精神疾患や幼児の分裂病態勢といったある種の特異な経験を、超越論的経験の事例としていた前期ドゥルーズとは明らかに異なっている。さらに重要なのは、そこで執拗に論じられているのが、超越に対立する内在というテーマであるということである。

純粋な内在について、それはひとつの生（UNE VIE）であり、それ以外の何ものでもないと言うことができるだろう。純粋な内在は、生への内在ではなく、そのいかなる点においても、それ自身が生であるような内在である（l'immanance qui n'est en rien est elle-même une vie）。生とは内在の内在であり、絶対的な内在である。

（RF : 360）

しかし、こちらもわれわれが主張してきたように、前期ドゥルーズは、超越と内在を対立するものとしては捉えていない。むしろ彼の関心は、あくまでも、ある種の超越を認めたうえで、それをいかに内在化するのかということに向けられていた。すなわち、われわれの経験を条件づけるべく、何らかの超越として機能する善き対象、感性の限界、強度といったものを、その発生（超越の発生、限界の発生、個体の発生）を介して経験のただなかに組み込むことが超越論的経験論の企図であったといえる。『意味の論理学』が、出来事という超越を拒むエピクロス派ではなく、ストア派の議論を明示的に採用する理由もここにあるだろう。こうした観点から、「内在――ひとつの生……」を読めば、ドゥルーズが最晩年に語った超越論的経験論には、超越を内在化するというその論理が入り込む余地が一切ないということが分かる。*91 言い換えると、ドゥルーズはもはやかつてのように、分裂病に見られるような人間的秩序の解体や、脱人間主義的な観点から超越論的経験論を理解する必要のないところから議論を展開している。分裂病や薬理学的経験は確かに超越論的経験ではあるだろう。しかし、こうした何らかの特権的な事例や経験といったものに即して超越論的経験論が理解されている限り、それは、超越論的領野を、いかなるものにも依存させることなく自立した「絶対的な内在」として捉えることはできないし、また、そうした超越論的経験において生じている固有の論理や事態をポジティブに捉えることができないことは明らかである。同じ超越論的経験論という名で呼ばれているとしても、それが前期ドゥルーズのそれとまったく同一であると考えるのは拙速である。

自然への内在、内在としての自然

したがって、真に明らかにすべきなのは、ドゥルーズがここで述べている内在や生といったものが何なのかということである。とはいえ、このきわめて簡素で凝縮された「内在」論文からそれを特定することは難しい。ここではいくらかの手がかりを頼りにその意味を推定してみたい。

まず、ドゥルーズは、内在や生を超越論的領野と言い換えるとともに、われわれが第一章において指摘したのと同様、サルトルの『自我の超越』に依拠しながら、ここにおいてもそれが、主体や客体に依存することのない非人称的意識であることを強調する。すなわち、ジョルジョ・アガンベン（Giorgio Agamben 1942- ）が言うように、それは、超越論的領野を意識的なものとして規定するデカルトやフッサールに抗し、いかなる志向性も観念性も介さないひとつの経験として理解されるべきであるといえるだろう（Agamben 1998 : 171）。ドゥルーズは、『差異と反復』と『意味の論理学』以来、一貫して、超越論的領野を非人称的で前個体的なものとして理解している。すなわち、超越論的領野は、伝統的な哲学や現象学が想定するような主観や客観に対抗するものとして、あるいは端的に、カント哲学のよ

＊91　しかしながら、厳密に言えば、超越と内在が対立することは、必ずしも超越自体を全面的に否定、拒絶することを意味しない。これまで論じてきたことからも明らかなように、ドゥルーズ（およびガタリ）の企図は、必ずしも超越を全面的に排除することではなく、超越と経験、超越と内在といったものが対立することなく共存しうる論理を探ることにある。だからこそ、欲望的生産のなかに、否定や排除を持ち込むオイディプス化の論理や、悟性と直観を切り分けることで、超越論哲学のなかに形式的条件と条件づけられるもののあいだの不均衡を導入するカント哲学の体系性が批判されるのである。以下の引用では、超越は内在による生産物であると理解されている。「内在平面の外に崩落する超越、あるいは、内在平面に帰せられる超越さえ引き合いに出すことはつねに可能である。いずれにしても、あらゆる超越は、この平面に固有の内在的な意識流のなかにおいてのみ構成されるのである。超越とはつねに内在の生産物である」（RF : 362-363）。

うな経験の可能性の条件が解体されたときにはじめて経験可能となるようなものとして理解される。ドゥルーズが、内在や生を超越論的領野と言い換えている限りにおいて、それらもこの延長上にある。しかし、これを脱人間化された経験、超越論的経験に依拠するのではなく、別の仕方で捉えなければならない。

おそらく予想されるとおり、本書が主張するのは、ここで内在や生と呼ぶものを、ドゥルーズは自然という主題のなかに求めることになるということである。超越論的経験論が、真に対象とすべき超越論的領野、すなわち、ここで内在や生として提起されているものは、まさに、自然のなかに見出されるべきである。超越論的経験論が描くのは、分裂病や何らかの精神疾患に固有の経験ではなく、エピクロス派が示すような、思考や感性によっては捉えられない微細な要素の運動からなる、まったく特異な自然のあり方となるだろう。

結論

超越論的経験論が示すのは、この世界において、われわれの共通感覚や良識を前提とした思考（諸能力の協働）によっては捉えられない対象（自らの能力の限界、強度）であり、それらから成る世界の特異なあり方であった。このような意味での超越論的経験論は、まさにドゥルーズ哲学全体を形容するものであるといえる。言い換えると、超越論的経験論の向かうべき方向性は、断絶以前のドゥルーズ哲学からすでに確定されていたということである。ただし、『アンチ・オイディプス』以前のドゥルーズはこれを、分裂病をはじめとする脱人間化された特権的な経験によって理解していた。分裂病を持ち出すこと自体が問題なのではない。そうではなく、分裂病者が固有に経験している超越論的経験を、臨床的な事例に落とし込めてしまうことで、ある意味、それに対立する言語的秩序、すなわち、個体と世界の二元性といったものの存立を相対的に認めることになってしまうことが問題なのだ。超越論的経験論が脱人間化という文脈に位置づけられる限り、必然的にそれは、規範となる人間的秩序を、否定的な形であるにせよ残存させることになる。だからこそ、『アンチ・オイディプス』において提示された「人間と自然の同一性」、あるいは人間と自然が区別されないひとつの生産過程といった論点を、前期ドゥルーズは肯定的に取り出しえないのである。

ならば、超越論的経験論は、ある種の超越論的経験とは別のものによって理解されなければならない。それが見出されるべき方向にこそ自然というテーマがある。ドゥルーズがエピクロス派においてすでに見出していたように、その自然主義が描くのは、思考の限界と感性の限界を超えたところで展開される原子の運動であり、通常の意味でのわれわれの思考と感性の使用ではなく、思考と感性の超越的行使において総合される世界である。それはもはや、一切の人間的形象が介在しない自然のあり方とその内的な運動であるだろう。この自然は、脱人間主義や人間と自然の同一性によって形容するには適さない。この自然そのものの運動性は、むしろ、非人間主義的と呼ばれるにふさわしいとわれわれは考える。そして、超越論的経験論は、こうした非人間主義的自然という論点と結びつくことによって、真に、内在やそこにおける生を対象とすることが可能となる。ドゥルーズに固有の超越論的経験論は、その思想的断絶を含みつつ、これを越えて変遷し、一種の自然哲学へと結実するものとして理解されるのである。

次章では、自然内部の能動性や生産性に身を置くことで構築される、ドゥルーズおよびガタリの自然哲学の内実を検討する。

第六章　自然の感性論としてのドゥルーズ哲学

序　論

本章では、一九八〇年代以降に主として展開されるドゥルーズおよびガタリ独自の自然哲学を論じる。前章で見てきたように、前期ドゥルーズ哲学は、エピクロス派の自然主義を論じていながらも、自然というテーマを正面から論じることがなかった。それは、人間（個体）と世界（自然）の同時発生を前提とする超越論的経験論の理論構成自体に起因する。しかし、ならば、何がドゥルーズをして自然というテーマを前景化させ、独自の自然哲学の形成へと向かわせたのか、その転回の要因が問われなければならない。そしてそれは再び、カント哲学への批判と対立がかかわっているとわれわれは考える。とりわけ、カントの「感性論」に対する批判は、ドゥルーズに特異な自然の在り方を開示し、結果的に、ドゥルーズの哲学をいわば「自然の感性論」と呼ばれるべきものとして形成するよう促すことになるだろう。

カントにおける美学と感性論としての esthétique

『純粋理性批判』においてカントは、「美感的」(esthétique) という語に二つの意味があると言う。ひとつは「感性の法則についての学」を意味し、もうひとつは、美的なものに対するわれわれの趣味判断にかかわる、いわゆる美学を意味する。カントは、真なる学となりうるのは前者のみであって、これが「感性論」の名にふさわしいとする。われわれの感性には、空間と時間という直観の形式が備わっており、これを普遍的法則として考究することができるが、趣味判断にはそのようなア・プリオリな法則性は存在しない。だからこそカントは、バウムガルテン (Alexander Gottlieb Baumgarten 1714-1762) が考案する美学 (aesthetica) という発想を批判する。というのも、バウムガルテンは、ライプニッツ-ヴォルフ哲学が設けた区分に従い、人間の能力を、論理によって探求される上位認識能力と、感覚対象を知覚する下位認識能力に分け、前者だけでなく後者についても、可感的な「判明ならざる表象(つまり不明な表象と渾然とした表象)」(小田部 2012:142) を対象とする感性の学を構想するからである。[*92] ア・プリオリな認識が不可能な下位認識能力や、客観的妥当性が担保されない美的判断に、知性の学と同等の判明な知を要求することなど、少なくとも『純粋理性批判』におけるカントにとっては認められない。カントにとって美感的 (esthétique) という語の適用が認められるのは、あくまでも、経験に依拠することなく考究可能な、直観の形式である「感性の法則」を対象とする超越論的感性論だけであるということだ。

ドゥルーズ哲学と感性論

「美感的」という形容をめぐるこうしたカントの二分法に照らして見ると、ドゥルーズは、膨大な数の映画作品に言及する『シネマ』のみならず、イギリスの画家フランシス・ベーコン (Francis Bacon 1909-1992) を論じた『感覚の論理』をはじめ、その著作のいたるところでさまざまな芸術活動や芸術作品について論じているにもかかわらず、興味深いことに、その関心は美学ではなく、カントが正統な学とした「感性論」につねに向けられているように思われる。[*93] そして、カントの「感性論」へのドゥルーズの関心が顕著に見出されるのが『差異と反復』である。

『差異と反復』におけるドゥルーズの企図は、経験の可能性の条件ではなく、実在的経験の条件を掬いだすことにある。当然ながら、それに伴って、条件づけられる経験もまた変様することになるという違いはあるが、『差異と反復』の全体的構図が、カントの『純粋理性批判』を下地としていること、加えて、そこで論じられる感性、強度、理念といった概念がカントの超越論哲学から借用されたものであることはすでに指摘したとおりである。第四章で論じておいたように、カント哲学の体系性を批判すべくドゥルーズが『差異と反復』において取った戦略は、カントの超越論的感性論のなかに、悟性と感性（的直観）の齟齬を見出し、カント哲学が前提とする諸能力の協働から、感性そのものと、その対象である感覚しうるものの存在それ自体を解放することであった。これによってドゥルーズは、カントの超越論的感性論においてはそれ自体としては決して感覚されえない対象、すなわち強度という感覚しうるものの存在を感覚すべく、感性の超越的行使を主張する。すなわち、直観の形式と悟性概念（カテゴリー）に対する感性的直観の必然的な従属を主張するカントの超越論的感性論の構図を、感性の超越的行使によって換骨奪胎することで、強度を把捉しうる高次の能力としての感性を発生させる能力論[*94]として要請されるのがドゥルーズの超越論的経験論で

＊92　「美学の目的は、感性的認識のそれとしての完全性である」（バウムガルテン 2016: 36）。また訳者による詳細な訳注（バウムガルテン 2016: 22–27）がきわめて参考になる。

＊93　伝統的な美学にとって「芸術の問いは、芸術家としての芸術家が共通して持っているもの、すなわち、芸術作品を客観的に特徴づけるものを知ることである」（Zourabichvili 2011: 238）。ならば、芸術について論じる際に、「健康（santé）」や「ヒステリー（hystérie）」（Rancière 1998）といった、芸術やその作品に対して外在的な要因がつねに入り込むドゥルーズが、こうした意味での美学を問題としているのではないことは明らかである。

＊94　「批判哲学をやり直すことは、ドゥルーズにとって根本的には「感性論」の問題に収斂していく」（江川 2003: 63）。江川は、所与から区別され、むしろ所与を与え、所与を感覚可能にするものを「センシビリア」とし、「超越的行使の方は、現象における所与とセンシビリアにおける諸〈力〉との間の差異をその対象とするのだ」（江川 2003: 88）と述べている。

あったといえる。

このように、ドゥルーズが要請する超越論的経験論においては、もはや（カントが想定する意味での）人間の能力に依存しない感性が問題とされており、また、その対象となるべき「感覚しうるものそれ自体」としての強度が主張されている。しかし、ここで直ちに問題となるのは、いかなる人間にも帰属しえないそのような感性や対象とははたして何なのか、さらに、そのような通常の意味において感覚しえないような対象をいかにして把捉しうるのかということである。この問いに対する応答が、おそらく、『千のプラトー』において展開される自然哲学に結実するように思われるが、これを論じる前に、まずは、『差異と反復』におけるカント批判の要点を確認し、そこから導かれる帰結について確認しておきたい。

第一節　『差異と反復』における「純粋悟性概念の演繹」批判

デカルトの方法的懐疑とカントの超越論哲学

ドゥルーズの哲学が、伝統的な哲学的思考との対話や対決を通して作り上げられていったことはこれまでに指摘したとおりである。なかでも、ドゥルーズがカント哲学にとりわけ関心を向けるのは、それが、人間の思考をある種の枠組みに嵌め込む伝統的な哲学的思考を代表するものであるからだ。『差異と反復』は、こうしたカント哲学を徹底的に批判する。われわれは第四章において、感性と悟性の齟齬、内包量（強度）と直観の公理に対するドゥルーズのカント批判を論じておいた。ここでは、さらに、カントの「純粋悟性概念の演繹」に対するドゥルーズの批判に目を転じ、論点を取り出しておく。

ところで、『差異と反復』は、アリストテレス、デカルト、カント、そしてヘーゲルといった伝統的な哲学が暗黙のうちに前提としているものを「思考のイマージュ（image de la pensée）」と呼び、それを暴き出す作業が大半を占める。ドゥルーズによれば、この思考のイマージュこそが、哲学者の思考を、「同一性、類比、対立、類似という四つの相」（Sommers-Hall 2009 : 140）に従わせる原因に他ならない。デカルト哲学を例にとろう。デカルトは、疑いうる信念やあらゆるすべての知識を徹底して排除し（方法的懐疑）、これによって到達された存在する我、すなわちコギト（cogito）をその哲学的思考の出発点に据える。しかし、ドゥルーズによれば、このコギトを哲学的思考の純粋な起源として認めることはできない。たとえ、デカルトが絶対的に明晰判明なものとして導出するコギトであっても、そこではすでに、「自我、思考、存在が何を意味しているのかを、概念なしに誰もが知っている」（DR : 169）ということが暗黙のうちに想定されているからである。デカルトの方法的懐疑があらゆる知識の前提を疑い、排除したとしても、それは「疑う」ことを無前提に想定しているし、また「疑う」が「思考する」を意味するということがはじめから想定されているとドゥルーズはいう。すなわち、デカルトの議論は、存在とは何か、あるいは、何が存在するのかということを当の思考から推論することのできる人間の諸能力が想定されてそもそも成り立つ。方法的懐疑は、こうした能力があらゆる人々に公平に備わっているという「良識（bon sens）」を前提としているということである。さらにそこでは、疑うこと、思考すること、推論することといった異なる諸能力が、一致協働してコギトの存在を対象とするように機能している。これをドゥルーズは、「共通感覚（sens commun）」と呼ぶ。デカルトは、共通感覚として事実上成立しているわれわれの諸能力の正常な使用が、すべての人々に公平に備わっていることを前提としたうえで、これを彼の哲学的思考を開始する権利上の条件として採用していることになる。したがって、そこで思考されるコギトや存在といったものは、経験において主観性として成立している同一性に相関して、同一的なものとして想定されている対象であり、デカルトは、そのようにあらかじめ想定され、規定されているものを懐疑の末に再び見出しているにすぎない。これをドゥルーズは、再認（recognition）のモデルとして批判する。

なるほど、各々の能力は、その個別的な所与、すなわち、感覚しうるもの、記憶しうるもの、想像しうるもの、知解可能なものを持っているし、その個別的なスタイル、つまり、所与に備給する (investissant) 個別的な行為を備えている。しかし、ある対象が再認されるのは、ある能力が対象を、他の能力の対象と同一的なものとしてねらうときであり、あるいはむしろ、すべての諸能力が調和して、対象の同一性の形式に、それらの所与を関係づけ、また、諸能力自身を自らそれに関係づけるときである。(DR: 174)

諸能力が協働するという共通感覚と、それらがすべての人間に公平に分配されているという良識は、単に経験的に成立している事実にすぎない。デカルトは、これら共通感覚と良識が補完し合う、主観的かつ対象的な同一性に基づく再認のモデルをその哲学の原理に据えているということである。しかしながら、哲学は、まさにデカルト自身が認めていたように、いかなる経験的な前提からも独立した絶対的で純粋な出発点を提起しなければならない。ならば、この意味で、デカルトのコギトがその資格を失うことになることは明らかであろう。

事実、カント哲学にとって、デカルトが哲学の始点として主張する自我 (コギト) や存在は、その哲学的思考の出発点として前提されるものではない。むしろそれは、われわれ人間の認識能力である、理性、悟性、構想力といった諸能力の正しい使用という観点からその存在やあり方が分析されるべき対象となる。カントの企図は、われわれの経験や認識を可能にする条件を探求することにあるが、それを、いかなる経験的な要素にも依存することなく規定するとともに、それが適用される限界を、自らの諸能力の使用範囲を確定することによって規定すべきであるとするところにその慧眼がある。カントにおいて、経験を可能にする条件とは、悟性、理性、判断といった上級認識能力、そしてカテゴリー (悟性概念) である。これらが「超越論的」条件と呼ばれるのは、それらがいかなる経験にも依存することなく導出され、現象をわれわれの主観的な原理に従わせるア・プリオリな条件であるからである。この意味で、カント哲学にとってデカルトのコギトは、われわれの認識能力による総合によってもたらされた結果以外の何ものでもなく、それが意義を持ちうるのは、超越論的条件としてのわれわれの諸能力によってそれが基礎づけられる限りにおいてである。そして、『純粋理性批判』における超越論的演繹が試みるのは、そうした経験的な主観やそこにおける認識が、われわれのア・プリオリな表象に不可避的に従属することになるための条件を、経験において与えられる個別的な事実から独立して打ち立てられる主観的で普遍的な原理として探求することである。

すでに指摘したように、ドゥルーズはこのようなカント哲学を、「超越論的なものという驚異的な領域」（DR : 176）を発見したものとして高く評価している。しかしながら、同時にドゥルーズは、そうしたカントの超越論哲学においても、不可避的に前提とされている思考のイマージュを炙り出し、批判することになる。その批判は、とりわけ『純粋理性批判』の第一版（A版）における「純粋悟性概念の演繹」に向けられる。ドゥルーズによれば、そこに見出されるカントの独断論的な「心理主義」（psychologisme）は、たとえカント自身が『純粋理性批判』第二版（B版）において変更を施したとしても、思考のイマージュが打ち消し難く残っており、これがまさに、カント哲学が提起する「超越論的」という語の意味を裏切ることになると考えている。[*95] まずは、「純粋悟性概念の演繹」の議論の概略を確認し、ドゥルーズの批判点を特定しておこう。

＊95　『純粋理性批判』第一版と第二版における「純粋悟性概念の演繹」の相違は、まずその演繹の論証順序にある。すなわち、以下で直ちに論じられるように、感性的直観における把捉（appréhension）から、構想力における再現（reproduction）を経て、最終的に悟性における統覚（aperception）へ至る第一版の記述とは逆に、第二版では、統覚の総合的統一から始まり、把捉の総合へと向かい、それらの間に超越論的な構想力の総合が差し挟まれる。これはすなわち、あらゆる経験的要素をあらかじめ排除した上で、認識を可能にする条件の吟味から始め、徐々に、経験的直観へと下るという順序に演繹が変更されているということである。こうした相違に加え、両版における構想力の位置づけの相違などについては岩崎（1982 : 140–152）を参照のこと。いずれにせよドゥルーズの主張は、この第二版においてもカントの「心理主義」は残存しているということである。

カント『純粋理性批判』における「純粋悟性概念の演繹」

『純粋理性批判』における「純粋悟性概念の演繹」は、いかなる経験的事実や推論にも依ることなく、人間の認識における対象がア・プリオリな概念に関係づけられる原理を演繹する部分である。そこにおいてカントは、「すべての可能性の条件を含み、だがそれ自身は心のいかなる他の能力からも導出されえない三つの根源的源泉」(Kant 1980 : 850, note〔カント 2012 : 246〕)として、感官 (sens)、構想力 (imagination)、統覚 (aperception) を挙げる。そして、それぞれの能力のなかに、次のような総合の働きが見出される。第一に、直観において与えられる表象の把捉の総合 (la synthèse de l'appréhension des représentations dans l'intuition)、第二に、構想力における表象の再生産の総合 (celle de la reproduction de ces représentations dans l'imagination)、第三に、概念における再認の総合 (celle de leur récognition dans le concept) である (Kant 1980 : 1405〔カント 2012 : 255〕)。カントによれば、現象がわれわれの意識にしかじかのものとして現れうるのは、それがあらかじめこれら三つの総合に従属しているからである。演繹の概略は以下のとおりである。

まず、感性的な多様がわれわれの感官を通して与えられる。しかしながら、われわれの感官それ自体は単なる受容的能力にすぎないため、この多様を、単一の表象に統一することはできない。したがって、「この多様なものから直観の統一が生ずる (たとえば空間の表象におけるように) ためには、まず第一にこの多様性を踏破し (parcourir)、ついでその多様性を取りまとめることが必要である」(Kant 1980 : 1406〔カント 2012 : 259〕)。この機能を満たすのが、直観における把捉の総合である。「直観はなるほどある多様なものを提供しはするものの、そのさいあらわれる総合なしでは、この多様なものを多様なものとして、しかも一つの表象のうちに含まれているものとして、ひきおこすことはけっしてありえないからである」(Kant 1980 : 1406–1407〔カント 2012 : 259〕)〔強調は原文による〕。

さらに、この直観における把捉の総合は、構想力における再生産の総合を前提としているとカントは主張する。というのも、「先行する表象 (線の最初の部分、時間の先行する部分、あるいは継起的に表象された単位) を私の思考からつねに逃れさせてしまい、次の表象へと進んでいって、先行する表象を再生産しないとすれば、いかなる全体的な表象も、先に指摘したいかなる思考も、それどころか空間と時間という最も純粋で第一の根本的な諸表象すら、決して生じえないだろう」（Kant 1980 : 1408〔カント 2012 : 265〕）からだ。直観における総合は、たとえ対象が現前していなかったとしても、その表象を再生産しうる総合を前提としなければならない。これが、構想力における表象の再生産の総合と呼ばれる。

最後に、これら二つの総合が機能しうるためには、先行する表象や思考と、今与えられている表象や思考とが同一であるということをわれわれが意識しているのでなければならない。この意識の同一性は、概念における再認の総合によって保障される。これが、超越論的統覚と呼ばれるものである。この意識の同一性が超越論的と呼ばれるのは、それが、いかなる経験的な源泉にも依存することなく、先の二つの総合に対する基盤を与え、また、さまざまな感覚的要素を、われわれの表象へと統一することを可能にするからである。

> しかし、統覚のまさしくこの超越論的統一が、一つの経験においてつねに統一されていることができるあらゆる可能な諸現象を、法則にしたがって、これらあらゆる諸表象にするのである。実際、意識のこの統一性は、多様なもの（divers）の認識における心（esprit）が、それによって、この意識の統一性が、この多様なものを綜合的に一つの認識において結合する機能の同一性の意識を持ちえないならば、不可能であるだろう。
>
> （Kant 1980 : 1412〔カント 2012 : 277〕）

われわれの経験的な意識内容や、内的な知覚は常に変化、変質するのに対して、超越論的統覚は一切変化することはない。超越論的統覚こそが、われわれの経験的な意識の同一性を担保するのであり、これが「すべての経験に先行し、すべての経験自身を可能ならしめる条件」（Kant 1980 : 1412〔カント 2012 : 275〕）であるということだ。

ドゥルーズによるカント批判——経験的なものの転写と外挿

ドゥルーズは、こうしたカントの演繹の議論に対し、次のような指摘を行う。

> 彼〔カント〕は、思考能力〔把捉、再生産、再認〕のそれぞれの寄与を推し量る三つの総合を詳細に記述している。それらの能力は、第三の総合、すなわち再認の総合において絶頂に達する。すべての能力がそこへと関係づけられる当の「私は思考する」の相関項としての任意の対象の形式において表現されているのは再認の能力なのである。（DR : 176）

カントは人間の能力を三つの根源的な源泉に分類する。しかし、にもかかわらず、それらすべては、概念における再認の総合によって規定されることがあらかじめ想定されている。したがって、「デカルトと同様、カントにおいても、すべての諸能力の一致を基礎づけ、また、それらの一致を、同じものとして想定されたひとつの対象の形式において基礎づけているのは、「私は思考する」における自我の同一性なのである」（DR : 174）とドゥルーズは主張する。つまり、カント哲学による演繹もまた、概念の同一性に従い、それを前提として構成されているということである。

ではなぜ、超越論的原理の探求において、概念の同一性が前提とされることを問題視しなければならないのだろうか。まず、感性的直観における総合が、あらかじめ想定されている構想力および統覚における総合によってのみ可能になるということは、すなわち、カント哲学において感性は、構想力や悟性といった他の能動的な能力に従属しない限り、それ自体は意味を持たないということである。『純粋理性批判』第二版においてカントは、カテゴリーと直観、あるいは思考と再認が相互依存的であることを強調することで、感性（あるいは経験的直観）の側に、それが、純粋悟性概念が用いられるべき範囲を確定するという寄与分を与えてはいる。しかし、それでもなお、感性は単に、対象一般に対するわれわれの認識的思考を可能にするためにのみ機能するにすぎない。ならば、カント哲学において、感性的直観の対象もまた、つねに、思考されるべき対象と同様、概念の同一性に基づいた再認の対象以外の何ものでもないということになる。

これに対してドゥルーズが主張するのは、先に引用した箇所に見られるように、「各々の能力は、感覚しうるもの、記憶しうるもの、想像しうるもの、知解可能なものを持っているし、その個別的なスタイル、つまり、所与に備給する個別的な行為を備えている」(DR: 174) ということである。すでに、第四章でわれわれが論じたように、とりわけドゥルーズにとって感性とは、経験的世界における強度や多様性に直接的に関わるものである。しかしカントは、そこに再認の対象と、われわれの諸能力における総合というスタイルしか見出しえない。だからこそ、感性を他の諸能力の協働という制限から解放し、感性に固有の対象と固有のスタイルを見出さなければならない。

さらにドゥルーズの批判は、こうしたカントの超越論的演繹における一貫性のなさにも向けられる。純粋悟性概念は、いかなる経験にも依存することなく導出されるものであるため、超越論的条件の超越論性を満足させるものであるように思われる。しかし、この演繹自体が前提としている「再認という行為が現実に存在し、それがわれわれの日常生活の大部分を占めていることは自明のことである」(DR: 176)。すべての諸能力が同一の対象に対して協働して行使されるというのは、「同一性の規範」としての共通感覚 (sens commun) であり、それは単なる「共通の通俗的理性」にすぎないとドゥルーズは言う。すなわち、カントもまたデカルトと同様、暗黙のうちに、われわれの通常の生活における規範的な人間を想定し、諸能力が協働して機能するという経験的事実から純粋悟性概念を引き出していることになる。カントにおける超越論的領野の探求は、「その仮定されている権利を、一定の事実や、大して取るに足りない事実の外挿によって基礎づけ」(DR: 176) ているにすぎないということである。この意味で、「カントがこうしていわゆる超越論的な構造を、心理学的な意識を持った経験的行為の上に転写しているのは明らか」(DR: 176–177) であり、これがカントの超越論哲学に払拭しがたく残っている独断論的な心理主義であるとドゥルーズは主張するのである。

カントは、その超越論哲学のなかに、経験的な不純物を持ち込んでしまっている。そのため、カントは、われわれの経験の可能性の条件と、われわれの認識の可能性の条件とを同一視することとなり、結果的に、ア・プリオリな経験の条件を問うはずの超越論哲学の企図そのものを裏切ることになるとドゥルーズは考える。こうした問題点を克服するところに、ドゥルーズの超越論的経験論のねらいがある。超越論的経験論は、認識可能性と一体となった経験の可能性の条件ではなく、まさに、われわれの経験における質や延長を生産する実在的な条件である強度や差異そのものを対象とし、これを、われわれの日常的な生活における主観的な意識の統一性や、概念の同一性に依存することなく捉えることを企図する。いわばドゥルーズは、カントの超越論哲学が提起した「超越論的」という語の意味に、カント以上により忠実に従うために、そこに見出される演繹の不徹底性を批判しているのである。

このようなカント批判を経て要請されるドゥルーズの超越論的経験論は、感性を諸能力の協働から解放することによって、カント哲学においては単なる受容的な能力にすぎない感性を、能動的な能力に転換しようと試みる。それは、世界において思考を強制する何かを、世界のただなかにおいて捉えるための始点としての新たな感性を生み出すことであると解することができる。

しかし、通常の人間の諸能力を脱したこの新たな感性とは何なのか。さらに、これを感性的能力の側からではなく、その対象である感覚されうるものの存在の側から見れば、すなわちそれは、感性的な対象が、われわれの主観的な能力に依存することなくそれ自体において行っている総合や、それ自体が個体化する運動性が、認識主体とは独立に存在するということである。ドゥルーズが主張するように、超越論的経験論が、「超越論的なものを経験的なものの形象の上に転写しない唯一の方法である」(DR : 187) ならば、それは当然、単なる能力論である以上に、感覚されうるものの存在の側で生じるこうした総合や運動性を思考しうるものでなければならないだろう。この論点がおそらく、ドゥルーズとガタリが共同で作り上げる「自然哲学」へと直結する論点となるだろう。次節以降ではこれを検討する。

第二節　主観と自然の脱中心化

カント批判から導かれる第一の帰結――超越論的主観の脱中心化と多様化

すでに述べたように、ドゥルーズは、カント哲学における意識の統一性（超越論的統覚）を前提とした諸能力の協働を批判し、これに対抗して、諸能力の協働から各能力（とりわけ感性）が解放された超越論的経験論を要請する。ならば、超越論的経験論における超越論的条件は、特定の個別的人物や人称性を伴った意識からは決定的に区別されなければならないし、あらゆる主観的原理とは別のところに探し求められなければならない。ドゥルーズは、『差異と反復』の翌年に発表された『意味の論理学』（一九六九）において、このような「意識の領野として規定されえない」（LS: 124）ものとしての、いわば非人称的な超越論的条件ないし超越論的領野について検討を加えている。

第二章で指摘したように、カント哲学にとって、物自体やヌーメノンといったものは、われわれの認識能力によってはその実在について判断することができないため、まったくもって無でしかない。ならば、これと同様に、超越論的経験論が要求するような、いかなる人間の諸能力にも依存しない感性そのものや、非人称的な超越論的領野といったものもまたわれわれの認識能力によっては文字通り認識しえないものであり、単なる無秩序や雑多な諸要素の羅列に陥ってしまうことになるのではないだろうか。しかし、注目されるべきは、『意味の論理学』においてドゥルーズが、超越論的領野は、自己も主体も持たないにもかかわらず、決してカオスに陥ることはなく、「未分化の深層と混同されない」（LS: 124）と主張していることである。すなわち、ドゥルーズは、「個体や人称のなかにすでに捉えられた特異性か、あるいは未分化な深淵か」（LS: 125）という二者択一を退けている。[*96] そして、未分化な深層や深淵に

＊96　小倉（2018）もまた同箇所に着目し、「それゆえ、非人称的で前個体的な特異性からなる超越論的領野は、個体化され人称

陥ることのない、超越論的領野に固有のあり方を次のように表現する。

個人的でも人称的でもないもの、これは〔意識的な総合とは〕反対に、それが無意識の表面でなされる限りにおいて、また、それが《ノマド的な分配》による自己統合化の内在的な運動原理を享受する限りにおいて、諸々の特異性の発出である。この諸特異性の発出は、意識の総合の条件としての固定的かつ定住的な分配とは、ラディカルに区別される。(LS: 124-125)〔強調は引用者による〕

『意味の論理学』においてドゥルーズがサルトルを評価するのは、サルトルが、われわれの経験の可能性の条件を人称的な自己や自我に見出すデカルト哲学やカントの超越論哲学を拒否し、超越論的領野を真に前個体的で、非人称的な領野として探究したからである。サルトルによれば、デカルトやカントが想定する自己や自我の統一性は、非反省的な意識から生じるものではなく、単に、反省的行為によって生じる超越的対象にすぎない。

しかしドゥルーズは、このサルトルの見解にも依然として何らかの意識への準拠が残っていると批判するとともに、その帰結をさらに進展させる。注目すべきは、先の引用部分において特異性と呼ばれている前個体的で非人称的な超越論的領野の諸要素が、ノマド的な分配による「自己統合化の内在的な運動原理」によって規定されていると主張されていることである。ノマド的な分配とは、個体と人称の発生を取り仕切る諸々の特異性を、あらかじめ閉じられた空間に割り当てるのではなく、「開かれた空間」としての「ポテンシャル」のなかへと割り振ることである。これによってポテンシャルは「自らを現実化することによって自我と我を生産する」(LS: 125)。ドゥルーズはこのように、「無名でノマド的、非人称的で前個体的な特異性が蠢く世界が開かれるとき、われわれはついに超越論的なものの領野を踏む」(LS: 125) ことになると主張する。ここで重要なことは、ドゥルーズが主張する超越論的領野とは、意識の統一性に依存することのない、非人称的で前個体的なものでありながらも、あくまでも「自己統合化」を享受しているという点である。すなわちそれは、多様を統合する統覚のようなシステムが消失した単なるカオスではまったくない。ドゥルーズがノマド的な分配や原理といった表現で企図しているのは、むしろ、その内部においてさえ、結果として個体と人称を生み出す、ある種の総合が行われているということである。

ノマド的分配の議論は、総括的な中心点を一切持たず、特異点から別の特異点へとつねに変動し続け、方々へと発散し続けることにその要点がある。これをふまえれば、ドゥルーズの意図は、統一的意識へと収斂する常識や良識といった静態的な原理への批判を越えて、もろもろの多様がいたるところで「自己統合化」を行い、そこに見出されるさまざまな特異性が、無際限に自らを個体化し続けるような場として超越論的領野を描き出し、これをわれわれの経験の実在的な条件として理解することにあると考えられる。カント的な意味での超越論的主観性は、解体され、消滅するのではない。むしろ、超越論的主観性が担っていたその中心が脱中心化され、超越論的領野のいたるところに多様化されると解されるべきである。ドゥルーズによるカント批判から導かれる第一の帰結は、超越論的主観が解体した未分化な深層やカオスではなく、そこにおいて唯一の中心であった超越論的主観が、いわば脱中心化され、多様化された「匿名でノマド的、非人称的で前人称的な特異性がひしめき合う世界」としての超越論的領野の開示に他ならない。

カント批判から導かれる第二の帰結——脱中心化された自然

カントが述べていたのは、現象は物自体ではなく、われわれの感性的表象である限り、そこにおいて認識可能なものとして見出される事物の対象性もまた、主観的な意識の統一性によって保障されていなければならないということであった。すなわち、感性的自然の客観性は、われわれの主観的な意識の統一性に相関して、われわれの表象の客観

化された形態を持たないと同時に、しかし、未分化な深淵から守られてもいなければならないのである」(130) と適切に述べている。

的な実在性を保障する概念、カントが「超越論的な対象＝x」と呼ぶ概念によって担保されている。これまで論じてきたように、ドゥルーズのカント批判が、超越論的主観性の脱中心化と多様化をもたらすものであるならば、当然、この客観における統一もまた、それと相関して不可避的に解体されることになるのは当然であるだろう。

カントにとって、自然とは、それが人間の認識能力に依存しているものである限りにおいて、われわれに対して与えられる現象を指す。ならば、いかなる超越論的統覚にも、また、それと相関した「超越論的対象＝x」にも依存することなく、脱中心化され、多様化された超越論的領野に対応して与えられる自然といったものが、カント哲学が想定するそれとはまったく異なる様相を呈することは容易に想像される。こうした観点から『差異と反復』以降のドゥルーズ哲学の変遷を辿ってみると、そこには、カント的な意味における超越論的主観性なしに、自然をいかにカオスに陥らせることなく思考するのかという問いがつねに見出されることに気づかされる。

まず『意味の論理学』から見てみよう。ドゥルーズはそこで、哲学史上はじめて人間存在や神に依存することなく、無際限な多様から構成されるものとして自然を描出したとしてニーチェを評価している。ドゥルーズによれば、ニーチェが探究したのは「彼がディオニュソス的、あるいは力への意志、自由かつ束縛されていないエネルギーと呼んだ世界」（LS: 130）である。それはわれわれの認識能力の外部に存し、また、それに依存することなく絶え間なく変化する自然の描出である。

> 個体的でも人称的でもないが、にもかかわらず特異的な何か、それは未分化な深淵などではまったくなく、ある特異性から別の特異性へと跳躍し、つねに骰子の一擲を放つのだが、骰子を振るたびにいつも断片化され、再び作り直される同じ投擲の部分をなす。（LS: 130）

ここでの自然のあり方は、ドゥルーズがジルベール・シモンドンから借用した[*97]「準安定性」や「過飽和」といった語で表現される多様体そのものとしての自然である。すなわちそれは、自然の内部は不均衡な差異によって満たされるとともに、概念の同一性に依存しないにもかかわらず、カオスに陥ることのない自然の特異なあり方である。

さらに、この自然の記述は、『アンチ・オイディプス』の冒頭に描かれる「分裂病者の散歩」の記述に類似する。ゲオルク・ビューヒナーが描く分裂病者レンツが経験する自然とは、人間の認識対象としての自然ではない。それは「生産のプロセスとしての自然」であり、「そこには、人間も自然もなく、ただ一方を他方のなかで生産し、機械（les machines）を切断するプロセスだけがある」（AO：8）とドゥルーズとガタリは主張する。ここで述べられている機械とは、自然を構成する部分であるのだが、それは、寄せ集められ、組織的に組み立てられることによって、総体としての自然を作り上げるようなものではない。米虫正巳が的確に述べているように、『アンチ・オイディプス』における機械とは「生物も非生物も、有機的なものも無機的なものも、人間も機械も、互いに切断・採取し合いながら連続的な流れを構成しており、各々は〈諸機械＝質料〉の絡み合いの一部として、それを構成する一つの機械として存在する」（米虫 2011：220）。すなわち機械は、自然の内部において相互に連結し続けることで、いかなる全体化も、いかなる有機的組織化も拒絶する、内在的な諸要素として理解されるべきである。

ここにおいてドゥルーズとガタリは、自然を因果性や同一性といったわれわれの認識原理に従属させる機械論の超克を試みるニーチェからも離反する。彼らの意図はむしろ、機械論だけでなく、自然認識のために自然の内部に合目的性を想定する生気論も含め、自然に外在する超越的原理を持ち込む議論の一切を克服することにある。[＊98] いわばドゥ

＊97　ドゥルーズが用いる概念とシモンドンとの連関性については、Sauvagnargues（2009b）のとりわけ第十章を参照。

＊98　すでに別の注で述べたように、藤田尚志はベルクソン同様ドゥルーズもまた単純な生気論肯定者ではないとし、両者の共通点を有機的なものと機械的なものとを接合したラディカルな生気論としたうえで、それが「「生命」に関する有機的な構成原理の探究にほかならない伝統的な生気論（モンペリエ学派）からも、物理化学的な還元主義・機械論・決定論に単純に反逆するあらゆる思想潮流を指す通俗的な生気論からも」（藤田 2009：212）隔たっていると指摘している。

ルーズとガタリにとって、自然の外部に存する事物や人間存在のみならず、超越論的主観性といったものでさえ、自然の内的な諸要素である機械と、それらのあいだで生産される効果以外の何ものでもない。したがって問題は、人間不在のそのような自然の内部における諸要素が、それ自身をはたしてどのように総合するのか、また、そのような特異な自然そのもののあり方をいかに思考し、記述しうるのかということになる。一九八〇年代以降のドゥルーズは、まさに、この問題に応答するように、独自の自然哲学を構築することになる。

第三節　内在平面としての自然

超越論的領野としての自然の主題化

これまでの議論を簡単に振り返っておこう。『差異と反復』においてドゥルーズは、カントの「純粋悟性概念の演繹」において直観と構想力の総合が、最終的には概念における再認の総合によって担保されていることを指摘し、これを批判する。そして、カント的な意味においては感覚しえないものである感覚しうるものの存在（l'être du sensible）を感覚すべく、他の諸能力の協働から感性そのものを解放することを要求する。しかし、諸能力の協働、すなわち、超越論的主観における総合作用を排除することは、感性的直観を単なる未分化な深淵やカオスに陥らせることになるのではないか。これがわれわれの問いであった。これは、『差異と反復』と『意味の論理学』以降、ドゥルーズ哲学を牽引するひとつの問いとなるようにわれわれには思われる。

事実、『意味の論理学』においてドゥルーズは、直観の形式や悟性概念にも、超越論的主観による総合作用にも依拠することなく、感覚しうるものの存在（強度）を対象とする超越論的領野を探求している。そして、すでに繰り返し述べてきたように、『アンチ・オイディプス』においては、分裂病が「人間と自然の同一性」として提起されるとともに、そこからあらゆる対象や関係性が派生する超越論的領野として理解されている。

この観点からすると、『千のプラトー』にはさらなる進展が見出される。というのも、『アンチ・オイディプス』の「人間と自然の同一性」においても払拭しがたく残されている人間という形象が、『千のプラトー』に至ってはもはや跡形もなく消え去り、むしろそこでは、いかなる人間的形象も前提とすることのない自然そのものの生産性と運動性が開示されているからだ。ドゥルーズ哲学において、人間的形象の消失と、自然という主題の前景化はパラレルである。そして、その特異な自然観は、『差異と反復』におけるカント批判から直ちに帰結するとわれわれは考える。『差異と反復』におけるカント批判は、カント哲学における単一の超越論的主観による総合作用に向けられており、ドゥルーズの企図はその解体にあるのだが、ドゥルーズは超越論的主観の解体とともに客観をも消失させるのではなく、むしろ超越論的主観を脱中心化し、これにより総合作用を多様化しようと試みる。これが『意味の論理学』において、ノマド的分配と呼ばれていた。超越論的主観を排除しつつも超越論的領野を担保しようとするならば、当然ながらそれが見出されるべきは、人間存在のまったく外部に存在する自然において他にない。したがって新たに問われるべきは、人間存在ないし人間的形象を一切欠いた自然そのものにおいて、人間的主観性による単一の総合とは異なる仕方での総合がいかにして可能であり、それがいかにして多様に生起しうるのかということである。

ドゥルーズとガタリは、『千のプラトー』冒頭部分において、地質学を参照しつつ、地層の断絶線や分割を念頭におき、自然の内部に生じる「相対的な遅れや、粘性や、あるいは逆に加速や切断といった現象」(MP : 10) を測定し、思考することに関心を向けている。岩石などの現実的な形態や実質が分子構造などの一定の恒常性や固体性によって測られるのに対し、速度、粘性、切断といったものは、固定した場所に留まることのない諸要素間の絶え間ない相互干渉によって規定される。ドゥルーズとガタリは、このような諸要素間で生じる関係性を、カント的な意味における直観の形式や悟性概念に置き換える。すなわち、自然の内部における諸要素の関係性によって規定される速度、粘性、切断といったものを、そこからさまざまな現実的な形態や個体が派生する超越論的な領野を構成するものとして理解するということである。[*99] 『千のプラトー』において提示される自然とは、超越論的主観にも、直観の形式や悟性概念による総合作用にも依拠することのない超越論的領野そのものとしての自然である。そして、その内的な諸要素が相互に作用し合う感性的多様からなる自然の特異なあり方を思考するためにこそ、独自の「自然哲学」の形成が要請される。次節では、『千のプラトー』とともに、ドゥルーズの単著である『スピノザ　実践の哲学』を検討し、主観的な原理や物理的法則性にも依存することのない自然を描く彼らの「自然哲学」の内実を明らかにしよう。[*100]

エトロジーと自然の存立性

『千のプラトー』の翌年に発表された『スピノザ　実践の哲学』（一九八一）所収の「スピノザと私たち」という文章[*101]においてドゥルーズは、生態学者ヤーコプ・フォン・ユクスキュルをスピノザ主義として紹介したうえで、彼を高く評価している。ドゥルーズは、ユクスキュルの生態学（éthologie）に引きつけてスピノザの哲学を次のように要約している。

> スピノザの〈エチカ〉はモラルとは何の関係もない。彼はエトロジーとして、すなわち、この内在の平面の上でのさまざまな速さと遅さ、さまざまな触発する力能と触発される力能の組成（composition）として、モラルをとらえているのである。（SPP : 168）

エトロジーとは、通常、「動物行動学」と訳される生物学の一部門であるが、ここでは、語源のéthosが持つ「特質、習慣」といった語義にもとづき、生物個体に固有の特性を、個体とその環境との相関関係から記述する生態学に近いものをドゥルーズは想定している。エトロジーは、動物の行動において想定される因果性や合目的性を彼らの心理学的要素（モラル）に還元するのではなく、当の動物個体と集団、あるいは彼らを取り囲む環境との間に生じる相互関係から理解する。ユクスキュルは、生物学的分類（類、種など）を用いるのではなく、個体間、あるいは個体と集合、個体とその環境との関係によって構成される情動（affections）群によって動物を記述するとドゥルーズは言う。たとえば、競争馬と農耕馬では、その情動群と触発される力が明確に異なる。競争馬は、ダートや調教師などから構成される世界に属しており、速く走る、適切な走路をとるといった情動によって理解されるのに対し、農耕馬は、土地や農夫からなる世界に属し、土を耕す、重い荷を引くなどの情動によって理解される。こうした観点からするならば、農耕馬は、同じ種に属している競走馬よりもむしろ、牛に近い身体性を持つことが分かるだろう。

＊99　Cf. 小林（2017）。

＊100　第三章で指摘したとおり、かつてドゥルーズは、ヒュームの哲学を語りつつ、経験論を一種の二元論によって定義していた。そこでの論点をもう一度確認しておくならば、経験論を規定する二元論とは、印象と観念が、それらを結びつける諸関係から区別されるとともに、その諸関係は知覚的な所与からは派生しないというものである。したがって、経験論において、隣接性、類似、因果性といった関係は、印象や観念といった項に対してつねに外在することになる。問われるべきは、ある種の所与に対して、それを総合なり関連づけることになるこうした関係性を、はたしてどこに位置づけるべきなのかということである。この意味で、いかに自然の対象性が成立しうるのかという問題は、ヒューム哲学においても問われるべき問題であると言えるだろう。

ドゥルーズ自身の議論に立ち返れば、『意味の論理学』において指摘されているように、カントの超越論哲学は、こうした関係性を、対象や所与を外部から観察するものとしての有限な人間の能力に帰属させるのに対し、デカルトに典型的な伝統的形而上学においてそれは、何かしら超越する神のような外的存在に依存させられることになる。では、はたして、そうした何らかの超越論的な主体や超越的な原理に依存することなく、なおかつ未分化な深淵に陥ることなく、いかにして所与や感性的多様における総合やそれらの関連を記述しうるのか。『意味の論理学』の段階においてこの問いは十分自覚されていたと思われるが、それに対する明示的な答えはない。これに対する応答が、超越論哲学とも、ある種の神学的議論とも異なる総合の原理を自然そのものの内部のなかに見出そうとする『千のプラトー』であるとわれわれは考える。

＊101　この文章の初出は、一九七四年の *Revue de synthèse* 誌上であり、のちに『スピノザ　実践の哲学』のなかに収められたものである。したがって、実際に発表されたのは、『千のプラトー』以前ということになる。

このようなユクスキュルのエトロジーは、情動を動物の内部に限定するのではなく、さらに、その外部における関係性の度合いをも情動として理解し、これらによって動物の身体の組成や個体間において生じる関係性を理解しようとする。ある個体と別の個体との間で生じた快の度合いが増大するならば、その関係に見出される項（個体、個物）は餌や配偶者として規定されることになるし、快の度合いが減少するのであれば、それらの項は、敵や障害として規定されるだろう。すなわちこれは、あらかじめ想定されたカテゴリーや関係性によって、個体やその特性を規定するのではなく、個体同士が出会うそのたびごとに、彼らの間に生じる相互的な関係が固有の関係性を生じさせ、結果的に各々の価値が規定されるということである。ドゥルーズが主張するのは、こうしたユクスキュルの手法が、身体やその個体性を「微粒子群のあいだの運動と静止、速さと遅さの複合関係」（SPP : 165）として記述するスピノザの『エチカ』と同じであるということだ。

さらに、こうした情動群による記述は、個体のレベルを越えて、より広い範囲へと拡張される。ここで内的情動と外的情動によって規定された個別的な身体は、同じように規定された別の個別的な身体とさらに連結することになる。そして今度は、それら異なる個体間において触発し、触発される情動が生じ、これによってさらに新たな複合的関係が構成される。この新たな複合的関係を一つの単位として捉えるならば、それはまた別の個体や別の複合的関係からなる他の単位と連結することで、さらに複合的な関係性が生じるというように続いていく。こうして、個体から個体間へ、さらに、個体間の関係と他の個体間の関係との連結によって生じる新たな関係性へと延長されることで、情動群は、個体を越え、「社会性」や「共同性」といったものを構成することになる。スピノザとユクスキュルのエトロジーが記述するのは、このように、「次第に拡がりを増し、強度を増やしていく世界」（SPP : 170）である。

ユクスキュルのエトロジーによって目指されているのは、人間と動物、自然物と人工物といった二分法（dichotomie）を廃し、身体や物質を構成する微粒子群がそこにおいて相互に連関し合い、無際限にその関係性が錯綜し、複雑化していくことで、その強度が増大していく「ひとつの内在的な共通平面」を思考することである。粒子間、個体

間、個体間の関係と関係のあいだで「とりうる情動をあらかじめ知るものは誰もいない」（SPP : 168）。ゆえに、長く慎重な実験を必要とし、「内在平面ないし存立平面の構築」を企てるエトロジーにこそ、ドゥルーズは「スピノザ的な知恵」（SPP : 168）を見出すのである。

この自然に外部はない。まったく内在的な自然の内部において、個別的なもろもろの要素（facteur）どうしが無際限に結びつきあい、これによって順次、より高次の関係が次々に構成される。もちろん、あらゆる要素間の連結は、ひとつの同一平面上、無数の場において同時多発的に生じるがゆえに、ここでの順次は時間的継起を意味しない。自然は、個体間の関係が相互に連結されるに従って、徐々にその内部における存立性（consistance）を強化・増強していくことになる。自然そのものの内部において展開されるこの構成のプロセスは、「それ自体のために、それが与えるものを通して、それが与えるもののなかで把捉されなければならない」（SPP : 172）とドゥルーズは主張する。この意味で自然とは、ドゥルーズが内在平面（un plan d'immanence）と呼ぶものに他ならない。

もはや形態はなく、単に、形態化されていない質料の微細な粒子間の速度の関係があるだけだ。もはや主体はなく、単に、匿名の力を個体化する情動的状態があるだけだ。ここにおいて平面は、運動と静止、情動の動態的負荷しか保持していない。この平面は、それが、順次われわれに知覚させるものによって知覚されるであろう。（SPP : 172）

マヌエル・デランダ（Manuel DeLanda 1952– ）が適切に述べているように、自然という内在平面において、「物質はそれ自身の内在的で、強度的な形態発生の資源を内部から所有するものとして理解される」（DeLanda 1999 : 32）。そこには自然を認識し、構成する特権的中心としての人間主体は存在しない。『千のプラトー』において、速度、粘性、切断によって描き出される自然や、「スピノザと私たち」においてスピノザとユクスキュルから取り出された情動群によって規定される自然とは、まさに、いかなる人間の能力にも依存せず、いかなる人間存在もなしにさまざまな形態が生産される生成の場である。ここにおいてドゥルーズ哲学は、カント哲学における人間主義、心理主義を批判する「脱人間主義」そのものをさらに脱し、いわば「非人間主義的自然」と呼ばれるべき自然における生産性そのものへと移行したと言えるだろう。ピエール・モンテベロ（Pierre Montebello 1956– ）による次の言明は、こうした内在平面としての自然の特異なあり方を端的に言いあらわしている。

> 自然の生産性、その分化の運動、地中に生じ、変成的で火山的な力能は、一点の曇りも先入見もなく探求されるべきである。この問い立てにおいて重要なことは、人間的なパースペクティヴの中心をずらし（décentrer）、有限よりもむしろ無限のなかに、制限されたものよりもむしろ無際限なもののなかに、有機的な生よりもむしろ非有機的な生のなかに自らを位置づけることである。（Montebello 2008 : 98）

こうした非人間的自然を描き出すためにこそ要請されるのが、ドゥルーズの自然哲学である。『千のプラトー』を確認しよう。

リズム、メロディ、リトルネロとしての自然

『千のプラトー』では、雀蜂と蘭の関係性が、繰り返し例として挙げられている。それは人間存在を完全に脱した非人間主義的自然において、いかにして個体や個体間の関係性が生成するのかを具体的に明らかにするものである。これまでの議論を踏まえてその議論を再構成してみよう。

雀蜂は蘭の蜜を求めて蘭の花弁から花弁へと飛びわたる。雀蜂が一方の蘭から他方の蘭へと往来する運動自体は単なる一個体の運動であるが、そこにおいて雀蜂は、蘭の生殖システムのなかに、それを構成する一要素として組み込

まれることになる。これによって、雀蜂と蘭との間には、蘭の生殖を媒介するという雀蜂の新たな性質が生産される（生物学ではこれを虫媒 entomophily と呼ぶ）。ドゥルーズとガタリは、とはいえこれは、蘭が雀蜂の形態を模倣することで相手を引き寄せ、それを、花粉を運搬する道具として利用しているだけではないかという批判がありうることを想定している。しかし、彼らはここで再び地質学を念頭に置きながら次のように答える。すなわち、形態や道具利用といったものは、現実的実質としての「地層の水準」において言われていることであって、当の地層そのものの形成は、地中における無数の断絶や分断、さらには無数の諸要素間の微細な運動や速度に従うそれらの結果として生じる。これと同じように、雀蜂と蘭のなかにはむしろ、「蘭の雀蜂への生成変化、雀蜂の蘭への生成変化」（MP : 17）を見出さなければならないと彼らは主張する。「これらの生成変化の各々が、二項のうちの一方を脱領土化し、他方を再領土化するのを保障し（chacun de ces devenir assurant la déterritorialisation d'un des termes et la reterritorialisation de l'autre）、これら二つの生成変化が、諸強度の流通に従って、連関し合い、互いに交代し合うことで、つねにより遠くへと脱領土化を推し進める」（MP : 17）。雀蜂は、蘭の形態が雀蜂の形態に類似しているがゆえに惹かれるのではない。逆に、雀蜂の往復運動において、雀蜂が蘭の生殖の一部となるときにのみ、蘭の形態は雀蜂の形態に近似するのである。このとき両者は、それぞれの種に固有の形態や種から解放される（脱領土化）と同時に、蘭は植物種としての蘭から雀蜂の誘惑者へと、雀蜂は生物種としての雀蜂から蘭の生殖器へと生成変化する（再領土化）。脱領土化と再領土化は厳密に同時である。[*102] 雀蜂が蘭の形態に引き寄せられるように見えること、花粉を運搬する雀蜂の運動が個体としての蘭を生産することになるのは、これらのプロセスの結果にすぎない。これら雀蜂と蘭のあいだにはあらかじめ想定されている目的もなければ、意図をもった行為主体があるわけでもない。そこにはただ、蘭のあいだを往来する雀蜂の運動があるだけであり、雀蜂と蘭のあいだで生産され、取り交わされるもろもろのリズムがあるだけだ。両者に固有

*102 Cf.「脱領土化の方は、これと相関する再領土化からは切り離しえない」（MP : 635）。

のリズムがそこで相互に入り交じり合いながら、それぞれの種や個体に固有の枠組みが超えられていくということである。*103

『千のプラトー』においてドゥルーズとガタリが提起する「リトルネロ（ritournelle）」という概念は、このような自然の動的な運動性を捉えるべく提案されたものとして解することができる。「リトルネロ」とは、もともとは古典音楽における短いフレーズの反復を意味する。これをドゥルーズとガタリは、たとえば、小鳥のさえずりなどが、自らの領土やテリトリーを示す役割を持つことを理解するために利用する。厳密に言えば、リトルネロは、任意の行為や、ある行為の反復運動が、何か単一の機能を果たすのではなく、それらの行為や反復運動それ自体には含まれていないような機能、すなわち、テリトリー、攻撃性、求愛といったまったく別の機能を示す役割を果たすことを意味する。問題は、物理的運動や質料そのものには含まれていない、そうしたある種の表現性や記号機能がそこからいかにして派生するのかということである。

たとえば、ハバシニワシドリ（Scenopoïetes）は、木の葉をあらかじめ下に落としておき、それを毎朝裏返すことで、葉の薄い裏面と地面とを対照させて目印を作るという。しかし、なぜ葉を裏返すという行為や、葉と地面のコントラストから成る、単なる質料にすぎない色彩が、その個体に固有のテリトリーを示す記号となりうるのだろうか。言うまでもなく、小鳥のさえずりそのものや、葉の裏面などは、自然のなかに無数に存在するごくありふれた行為や事物にすぎない。あらゆるさえずりや葉の裏それ自体が領土を示すわけではないのは当然である。ここで理解すべきは、さえずりや葉の裏それ自体が領土の記号なのではなく、さえずりや葉を裏返すという行為が反復されるなかで、それらがある表現性を持ち、その表現に対する関係性としてそこに領土やテリトリーが生じることによって、その事物や行為が自律的な対象として生成するということである。

領土は質的な指標（marque）に先行するのではなく、領土を作るのが指標なのである。領土における諸々の機能が第一にあるものではなく、それらは、まず、領土を作る表現性を前提している。（中略）領土化とは、表現的になったリズムの働きであり、あるいは、質的になった環境の構成要素の働きである。（MP : 388）

リトルネロという概念が示しているのは、単調な反復運動や物理的運動が、他の運動に対して自らを再帰的に対象化し、あるリズムを備えた特異的な質が他のリズムから異化されるとともに、そこに固有のメロディが自律的に立ち現

---

*103 ここでのリズム（Rythme）という概念は、ドゥルーズ自身も明示的に参照しているように、リヨン大学でかつての同僚であったアンリ・マルディネ（Henri Maldiney 1912–2013）の « L'esthétique des rythmes »（1967）に由来するものであると考えられる（Goddard 2008a : 93, Goddard 2008b : 111）。この論考は、一九七三年に出版された『視線・言葉・空間』に収録されているが、もともとは一九六七年のリヨンにて開催されたコロックの発表原稿がもとになっている。当該論文においてマルディネは、セザンヌとクレーにおける深淵やカオスに言及しつつ、「カオスから秩序への移行が行われるのは」リズム以外の何ものによってでもないと述べている（Maldiney 2012 : 206）。とりわけ造形芸術において、そこには「表象志向的」次元（イメージ）とは区別される「リズム発生的」次元があり、これがイメージを形象（forme）にする。「形象のリズムは、イメージの運動性（motricité）を引きおこすとともにこれを引き受け、情動的な調性を規定する。これによってわれわれは、あらゆる感覚しうる客体的な表象以前に、イメージを通して意味ある仕方で世界に付きまとうことになる」（Maldiney 2012 : 211）。これと同様に、『千のプラトー』においてリズムは、「カオスに対する反撃の環境」（MP : 385）として位置づけられるとともに、規則的、不規則的を問わず、いかなる拍子（mesure）からも厳密に区別されるものとして理解されている。これに加え、次に論じる『千のプラトー』の「リトルネロ」の概念化、その議論構成が、多分に、マルディネの「感性論」を参考に組み立てられていることは容易に想定できる。後に言及する『哲学とは何か』に見出される「人間以前の風景（paysage）、人間が不在の風景」（QP : 159）といった表現もまた、マルディネがクレーに言及しながら、「いかなる参照体系も、いかなる座標も、いかなる原点も含んでいない原初的な空間性」として提起する「風景の空間（espace du paysage）」（Maldiney 2012 : 203）が念頭に置かれているだろう。『フランシス・ベーコン——感覚の論理』および『哲学とは何か』におけるマルディネのリズム論の援用については小倉（2018 : 270-274）を参照。

れ、これが結果的に領土やテリトリーを示す記号性を備えた表現の質料（matière d'expression）として生成するということである。「リズムの表現性があるときに領土がある。領土を定義するのは、表現の質料（質）が出現することである」（MP : 387）。自然内部における力と力、強度と強度のあいだの引力と斥力のあいだでリズムが生じ、そこに生じるメロディから成る運動性こそが、質と物質、形式と実体を構成する。単なる物質（反復行為、木の葉）であるのか、表現性を備えた指標（領土、テリトリーの記号）であるのかの区別が、そこに生じる関係性に対してつねに相対的であるからには、これらの二分法に基づいた一方による他方の形式化や還元といった議論はもはや成り立たない。等質的な時空間のなかで生じるのが拍子であるのに対して、リズムは不等なもの（l'Inégal）ないし非拍子的なもの（l'Incommensurable）であり、異質的なブロックによって作用するとドゥルーズとガタリはいう。リトルネロが捉えるのは、自然内部におけるリズムやメロディによって生じる、それら相対的な質と物質、形式と実体のあいだに生み出される、表現性や記号性を備えた質料や反復運動の生成であり、そうした自然そのものの運動性に他ならない。[*104]

自然の内部にはこうしたリズムが無際限に含み込まれている。種的にも量的にも異なる、無際限に多様な諸要素のあいだで生じるそれらのリズムが、それぞれに固有のメロディを構成し、これら異質なメロディが複合的に連関しあう。メロディ同士は、その複合的な関係そのものを対象化することによって、すなわち、いずれか一方を他方に還元することなく、「一方が他方のモチーフとして役立ち、相互的に、他方は一方のモチーフとして役立つよう」に、双方の異質性を保持したまま相手を取り込むような、一種の「対位法（contrepoint）」（MP : 386）を無際限に織り成す。[*105]ドゥルーズとガタリの自然哲学が描き出すのは、まさに、こうしたひとつの壮大な「音楽としての自然」（MP : 386）であるということだ。

結論　自然の感性論としてのドゥルーズ哲学

本章を通して理解されるのは、ドゥルーズ哲学の思想的変遷における自然哲学への展開（転回）は、ガタリとの共同作業という外的要因や、何らかの思いつきのような不確定な要因によるものではなく、前期ドゥルーズにおけるカント批判から直ちに導かれるものであるということである。ただし、『差異と反復』のカント批判が、あくまでも諸能力の協働に基づいたその体系性の解体に向けられたものであったことを考えれば、最終的な自然哲学へと至るまでには大きな断絶がある。すなわち、前期ドゥルーズのそれが、カント哲学の脱心理化ないし脱人間化を企図していたものであったのに対し、後期の哲学は、自然という主題が前景化されるとともに、いかなる人間的形象をも排除した非人間主義的なものへと転向したと言える。

この経緯を詳述する。すでに述べたようにドゥルーズの意図は、カント哲学の体系性を解体し、とりわけ、感性を諸能力の協働から解放することで、感性に固有の対象としての強度や内包量の多様そのものを把捉することにあった。これがドゥルーズが超越論的経験論と呼ぶものの本来的な企図である。超越論的経験論が対象とする強度や内包量の多様体とは、カント哲学のように、意識の単一性や主観的原理に依存し、またそれらによって不可避的に総合される多様とは決定的に異なる。超越論的経験論が要請する直観の形式から独立した感性、悟性概念に媒介されることのない対象の実在は、カント哲学においてはいかなる意味もなさない。ドゥルーズはこれらを感覚されうるものの存在と

＊104　古典派行動学、行動生態学との連関から、リトルネロ概念の射程を分析、評価したものとして遠藤（2008）を参照。

＊105　Buchanan（2008）が的確に述べているように、ドゥルーズとガタリがユクスキュルから引き出したこの対位法という表現は、一般に想定される、水と植物やクモとハエといった二進法に制限されるものではなく、「各々の事物の内部において、個体化するプロセスにとって、さらにより多くの可能な関係を示すものである」（159）。

呼ぶが、それは、「(経験的な行使の観点からは) 感覚されえないと同時に、(超越的行使という観点からは) 感覚されることしかできない「何か」というパラドクス的な存在」(DR : 304) を意味する。カント哲学において、諸能力の協働のもとに置かれていた感性は、そこから解放されることで、認識能力の対象としてではなく、自らの能力に固有の対象である感覚されうるものの存在に直面することが可能となる。

このようなカント批判は、しかしながら、ドゥルーズに対してある課題を提起することとなる。それは、主観的な原理や悟性の総合を解体してもなお、単なる無差異や未分化な深淵、カオスといったものに陥らせることなく、いかにして、この感覚されうるものの存在を捉えうるのかという課題である。この課題に対してドゥルーズは、カント的な悟性による主観的総合を単に破棄するのではなく、それに代えて、無数の雑多な諸要素がいたるところで自らを個体化する、一種の自律的な統合化 (auto-unification) を要請し、これを、人間存在のまったき外部に存する自然そのものの内部に見出そうと試みる。この試みは、結果的に、一九八〇年代以降のドゥルーズ哲学における固有の自然哲学に結実することになる。

ドゥルーズの自然哲学が示すのは、自然の内部に含まれているのは身体や物質を構成する無際限の微細な諸要素であり、それらのあいだで間断なく生じ続けるリズムだけであるということだ。そこには、いかなる主観的な原理も、また超越的に機能する原理も介入しない。自然の内部においては、ただひたすらに、異質な諸要素のあいだの運動や速度によってさまざまな諸関係が無際限に構成される。さらにそこで構成された諸関係が、他の諸関係と再帰的に連接されることによって、自然は、その内的な存立性を強化させることになる。こうした自然の内部において展開される運動性こそ、ドゥルーズの超越論的経験論が本来的な対象とすべき強度や感性に他ならない。いわば、超越論的経験論とは、自然そのもののなかに、脱中心化された無際限の総合作用を見出す感性論としての自然哲学として理解することができるということだ。すなわちそれは、カント哲学の解体ではなく、その超越論哲学の枠組みを存続させたまま、自然内部の諸要素間の運動性と関係の生成のなかにその機能を見出すことで、むしろ、カントの超越論的感性論を独自の自然哲学へと展開させたものと理解すべきであろう。こうした観点からすると、ドゥルーズ哲学の思想的変遷は、決定的な断絶を含みながらも、最初期の問題意識から、ある種、連続的に一貫して発展したものと解することができる。

さらに理解されるべきことは、ドゥルーズの自然哲学が結果的に、カントが感性論に対比させ、否定的に評価していた美学や芸術に関する伝統的な見方に対してラディカルな変更を要求するとともに、むしろこれらに特権的な役割を付与することになることだ。最後にこの点を確認しておきたい。

『千のプラトー』や『哲学とは何か』においてドゥルーズおよびガタリは、あらゆる芸術活動に対して重要な役割を与えている。彼らが芸術を特権視するのは、それが、「世界に生息し、わたしたちを変容させ、わたしたちを生成させる感覚しえない諸力を感覚しうるようにさせる」（QP：172）営みであるからだ。ドゥルーズとガタリは、世界の内部において見出されるべきこれらの諸力のことを、被知覚態（Percepts）およびアフェクト（Affects）と呼ぶが、これらは、認識対象に対するわれわれの知覚や、当の知覚する主体の状態からも独立して存続する感覚それ自体、すなわち、感覚しうるものの存在そのものを意味する。芸術家や芸術作品が、カンバスや染料のみならず、語彙や統語論、さらには楽器や音階といった物質的な素材を用いて明るみに出そうとしているのは、まさに、超越論的経験論ないし自然の感性論が対象とすべき、感覚それ自体の存在であるということだ。

> 感覚、被知覚態、アフェクトとは、それ自体によって価値を持ち、あらゆる経験を超過する存在者である。それらは、いわば、人間の不在において存在する。というのも、石のなか、画布、あるいは言葉の連なりによってとらえられた人間は、それ自体が被知覚態やアフェクトによって構成されたものであるからだ。
>
> （QP：154–155）

ドゥルーズとガタリによれば、あらゆる偉大な芸術家が表現するのは、そのような「人間以前の風景（paysage）、人間が不在の風景」（QP：159）であり、非人称的な領野や世界の構図（composition）であるという。言い換えれば、彼らにとって芸術とは、「対象知覚や知覚する主体の状態から被知覚態を引き抜くこと、ある情動から他の情動としてのもろもろの情動からアフェクトを引き抜くこと」（QP：158）を目的とした営為である。『哲学とは何か』において芸術が、科学や哲学と同程度に価値づけられるべきものとして評価されるのは、芸術こそが、さまざまな物質的諸要素の構成の内部において引き起こされる諸感覚の生成、すなわち、自然それ自体の内在的な存立性を捉える仕方をわれわれに示しているからである。

したがって、本章を通してわれわれが論じてきたドゥルーズの感性論は、哲学そのものを、人間の表象的な認識の可能性の条件を探求するというカント哲学の枠組みから解放するとともに、これを芸術的な活動と結びつけることを可能にする。ドゥルーズの自然の感性論という観点からすれば、感性論か美学かという「カントの感性論によって分裂させられた二元論」（Sauvagnargues 2009b：300）はその妥当性を失うことになる。なぜなら、知性と感覚、悟性と感性、上級認識能力と下級認識能力を区別するカント哲学とは異なり、感覚そのものにおいて非人間的な知性が発生し、当の知性のなかには人間的な意味においては感覚しえない諸感覚が包含されているということをドゥルーズの感性論は肯定的に示すからである。これは結果的に、知性と感性の二分法に依拠する伝統的な哲学的概念へのアンチテーゼであると同時に、超越論的な主観性や絶対的な客観性から独立した自然そのものを把捉すべくそれらの哲学的諸概念を鋳直す作業を要請することになるだろう。本章が明らかにしたドゥルーズの自然哲学がこの作業の一事例となることは言を俟たない。

結論

最後に、本書がこれまでに論じてきた要点を整理し、全体の構成と各章との連関を明らかにすることで結論としたい。

本書は、ドゥルーズ哲学における思想的変遷において、その独自の自然哲学への構築へと向かう起点となるとともに、それ以前のドゥルーズ哲学からの分断を示す断絶点を特定する第I部と、断絶以前のドゥルーズ哲学のなかに後期の自然哲学へと連なる論点を見出す第II部、そして、どのような転回を経て前期から後期への変遷があったのかを明らかにし、最終的に構築されるに至ったその自然哲学の内実を論じる第III部から構成されている。

第I部第一章においてわれわれが着目したのは、『意味の論理学』(一九六九)と『アンチ・オイディプス』(一九七二)における「器官なき身体」という概念の変化である。これをわれわれは、両著作におけるメラニー・クラインの精神分析に対する評価の変化から論じた。すなわち、『意味の論理学』において器官なき身体は、分裂病態勢から抑鬱態勢への移行を可能にする要因として、幼児の発達段階の一部に組み込まれていたのに対し、『アンチ・オイディプス』のそれは、マルクスの資本概念と重ね合わされることで、あらゆる部分対象がそこに登録される超越論的領野へと変化している。ドゥルーズとガタリのねらいは、器官なき身体を経済的生産プロセスに重ねて解釈することによって、クラインの議論において、あらかじめ想定された全体化や統一化に従属していた部分対象を解放し、部分対象に固有の論理を抽出することにある。これにより精神分析によるオイディプス化の操作に還元されない分裂病の活動性が見出されることになった。『アンチ・オイディプス』において分裂病はもはや、何らかの臨床的実体として理解されてはいない。それは、分裂病に固有の論理（接続的総合、離接的総合、連接的総合）に従って、その内部においてあらゆる部分対象を接続し、生産、登録、消費を実行するプロセスとして理解されている。

第二章では、第一章で示された断絶をより明確に規定すべく、『アンチ・オイディプス』に見出される「人間と自然の同一性」という表現に着目した。そして、『アンチ・オイディプス』においてドゥルーズとガタリが分裂病に固有の様態として提起するこの「人間と自然の同一性」という論点が、『意味の論理学』の時点でのドゥルーズ哲学によっては肯定的に捉えられないということが確認された。それは、命題と事物、個体と世界といった二元性の発生を可能にする条件を探求するという、『意味の論理学』および『差異と反復』において超越論的経験論と呼ばれるものの問題構成そのものに起因する。なぜなら、そこでは、自然と個体の発生が厳密に同時的であると考えられているがゆえに、自然とはつねに個体の外部に位置づけられるものとしてしか理解されないからである。そのため、「人間と自然の同一性」は、『意味の論理学』においては超越論的領野として捉えられえず、個体と自然が未分化な状態、あるいは、物体と物体の混交した深淵としてしか概念化されえない。すなわち、ドゥルーズ哲学における断絶は、自然という主題に対して肯定的な姿勢をとれるか否かによって明確に線引きすることが可能であるということだ。ドゥルーズ哲学における断絶はここに見出されるべきである。そして、『アンチ・オイディプス』に至って分裂病が自然という論点と結びつけられるのだが、この論点は、ドゥルーズとガタリの最初の共同論文である「離接的総合」（一九七〇）に見出されることから、厳密には一九七〇年あたりを分岐点とし、前期と後期を区別する必要があるということが示された。

第Ⅱ部の目的は、断絶に先立ち、自然哲学の構築へと向かう以前の前期ドゥルーズ哲学の内実を理解することであった。それは、カント哲学とベルクソン哲学の独自の読解を経て獲得される「超越論的経験論」という形容で特徴づけられる。

第三章では、超越論的経験論の仮想敵とされるカント哲学をドゥルーズがどのように読解し理解しているのかを検討した。注目されるべきは、一九五六年から五七年にかけて行われた「基礎づけるとは何か」という講義である。そこにおいてドゥルーズは、ポスト・カント派から発生という論点（マイモン、フィヒテ）を、ハイデガーから超越と有限性の議論を引き出している。これらの哲学史的文脈から取り出された二つの論点が、一九六三年に発表される『カントの批判哲学』と「カント美学における発生の問題」の議論を牽引する要因となっている。そこにおいてドゥルーズがカントの『判断力批判』を評価するのは、その目的論的判断の議論のなかに、ポスト・カント派における発生と、ハイデガーにおける人間の有限性という論点が、限界の発生による能力間の本性上の差異の規定という論点として見出されるからである。ドゥルーズはここに、カントの超越論哲学の要諦があると理解している。

こうしたカント哲学の読解をふまえ、これを批判的に継承すること、適切に言えば、カント哲学を批判しつつも、発生と有限性の論点を継承することで、カントにおいて不十分にとどまっていた超越論哲学を完遂することがドゥルーズの企図するところであり、その帰結が超越論的経験論と呼ばれることになる。第四章では、この企図を実現するうえでもっともドゥルーズが重視するベルクソン哲学の寄与分について検討した。一九五六年発表の二編のベルクソン論から一九六六年の『ベルクソニズム』に至るまで、ドゥルーズのベルクソン読解に一貫しているのは「反カント」と形容することができる姿勢である。すなわちドゥルーズは、ベルクソンの持続（本性上の差異）、直観、さらには現実性と潜在性といった概念を独自の仕方で鋳直すことで、これをカントの超越論哲学の問題点を乗り越える手段へと仕立て上げる。一九六〇年に行われた『創造的進化』第三章に関する講義においてドゥルーズは、再びポスト・カント派に言及し、ベルクソン哲学を「発生的哲学（une philosophie génétique）」として理解するとともに、そこから知性と物質の同時発生という論点を導き出している。これは、一九五六年の二編のベルクソン論には見出されない論点であるのに対し、『ベルクソニズム』に至っては、悟性の形式的条件によって感性的直観を総合するというカント哲学の構図そのものを批判する論拠となる。ここからも、ドゥルーズが、有限性（知性と物質、空間と持続の区別）とその発生の議論をベルクソン哲学のなかに見出していることが分かる。

さらにわれわれは、ドゥルーズが『差異と反復』において、ベルクソンの質的多様体の議論を、ベルクソン自身が『試論』において曖昧なままに残しておいた強度概念に適用し、これによってカントの直観の公理と内包量の議論を批判していることを示した。このように、カント哲学とベルクソン哲学の批判的読解を通して、両者を交錯させることによって構築されたのがドゥルーズの超越論的経験論であると解することができる。それは、結果的に、カント哲学においても、またベルクソン哲学においても把捉しえない、感覚されうるものの存在としての強度が、経験的な質や延長の只中において感覚される論理を示すことになる。これが前期ドゥルーズ哲学を特徴づける超越論的経験論に固有の論点である。

そして第Ⅲ部で論じられたのは、『アンチ・オイディプス』以降、明示的に展開されるドゥルーズの自然哲学が、前期ドゥルーズの哲学からどのような変遷を経て構築されるに至ったのかということであった。

第五章では、後期ドゥルーズの自然主義へと直結する論点が、『意味の論理学』におけるエピクロス派のなかに萌芽的に認められることを指摘した。第四章で指摘したように、前期ドゥルーズの超越論的経験論は、諸能力の協働を前提とするカント哲学はもちろん、ベルクソンの直観概念や持続概念に残存していた心理主義的観点を脱心理化、脱人間化することにその関心が向けられている。しかし、脱人間化を推し進めるうえでドゥルーズは、超越論的経験論を、ある種の薬理学的経験や分裂病者において経験される特異的な経験と結びつけて理解していた。その結果、前期のドゥルーズは、エピクロス派の自然主義を論じているにもかかわらず、そこから、『アンチ・オイディプス』における分裂病に固有の論理へと直結する論点を肯定的に取り出すことなく、また、自然というテーマを前景化することができなかった。

しかし、そもそも超越論的経験論という企図に忠実であるならば、それが対象とする超越論的領野や強度といったものを、臨床的実体としての分裂病に見出すのではなく、脱人間化を徹底させることで、これらをいかなる人間的形象にも依存することのない自然そのものの運動性として理解すべきであったとわれわれは主張した。すなわち、本来の意味における超越論的経験論が可能となるためには、ドゥルーズ哲学は自らを自然哲学の構築へと向け変える必要があったということである。

第六章では、前期から後期ドゥルーズ哲学への転回、すなわち、超越論的経験論が独自の自然哲学として完遂されるに至るその転回を促した要因が、再び、カント批判にあることが主張された。『差異と反復』におけるカントの「純粋悟性概念の演繹」に対するドゥルーズの批判は、超越論的主観性の脱中心化と多様化、およびこれに対応する特異な自然のあり方を開示するという帰結をもたらす。つまりは、後期ドゥルーズが提示する自然哲学とは、一切の人間的形象を排した自然それ自体における総合や運動性を思考することを企図している。その特異な自然哲学は、スピノザとユクスキュルに見出されるエトロジー（生態学）を参照しつつ、いかなる主観的な原理も、外在的な超越も持ち込むことなく、身体や物質を構成する無際限の微細な諸要素のあいだで間断なく生じ続けるリズム、運動、速度のみによって構成される自然と、その内部において無際限に発生する関係性からなる存立性を描き出す。これをわれわれは、カントの超越論的感性論に代わって、自然の内部に固有の総合や運動性の原理を見出す「自然の感性論」として理解すべきであると主張した。このように、一九六〇年代後半に企図されたドゥルーズの超越論的経験論によって見出された感性の超越的行使は、一九八〇年以降において、それが自然の内部に位置づけられることで、真に非人間主義的な自然哲学の構築へと至りえたということである。

ドゥルーズはガタリとの共著を含め、その全キャリアを通じて同じ概念を何度も繰り返し用いている。本書が論じたものに限っても、器官なき身体、超越論的経験論、多様体、強度、潜在性といった概念は、前期ドゥルーズにおいてすでに見出されるものであるとともに、最晩年のテキストである「内在：ひとつの生……」にまで直結する概念であるといえるだろう。だからこそ、これらの概念のうち、いずれかをとりあげ、それによってドゥルーズ哲学全体を言いあらわすことが可能となるし、また、Agamben（1998）が提案し、広く認知されたような、カントとフッサールを超越の側に、スピノザとニーチェを内在の側に分配し、ハイデガーを経た内在の系譜の末端にドゥルーズを位置づける図式が意義を持つことにもなる。[*106] しかし、本書が幾度か指摘したように、カントやクラインの議論のなかに、諸能力の限界（強度）や善き対象の発生の論理を読み込むドゥルーズの哲学は、必ずしも超越そのものを排除することを企図してはいない。むしろ、強度や善き対象のような何らかの超越性が、いかに経験的対象や幼児の発達段階のただなかにおいて発生し、経験そのものの内部に組み込まれるのか、その論理を探求することにこそ、ドゥルーズの企図がある。ドゥルーズ哲学を内在性の哲学の側に落とし込む、あまりにも簡略なアガンベンの図式によっては、われわれが論じてきたドゥルーズ哲学の断絶や変遷は決して明るみに出ることはない。

同様に、ドゥルーズの哲学を特定の哲学者や主義によってまとめ上げることも不可能である。ドゥルーズにとって、ベルクソン哲学の構図や概念が果たした功績はきわめて大きいものであるとはいえ、それを安直にベルクソン主義と形容することは困難である。なぜなら、われわれが示したように、ドゥルーズは、カント哲学のなかから取り出した強度概念によってすでにベルクソン哲学自体を乗り越えていたし、また、先に言及した一九六〇年の『創造的進化』

講義に見られるように、そもそも、ベルクソン哲学の意義や概念をドゥルーズが正しく評価しえたのは、一九五六年頃を境に検討され始めたポスト・カント派の発生という論点から、それが自覚的に「反カント」として位置づけられたからである。ドゥルーズをベルクソン主義として理解するためには、少なくとも、カントとベルクソンを交錯させるこのようなドゥルーズ自身の問題意識と、そこに固有の概念的布置における概念上の変化を見なければならない。

本書は、一九七〇年あたりに見られる器官なき身体概念の変化をメルクマールとし、それを境にドゥルーズ哲学を前期と後期に分けた。これは、ガタリとの共同作業という外在的な要因以前に、ドゥルーズ哲学そのものの問題構成の変化において見出されるべき内在的な断絶である。そしてわれわれは、前期ドゥルーズ（一九五三―一九六九年）

＊106　図3：アガンベンによる超越と内在の図式（Agamben 1998 : 187）。図は Agamben（1999 : 239）より作図し直した。

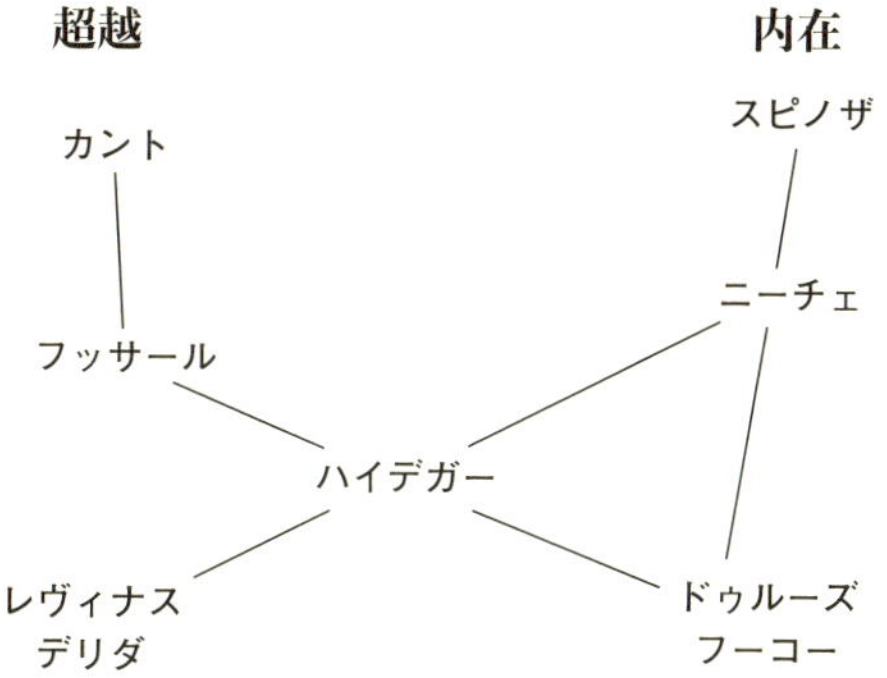

の主題を脱人間主義として理解される超越論的経験論として、後期ドゥルーズ（一九七二―一九九三年）を非人間主義へと向かう一種の自然哲学として特徴づけた。これはまた、ドゥルーズ哲学において、分裂病の問題が、脱人間主義という観点から離れ、人間と自然の同一性（『アンチ・オイディプス』）を経て、明示的に自然という主題が対象化されるに至る過程でもある。無論、見方を変えれば、ドゥルーズの哲学は、一貫して自然哲学であったと言うこともできる。しかし、自然という主題が前景化されていない前期ドゥルーズにおいては、エピクロス派の自然主義も、人間と自然の同一性を表す分裂病者に固有の生も、それ自体を肯定的に取り出すことはできなかった。ドゥルーズ哲学が自然哲学であるというためには、断絶を経て超越論的経験論が自然哲学へと変容するその思想的変遷を明らかにしなければならないということである。

ドゥルーズの思想的変遷は、決して段階的に発展したものでもない。それはたとえば、層位学的な時間のなかで、湾曲や圧縮をたえず繰り返し、隆起し、陥没する地層のように、断絶を含みながら、また、いくつかの概念や論点が交錯し合いながら展開する。それは、ドゥルーズが用いる概念を表面的に追っていても理解することはできない。だからこそ、概念の背景にある問題意識や、その概念的布置を明らかにし、断絶や変遷をそこに読み取る必要があるのだ。本書が提起した自然哲学という論点は、まさに、ドゥルーズ哲学の思想的変遷における微細な変動や断絶を浮き彫りにすることによってはじめて理解しうるものとなるだろう。

あとがき

学部時代、北大路の至成堂書店にて『差異と反復』を手にした。それからあまりに長い月日が経過したが、ようやく一区切りである。

本書は、二〇一三年一二月に大阪大学大学院人間科学研究科に提出した博士論文「ドゥルーズ哲学における思想的断絶と変遷――自然の問題を中心に」を改稿したものである。改稿と呼べる範囲をはるかに超え、ほぼすべての文章に手を入れ、節を組み替えるなど大幅な加筆・修正を行うこととなったが、論旨や各章のテーゼに変更はなかった。

なによりもまず、長年の指導教官であり博士論文の主査である檜垣立哉先生、副指導教官である村上靖彦先生、また副査を引き受けてくださった中山康雄先生、米虫正巳先生に感謝を申し上げたい。そして、論文提出時にはすでに退官なされていたが、学問の厳しさを身をもってご教示くださった菅野盾樹先生、公私ともにお世話になり、哲学書を読む手ほどきとともに、なによりも哲学のよろこびを教えてくださった河野勝彦先生に感謝したい。

以前、どなたかの些細な一言を偶さか目にし、自分勝手ながらに深く傷ついたことがあった。なにかの学会の折、最も尊敬すべき研究者であるひとりの先生にお会いした際、そのときの気持ちを率直に口にしてしまった。

「大学でドゥルーズなんて研究する意味あるんでしょうか」

いま思えばあまりにも愚問なのだが、先生は、わずかの迷いもなく、当然のように言われた。

「もちろんありますよ。でもそれは、あなたたちがこれまで懸命にやってきたおかげです」

咄嗟のことで、そのときはあいまいな笑みを返すことしかできなかった。

あのときに言うべきだったことばをここに記しておきたい。

いえ、私たちが懸命にやってこられたのは、なによりも先生方の仕事があったからです。先生をはじめ、これまでの多くの研究がなければ、本書がこのように世に出ることもありませんでした。先生の一言に救われたように、われわれも次の世代に繋げる仕事をしなければなりません。

こうした思いもあり、二〇一四年九月、ドゥルーズ・ガタリの思想について、世代や研究分野を越えて忌憚なく議論できる場として、DG-Lab（ドゥルーズ・ガタリ・ラボラトリ）を立ち上げた。共同発起人である山森裕毅と小倉拓也には心からお礼を言いたい。そして、自分よりもはるかに優れたDG-Labのメンバーはもとより、ドゥルーズとガタリに関心を持つすべての人々にとって、本書がわずかなりとも救いとなるなら、これに勝る幸せはない。

最後に、日の目を浴びることなく埋もれかけていた本書を救い上げていただき、いつ終わるとも知れない改稿作業を何も言わずお待ちいただいた法政大学出版局の郷間雅俊氏に、この場を借りて感謝申し上げます。

家族と子供たちすべてに本書を捧げる。

二〇一九年一月　京都にて

小林卓也

人名索引

さ 行

た 行

な 行

は 行

ま 行

や 行

ら 行

事項索引

ア 行

カ 行

サ 行

タ 行

ナ 行

ハ 行

マ 行

ヤ 行

ラ 行

引用参照文献

欧文文献

Agamben, G.（1998）« L'immanence absolue. » *Gilles Deleuze, une vie philosophique.* Directed by Eric Alliez, Le Plessis-Robinson: Institut Synthélabo

——（1999）*Potentialities Collected Essays in Philosophy.* Edited and translated by Daniel Heller-Roazen. Stanford, California, Stanford University Press

Antonioli, M.（2005）« Félix Guattari. » *Aux sources de la pensée de Gilles Deleuze 1*. Edited by Stéfan Leclercq, Sils Maria

Ansell-Pearson, K.（2007）"Beyond the Human Condition: An Introduction to Deleuze's Lecture Course." *SubStance*, #114, Vol. 36, no. 3

Badiou, A.（2007）*Deleuze: La clameur de l'Etre.* Paris, Hachette Littératures

Beaulieu, A.（2005）« Gilles Deleuze et les Stoïciens. » *Gilles Deleuze, héritage philosophique*, Paris, PUF

Beckman, F.（2017）*Gilles Deleuze*. London, Reaktion Books

Bell, Jeffrey A.（2009）*Deleuze's Hume: Philosophy, Culture and the Scottish Enlightenment.* Edinburgh, Edinburgh University Press

——（2018）"Chapter 4 Postulates of Linguistics." *A Thousand Plateaus and Philosophy.* Edited by Henry Sommers-Hall., et al. Edinburgh, Edinburgh University Press

Bergen, V.（2001）*L'ontologie de Gilles Deleuze.* Paris, L'Harmattan

Bergson, H.（2011）*Essai sur les données immédiates de la conscience*. 9e édition, Paris, PUF〔『意識に直接与えられたものについての試論』合田正人・平井靖史訳，ちくま学芸文庫，2002 年〕

——（2004）*Matière et mémoire.* 7e édition, Paris, PUF〔『物質と記憶』田島節夫訳，白水社，2001 年〕

——（2009）*L'évolution créatrice.* 11e édition, Paris, PUF〔『創造的進化』真方敬道訳，岩波文庫，2001 年〕

Boundas, C.（2005）« Les stratégies différentielles dans la pensée deleuzienne. » Translated by Alain Beaulieu, *Gilles Deleuze, héritage philosophique*. Paris, PUF

Bowden, S.（2005）« Deleuze et les Stoiciens: une logique de l'événement », *Bulletin de la Société Américaine de Philosophie de Langue Franfaise*, Volume 15, Number 1

Bryant, Levi R. (2008) *Difference and Givenness, Deleuze's Transcendantal Empiricism and the Ontology of Immanence.* Evanston, Northwestern University Press

Buchanan, B. (2008) *Onto-Ethologies: The Animal Environments of Uexküll, Heidegger, Merleau-Ponty, and Deleuze*. New York, State University of New York

Caldwell, L. (2009) "Schizophrenizing Lacan: Deleuze, [Guattari], and Anti-Œdipus." *intersections 10, no. 3*

Colombat, A. (1990) *Deleuze et la littérature.* New York, Bern, Frankfurt am Main, Paris, Peter Lang

David-Ménard, M. (2005) *Deleuze et la psychanalyse*. Paris, PUF

DeLanda, M. (1999) "Deleuze, Diagrams, and the Open-Ended Becoming of the World." *Becomings.* Edited by Elizabeth Grosz, New York, Cornell UP

—— (2006) *A New Philosophy of Society-Assemblage Theory and Social Complexity.* New York, Continuum

Deleuze, G. *«Qu'est-ce que fonder?, Cours hypokhâgne, Lycée Louis le Grand 1956–1957.»* Les cours de Gilles Deleuze. Edited by Richard Pinhas, https://www.webdeleuze.com/textes/218（最終アクセス 2018 年 10 月 18 日）

—— (1961) « Lucrèce et le naturalisme », *Les études philisophiques*, vol. 1, Paris, PUF

—— (2004) « Cours inédit de Gilles Deleuze sur le chapitre III *de L'évolution créatrice* (à l'École normale de Saint-Cloud, 1960).» *Annales bergsoniennes: Tome 2, Bergson, Deleuze, la phénoménologie.* Edited by Frédéric Worms, Paris, PUF

—— (2015) *What is Grounding?,* from transcripted notes taken by Pierre Lefebvre, translated by Arjen Kleinherenbrink, edited by Tony Yanick., et al. &&& Publishing

Deleuze, G. et Guattari, F. (1970) « La synthèse disjonctive.» *L'Arc 43, Klossowski*

Dosse, F. (2007) *Gilles Deleuze, Félix Guattari: Biographie croisée.* Paris, Editions La Découverte

Fujita, H. (2004) « La main de Bergson. Pour une histoire du vitalisme (non)-organique. » *Revue de langue et littérature françaises*, Société de Langue et Littérature Françaises de l'Université de Tokyo, no. 29

Gil, J. (1998) « Un tournant dans la pensée de Deleuze. » *Gilles Deleuze, une vie philosophique.* Directed by Eric Alliez, Le Plessis-Robinson: Institut Synthélabo

Goddard, J.-Ch. (2008a) *Violence et subjectivité.* Paris, Vrin

—— (2008b) « Henri Maldiney et Gilles Deleuze. La station rythmique de l'œuvre d'art. » *Revista Filosófica de Coimbra*, no. 33

Hume, D. (2003) *A Treatise of Human Nature.* Edited by David Fate Norton. and Mary J. Norton. Oxford University Press, 2000

Kant, I. (1980) *La critique de la raison pure.* Translated by Alexandre J.-L. Delamarre, et al. *Œuvres philosophiques I Des premiers écrits à la « Critique de la raison pure.»*

Paris, Gallimard〔『純粋理性批判　上』原佑訳，平凡社ライブラリー，2012年〕
——（1985）*Critique de la faculté de juger*. folio〔『判断力批判（上）』篠田英雄訳，岩波文庫，1992年〕

Kerslake, C.（2009）*Immanence and the Vertigo of Philosophy, From Kant to Deleuze*. Edinburgh, Edinburgh University Press

Lecercle, J.-J.（2002）*Deleuze and Language*. New York, Palgrave Macmillan

Leclaire, S.（1998）« La réalité du désir. » *Écrits pour la psychanalyse 1. Demeures de l'ailleurs 1954–1993.* Paris, Seuil

Lemieux, R.（2009）« Hume et Bergson, une pratique de la méthode chez Deleuze, Réflextions pour une éthique de la lecture. » *Symposium*（Canadian Journal of Continental Philosophy / Revue canadienne de philosophie continentale）, Vol. 13

Lundy, C. and Voss, D.（2015）*At the Edges of Thought*. Edinburgh: Edinburgh University Press Ltd.

Maldiney, H.（2012）*Regard Parole Espace*. Paris, Cerf

Mullarkey, J.（2006）*Post-Continental Philosophy: An Outline*. New York, Continuum

Marx, K.（2009a）*Introduction générale à la critique de l'économie politique.* Translated by Maximilien Rubel. and Louis Evrard. *Œuvres I.* Paris, Gallimard, 1963.〔『経済学批判要綱』「序説」「資本制生産に先行する諸形態」木前利秋訳，『マルクス・コレクションIII』筑摩書房，2005年〕

Marx, K., and Engels, F.（2009b）*Le capital*. Translated by Joseph Roy. *Œuvres I.* Paris, Gallimard, 1963.〔『資本論』今村仁司ほか訳，『マルクス・コレクションIV』筑摩書房，2005年〕

Montebello, P.（2008）*Deleuze, la passion de la pensée.* Paris, Vrin

Rancière, J.（1998）« Existe-t-il une esthétique deleuzienne ? », *Gilles Deleuze, une vie philosophique.* Directed by Eric Alliez, Le Plessis-Robinson: Institut Synthélabo

Riquier, C.（2008）« Bergson（d'）après Deleuze. » *Critique,* no. 732, Paris, Les édition de Minuit

Rosanvallon, J. and Preteseille, B.（2009）*Deleuze-Guattari à vitesse infinie vol. 1.* Paris, Ollendorff & Desseins

Sauvagnargues, A.（2004）« Deleuze avec Bergson Le cours de 1960 sur *L'évolution créatrice*. » *Annales bergsoniennes: Tome 2, Bergson, Deleuze, la phénoménologie.* Edited by Frédéric Worms. Paris, PUF

——（2009a）*Deleuze et l'art.* Paris, PUF, 2005.

——（2009b）*Deleuze. L'empirisme transcendantal*. Paris, PUF

Schrift, A. D.（2008）"The Effects of the Agrégation de Philosophie on Twentieth-Century French Philosophy." *Journal of the History of Philosophy*, Volume 46, Number 3, Johns Hopkins University Press

Shirani, T.（2006）*Deleuze et une philosophie de l'immanence.* Paris, L'Harmattan

Sibertin-blanc, G. (2010) *Deleuze et l'anti-œdipe: La production du désir*. Paris, PUF

Simont, J. (1997) *Essai sur la quantité, la qualité, la relation chez Kant, Hegel, Deleuze*. Paris, éditions l'Harmattan

Smith, D. W. (2000) "Deleuze, Hegel, and the post-Kantian tradition." *Philosophy Today, vol.44*, Research Library

—— (2006) "Deleuze, Kant, and the Theory of Immanent Ideas." *Deleuze and Philosophy*. Edited by Constantin V. Boundas. Edinburgh University Press

—— (2009) "From the Surface to the Depths: On the Transition from *Logic of Sense* to *Anti-Œdipus*." *Gilles Deleuze: The Intensive Reduction*. Edited by Constantin V. Boundas. Continuum

Somers-Hall, H. (2009) "Transcendental Illusion and Antinomy in Kant and Deleuze." *Rethinking between Deleuze and Kant*. Edited by Edward Willatt. Continuum International Publishing Group

—— (2012) *Hegel, Deleuze and the Critique of Representation: Dialectics of Negation and Difference*. State University of New York

Tynan, A. (2009) "The Marx of Anti-Œdipus." *Deleuze and Marx, Deleuze Studies*, Volume 3, edited by Dhruv Jain. Edinburgh University Press

Vaysse, J.-M. (1999) *Kant et la finalité.* ellipses

—— (2010) *Le vocabulaire de Kant*. ellipses

Vuillemin, J. (1954) *L'héritage kantien et la révolution copernicienne.* Paris, PUF

Wahl, J. (2005) *Les philosophies pluralistes d'Angleterre et d'Amérique*. Paris, Empêcheurs de Penser en Rond, 1920.

—— (1965) *L'expérience métaphysique*, Paris, Flammarion

—— (1968) *Traité de métaphysique*, Paris, Payot, 1953

Voss, D. (2011) "Maimon and Deleuze: The Viewpoint of Internal Genesis and The Concept of Differentials." *Parrhesia*, Number 11

Widder, N. (2009) "From Negation to Disjunction in a World of Simulacra: Deleuze and Melanie Klein." *Deleuze Studies*, Volume 3, issue 2, Edinburgh University Press

Žižek, S. (2004) *Organs without Bodies, Deleuze and Consequences*. New York and London, Routledge

Zourabichvili, F. (2003) *Le vocabulaire de Deleuze*. Paris, ellipses

—— (2011) *La littéralité et autres essais sur l'art*. Paris, PUF

邦語文献

安部浩（2014）「基礎存在論の成立と理念——『存在と時間』Ⅰ」秋富克哉・安部浩・古荘真敬・森一郎編『ハイデガー読本』法政大学出版局

荒畑靖宏（1998）「超越論的有限性としての時間について——ハイデガーのカント改釈」『哲學』第103集，慶應義塾大学三田哲学会編

岩城見一（2006）『〈誤謬〉論——カント『純粋理性批判』への感性論的アプローチ』萌書房

岩崎武雄（1982）『カント『純粋理性批判』の研究』『岩崎武雄著作集　第七巻』新地書房

江川隆男（2003）『存在と差異——ドゥルーズの超越論的経験論』知泉書館

遠藤彰（2008）「ドゥルージアン／ガタリアン・アニマル——「リトルネロ」のプラトー探検」小泉義之・鈴木泉・檜垣立哉編『ドゥルーズ／ガタリの現在』平凡社

小倉拓也（2018）『カオスに抗する闘い——ドゥルーズ・精神分析・現象学』人文書院

小田部胤久（2012）「ライプニッツからバウムガルテンへ——美的＝感性的人間の誕生」神崎繁・熊野純彦・鈴木泉編『西洋哲学史Ⅳ　「哲学の現代」への回り道』講談社選書メチエ

片栁榮一（1995）「超越 Transzendenz 問題とカントの「純粋悟性概念の超越論的演繹」」『近代』第78巻，神戸大学紀要

カッシーラー，エルンスト（2009）『カントの生涯と学説』門脇卓爾・高橋昭二・浜田義文監修，みすず書房

久呉高之（1997）「カントにおける現象の観念性——表象としての現象」『現代カント研究2　批判的形而上学とはなにか』晃洋書房

クライン，メラニー（1985）「不安と罪悪感の理論について」『メラニー・クライン著作集4　妄想的・分裂的世界』小此木啓吾ほか訳，誠信書房

——（2006）「早期不安状況と子どもの発達に対するその影響」『メラニー・クライン著作集2　児童の精神分析』衣笠隆幸訳，誠信書房

黒崎政男（1985）「カントにおけるヒューム問題」『哲学』第三五巻，日本哲學會

小泉義之（2001）「ドゥルーズにおける意味と表現③　器官なき身体の娘たち」『批評空間』第Ⅲ期第1号，株式会社批評空間

——（2003）『ドゥルーズの哲学』講談社現代新書

——（2008）「来たるべき民衆——科学と芸術のポテンシャル」小泉義之・鈴木泉・檜垣立哉編『ドゥルーズ／ガタリの現在』平凡社

合田正人（2000）「超越論的経験論とは何か——ドゥルーズによるヒューム」『人文学報』第294号，東京都立大学人文学部

——（2004）「超越論的経験論とは何か——ドゥルーズのヒューム論がひらく地平」『情況（特集 ドゥルーズの起源をめぐって）』第三期第五巻第十一号，情況出版

國分功一郎（2013）『ドゥルーズの哲学原理』岩波書店

小林卓也（2013）「ドゥルーズ哲学と言語の問題　『千のプラトー』におけるイェルムスレウ言語学の意義と射程」『京都産業大学論集　人文科学系列』第 46 号，京都産業大学
——（2017）「ドゥルーズの自然哲学序説」『フランス哲学・思想研究』第 22 号，日仏哲学会
——（2019）「『差異と反復』における問いの存在論」檜垣立哉・小泉義之・合田正人編『ドゥルーズの 21 世紀』河出書房新社
米虫正巳（2008）「ドゥルーズ哲学のもう一つの系譜について」小泉義之・鈴木泉・檜垣立哉編『ドゥルーズ／ガタリの現在』平凡社
——（2010a）「自然哲学は存在し得るか——シモンドンと自然哲学（上）」『思想』4 月号 No. 1032，岩波書店
——（2010b）「〈一〉以上のものとしての「自然」——シモンドンと自然哲学（下）」『思想』6 月号 No. 1034，岩波書店
——（2011）「非全体的な機械圏という自然　ドゥルーズと「自然」の概念」『現代思想　特集ポスト 3.11 のエコロジー』11 月号第 39 巻第 16 号，青土社
近藤和敬（2008）「『差異と反復』における微分法の位置と役割」小泉義之・鈴木泉・檜垣立哉編『ドゥルーズ／ガタリの現在』平凡社
近藤智彦（2008）「「出来事」の倫理としての「運命愛」——ドゥルーズ『意味の論理学』におけるストア派解釈」小泉義之・鈴木泉・檜垣立哉編『ドゥルーズ／ガタリの現在』平凡社
サルトル，ジャン＝ポール（1968）「自我の超越」『哲学論文集　想像力・自我の超越・情緒論粗描』人文書院
鈴木泉（2000）「ドゥルーズ『意味の論理学』を読む——その内的組み合わせの解明」『神戸大学文学部紀要』第 27 号
——（2002）「ドゥルーズ哲学の生成 1945–1969」『現代思想　特集ドゥルーズの哲学』8 月号第 30 巻第 10 号，青土社
——（2008）「非人間主義の哲学：ピエール・モンテベロの仕事をめぐって」『死生学研究』第 9 号，東京大学グローバル COE プログラム「死生学の展開と組織化」
杉山直樹（2006a）「「知性の発生」と科学論——『創造的進化』読解のために」久米博・中田光雄・安孫子信編『ベルクソン読本』法政大学出版局
——（2006b）『ベルクソン　聴診する経験論』創文社
スミス，ノーマン・ケンプ（2001）『カント『純粋理性批判』註解　下巻』山本冬樹訳，行路社
戸田山和久（2003）「哲学的自然主義の可能性」『思想』4 月号 No. 948，岩波書店
バウムガルテン，アレクサンダー・ゴットリープ（2016）『美学』松尾大訳，講談社学術文庫
原一樹（2012）「内包量から思考へ——ドゥルーズ「思考論」に向けた準備的考察」『神戸夙川学院大学紀要』第 3 号

檜垣立哉（2008）「ドゥルーズ哲学における〈転回〉について――個体化の転変」小泉義之・鈴木泉・檜垣立哉編『ドゥルーズ／ガタリの現在』平凡社
――（2011）「ドゥルーズにおけるヒューム――経験の超出と想像力＝構想力の役割」『思想』12月号No.1052，岩波書店
――（2012）「ドゥルーズにおけるヒューム〈増補版〉」機関誌『アルケー』第20巻，関西哲学会
廣瀬浩司（2008）「機械は作動するか――ドゥルーズ／ガタリにおける機械の問題系」小泉義之・鈴木泉・檜垣立哉編『ドゥルーズ／ガタリの現在』平凡社
藤田尚志（2009）「ドゥルーズか，ベルクソンか――何を生気論として認めるか」『思想　ベルクソン生誕150年』12月号No.1028，岩波書店
フロイト，ジークムント（1992）「無意識について」井村恒郎ほか訳，『フロイト著作集6　自我論・不安本能論』人文書院，1970年
――（2010）『シュレーバー症例論』（中公クラシックスW64），中央公論新社
松本卓也（2012）「ラカン派の精神病研究――「精神病の鑑別診断」から「普遍精神病」へ」『思想』8月号No.1060，岩波書店
松本卓也・加藤敏（2012）「要素現象の概念――統合失調症診断学への寄与」『精神神経学雑誌』114巻7号，日本精神神経学会
三宅岳史（2012）『ベルクソン哲学と科学との対話』京都大学学術出版会
宮﨑裕助（2009）『判断と崇高――カント美学のポリティクス』知泉書館
森島章仁（1999）『アントナン・アルトーと精神分裂病――存在のブラックホールに向かって』関西学院大学出版会
山森裕毅（2008）「どうすれば再び思考し始めることができるのか――ドゥルーズの「思考の実在的経験の条件」について」『フランス哲学・思想研究』第13号，日仏哲学会
――（2013）『ジル・ドゥルーズの哲学――超越論的経験論の生成と構造』人文書院

◉著 者

小林卓也（こばやし たくや）

1981年生まれ。大阪大学大学院人間科学研究科博士後期課程単位取得退学。博士（人間科学）。現在，大阪大学人間科学研究科助教。論文に「自然主義，問われるべき人間存在――ドゥルーズ自然哲学をめぐる問題圏」（『hyphen』第1号，2016年），「ドゥルーズの自然哲学序説」（『フランス哲学・思想研究』第22号，2017年），共訳書にドゥルーズ『ベルクソニズム』（法政大学出版局，2017年）ほか。

ドゥルーズの自然哲学

断絶と変遷

2019年6月25日　初版第1刷発行

著　者　小林卓也

発行所　一般財団法人　法政大学出版局

〒102-0071 東京都千代田区富士見 2-17-1

電話 03（5214）5540　振替 00160-6-95814

組版：HUP　印刷：日経印刷　製本：誠製本

ISBN978-4-588-15102-6